THE
MINDFUL WAY
WORKBOOK
An 8-week Program to Free Yourself from Depression and Emotional Distress

マインドフルネス
認　知　療　法
ワークブック
CD付

うつと感情的苦痛から自由になる8週間プログラム

ジョン・ティーズデール/マーク・ウィリアムズ/ジンデル・シーガル
[著]

小山秀之/前田泰宏
[監訳]

若井貴史
[スクリプト監訳]

関根友実
[CDナレーション]

北大路書房

― 付属の MP3 CD-ROM について ―

＊付属のディスクは MP3 データ CD-ROM です。一般的な音声・音楽 CD（CD-DA）ではないので，MP3 未対応の CD プレイヤー等では再生できません。パソコンまたは MP3 対応のプレイヤーにて再生してください。（パソコン環境等によって異なることがあります。）

＊機器の経年劣化や，機器との相性により，一部の再生機及び PC で不具合が生じる場合があります。付録 CD を実行した結果について，当社は一切の責任を負いかねます。

＊本書の購入者本人が心理的支援・治療を目的に行う場合を除き，付録 CD に収録されているデータの一部または全部を，著作権法で定められた範囲を越えて，無断で複製することを禁じます。

THE MINDFUL WAY WORKBOOK: An 8-Week Program
to Free Yourself from Depression and Emotional Distress
by John Teasdale, PhD, Mark Williams, DPhil, and Zindel Segal, PhD.
Copyright©2014 by The Guilford Press.
A Division of Guilford Publications, Inc.
through The English Agency (Japan) Ltd.

監訳者による序文

　本書は，第3世代の認知行動療法とも言われる「マインドフルネス認知療法（Mindfulness Based Cognitive Therapy：以下 MBCT）」のワークブックである。MBCT は再発を繰り返すうつ病患者を対象として開発された。従来の認知療法では，アーロン・ベックの提唱した理論に基づき，抑うつスキーマを原因として，「認知の偏り」がうつの感情を引き起こすという考えであった。それから認知療法は，行動療法的なアプローチも取り入れ発展し，その有効性は多くの研究で明らかにされており，今でもうつ病への有効なアプローチの1つとなっている。しかし，再発を繰り返すうつ病に対して，抑うつスキーマ仮説では説明が不十分なところもあり，新たな理論が必要であった。そこで，ティーズデールらは，認知と感情の双方向を仮定した抑うつ処理活性仮説を提唱した。後に認知療法の効果維持版を開発するために，ティーズデールらは，ジョン・カバットジンのもとを訪れ，マインドフルネスを認知療法の枠組みに取り入れた。MBCT では，認知の偏りを修正しようとせず，自分自身の思考や感情，身体感覚との関係のあり方を変えようとする。特に，ネガティブな思考や感情を，"あるがまま"に観察する心のモードを養うことが重要と考えた。以後，MBCT は著しい発展を遂げ，多くのエビデンスが今もなお蓄積され続けている。

　ところで，私とマインドフルネスとの出会いはかれこれ10年以上も前のことになるが，それはティーズデールの抑うつ処理活性仮説に関する文献に発する。2007年には，神戸で開催された日本行動療法学会第33回大会（現，日本認知・行動療法学会）にて，熊野宏昭先生（早稲田大学人間科学学術院教授［2007年時点］）のマインドフルネスのワークショップに参加した。当時，私は認知行動療法を軸とした心理臨床家としての駆け出しの頃であった。その後，うつ病や不安症を抱えた休職者や離職者を対象としたマインドフルネスプログラムをいくつかの公的機関や企業等でさせていただく機会が得られたが，自身の体験が少ないままの実践は心許ないものであった。また，2012年にはもう1人の監訳者である前田泰宏氏からお声掛けしていただき，関西マインドフルネスアプローチ研究会（以下，研究会）を中西隆雄氏（七山病院，臨床心理士）と共に立ち上げることとなった。この研究会では，マインドフルエクササイズを参加者と共に行い，その体験をシェアしたり，マインドフルネスアプローチに関する事例を検討したりした。特に，エクササイズの体験を参加者達とシェアできる機会が得られたことは大きかった。なぜなら，マインドフルネスは単なる知識の習得によって理解できるものではなく，実際の体験に根差した気づきを通じて理解できるものだからである。このワークブックに掲載されているエクササイズを参加者と共に体験し，シェアできたことは監訳にも活かされている。また，昨年，前田氏と共に参加した "MBCT 3Days Workshop（module1）" の影響も大きい。この場を借りて，研究会の参加者や学びの機会を与えていただいた Workshop の関係者たちに感謝申し上げたい。

i

さて，前置きが長くなったが，本書の構成は大きく2つに分かれている。まず，第1章から第4章までは，MBCT のガイダンスの部分にあたる。ここでは，MBCT の意義や効果，持続するうつ病や困難な感情のメカニズム，MBCT の8週間プログラムに参加する前準備について述べられている。第5章から第12章は，MBCT の8週間プログラムの部分にあたる。オリエンテーションにはじまり，エクササイズ，Q&A，ホームワーク等で構成されている。本書の教示や付属の音声ガイドに沿って実践し，ワークブックで振り返ることで，より理解が進むように作られている。本書の最大の特徴は，単なるワークの羅列ではなく，プログラムの参加者の疑問や体験をもとに，インストラクターのフィードバックを通じて，MBCT の理解を深めていく点にある。あたかも，その場に参加しているような臨場感を味わえる。また，マインドフルネスの理解の一助となるような詩が随所に散りばめられている点も面白い趣向である。最終章では，8週間プログラムを終えた後の進むべき道について示されている。ここに，マインドフルネスの旅を続けていくための大切なヒントが書かれている。本書を通じて，実りある発見の旅路となることを願う。

　最後に，本書の刊行に際し，編集者である北大路書房の若森乾也氏には，御多忙の中，数々の有益なご提言をいただきましたことに厚くお礼を申し上げます。

監訳者の一人として
小山秀之

ジョン・カバットジンによる序文

　この本はすばらしいです。どれほどすばらしいか，私はそれに気づくのに多少時間を要しました。私がワークブックというもの全般に対する若干の偏見を持って，この本を手に取ったということもありますし，また，この本の執筆が進行中であると最初に聞いたとき，「なぜ，またマインドフルネス認知療法（MBCT）についての本なのだろう？　しかも，なぜワークブックなのだろう？」と疑問でした。著者たちは，MBCT を治療者や一般の素人の方にもわかりやすいものとするために，すでに多くのことをすでに行ってきていたからです。MBCT は非常に人気が高まり，高い評価を受けるようになっています。人々は MBCT から大きな恩恵を受けています。何が足りなかったのでしょうか？　これ以上，何が言えるのでしょうか？　これ以上どれくらいの支援が人々にとって必要なのでしょうか？　この主題について著者たちはさらにどれほどの明晰性を与えることができ，どれほど魅力のあるものに見せられるでしょうか？　これらすべての反論に対する回答は，「大いにできている」だったのです。
　この本を読み，この本の内容をしばらく実践してみると，私はすぐに，この本が本当に必要であるばかりでなく，極めて驚くべきものであり，魅力的なものでもある理由がわかりました。この本は，新しいやり方で MBCT の体験とマインドフルネスの涵養を実現しているのです。極めて現実的な意味で，まるでこのプログラムの完全な参加者になったかのようになれます。瞑想の実践に取り組み始めたら，インストラクターとだけでなく，自分自身ととても似た関心や疑問を持ち，体験をするに違いない人々からなるグループ全員と同じクラスにいるかのようになれるのです。こうして，私は熟練した著者たちの手によるこのワークブック形式の固有の長所と機能を理解するに至りました。実際に，私が今まで完全だと感じていたものの中には欠落していたものがあったのです。
　この本は，少なくとも書物に成し遂げられる最大限のレベルで，信頼できる友人，カウンセラー，ガイドとしての機能を果たします。日ごと，あるいは週を追うごとのマインドフルネスの涵養を通じて，シンプルではあるけれども，あなた自身の心と身体を大いに開放的にする可能性のある探索に取り組むことにより，この本は読者であるあなたに，友人になるという感覚，それも著者と個人的にというよりは，そのプロセスと親しくなるという感覚を与えてくれます。私たちの思考が，表面上は事象の理解と自分の運命を向上させようと尽力しているにもかかわらず，心の古い習慣によってあまりにも容易に縛られてしまうことを浮き彫りするプロセスを，私たちは本書を通して歩むことができるのです。
　この本の最も魅力的で有用な特徴の1つは，互いに語り合う吹き出し（訳注：本書では Q & A の形式で表記しています）です。私たちが考え，答えを思いめぐらせるかもしれない疑問を投げかけ，新しく，より親切で開放的な方法で事象を見られるようになるための回答を与えてくれているのです。ここには，あなたと並んで実践し，

iii

おそらくあなたと同様に，質問をしたり，自分の体験を報告したりする，あなたのクラスの他の人の声があげられています。そして，ここには，何をどう実践したらいいのか，そしてそれを「正しく行っている」か，言い換えれば，あなたが体験していることが妥当かどうかについて日々生じる多様な疑問や不透明さについて，穏やかで，極めて明瞭で，大いに安堵感を与えてくれるインストラクターの反応があります。そして，穏やかで安堵感を与えるその声は常にここにあり，「あなたが体験していることは，それがあなたの体験であり，また，あなたがそれを気づいているがゆえに妥当である」ということを，幾度となく思い出させてくれるのです。

　これが，自分自身の体験から学ぶということの最前線なのです。気づきの中で展開している自分自身の体験を信頼することによる学び，すなわち，通常の善悪，好き嫌いの枠組みを見通し，それを超越して，過去にあなたをイライラさせた事柄，ある種の苦痛を感じさせた事柄，果てしない，役立たない反すうと暗闇の悪循環に導いた事柄との間に"あること（being）"，という新しい関係の持ち方を見出すことによる学びの最前線なのです。この本で提供されるプログラムに完全に専念することで，一緒に住むあなたの家族や人生の家族にそのような瞬間の数々がもたらされることをあなたは学ぶでしょう。そして，プログラムを成し遂げるには勇気が必要ですが，その恩恵は非常に大きいものです。あなたが過去に自分の運命だと思っていたことは，もはやあなたの運命ではなく，また，そもそもそれは運命ではなかったということがかなりはっきりと，思いやりとともに指摘されます。そして，私たち皆と同様に，あなたには，「ひとたび可能性があるとわかれば，学習や成長，癒しの筋肉を鍛える機会や，その結果として自分の人生を変える機会が絶え間なく訪れるということ」，さらに，「瞬間ごと瞬間ごとに，あなた自身の心や身体，世界で展開していることとあなたがどのような関係にあるのかについては，あなた自身が非常に実質的な選択権を持っているのだということを理解する機会が絶え間なく訪れるということ」が提示されます。

　瞬間ごと瞬間ごとにおけるこのシンプルな観点のシフトが，状況を一変させます。大変だったり，恐ろしかったり，落胆するような瞬間においては特にそうです。この観点のシフトによって，あなたの人生は，ありのままの完全な姿と美しさで，あなたのもとに戻ってくるのです。本当に，実際にそうなるといいですね。この本の内容を実践し，この本が提供するカリキュラムに心底から取り組むことで——あなたの人生や心の中でどんなことが起こったとしても，それらがカリキュラムの本質的な一部となるのですが——，あなたは状況を一変させることができるのです。あなたが，瞬間ごと瞬間ごとにできる限り，この"あること（being）"という新しい方法で生きることができますように。そして，あなたの"すること（doing）"をあなたの"あること（being）"から流れ出させましょう。あなたが懸命に，また，穏やかに親切さを持って実践できますように。ここでは，あなたは特にあなた自身に包まれ，安泰なのですから。

ジョン・カバットジン

レキシントン，マサチューセッツにて

2013 年 4 月 22 日

謝　辞

　長年にわたって，多くの人々がマインドフルネス認知療法（MBCT）の開発，普及，評価に大きな貢献をしてきました。ここでは，このワークブックの作成に貢献していただいた人たちに感謝の意を表します。

　当初から，このプロジェクトは The Guilford Press 社のシニア編集者である Kitty Moore によって巧みに進められました。Chris Benton の創造的な才能，思いやりのある励まし，そして賢明な編集指導のもと，その恩恵を再び楽しめ，私たちはすばらしく幸運であったと思います。David Moore は，私たちが彼に求めたわずかな変更にすばやく対応し，明確で魅力的な形にしてくれました。 オーディオトラックのサウンドエンジニアは A Musik Zone Heavy Entertainment（www.heavy-entertainment.com）の Kevin Porter でした。私たちを助けてくれたすべての人たち感謝し，心からお礼を申し上げます。

　急なお願いにもかかわらず，Trish Bartley，Melanie Fennell，Jackie Teasdale，Phyllis Williams が他の約束を脇に置いて，私たちの新しい原稿に目を通し，入力作業を引き受けてくれたことに深く感謝しています。彼らの意見によって，本の体裁や基調の両方が生まれ変わりました。

　MBCT の発展に向けて，Jon Kabat-Zinn が基礎のところから，精力的に，平等で実質的な貢献をしてくれたことは大きな喜びでした。彼がこの本の序文を書くことを快く引き受けてくれたことに，心から感謝いたします。

　最後に，私たちが提供してきたマインドフルネスプログラムの参加者にも深い感謝を述べたいと思います。MBCT の開発と本書の本質は参加者の皆様の貢献によって，大いに形作られてきました。参加者の中には寛大にも自らのストーリを私たちに語ってくれました。それは他の人にとって，私たちとの相互作用を生み出すインスピレーションとなりました。すべての人たちが私たちの先生でした。私たちは皆さま一人ひとりに感謝いたします。

　以下の著作権で保護された資料を複製することに，出版社と著者は寛大にも許可を与えてくれました。

　　"How Does Mindfulness Transform Suffering? I: The Nature and Origins of Dukkha," by John D. Teasdale and Michael Chaskalson. In Contemporary Buddhism: An Interdisciplinary Journal, 2011, 12 (1), 89-102. Copyright 2011 by Taylor & Francis. Reprinted by permission of Taylor & Francis Ltd.

　　The Mindful Way through Depression, by Mark Williams, John Teasdale, Zindel Segal, and Jon Kabat-Zinn. Copyright 2007 by The Guilford Press. Adapted by permission.

　　Mindfulness-Based Cognitive Therapy for Depression, Second Edition, by Zindel V.

Segal, J. Mark G. Williams, and John D. Teasdale. Copyright 2013 by The Guilford Press. Adapted and reprinted by permission.

The Way It Is: New and Selected Poems, by William E. Stafford. Copyright 1998 by the Estate of William Stafford. Reprinted by permission of The Permissions Company on behalf of Graywolf Press.

"Dreaming the Real," by Linda France. In Abhinando Bhikkhu (Ed.), Tomorrow's Moon. Copyright 2005 by Linda France. Reprinted by permission.

New Collected Poems, by Wendell Berry. Copyright 2012 by Wendell Berry. Reprinted by permission of Counterpoint.

"Cognitive Self-Statements in Depression: Development of an Automatic Thoughts Questionnaire," by Steven D. Hollon and Philip C. Kendall. In Cognitive Therapy and Research, 1980, 4, 383-395. Copyright 1980 by Philip C. Kendall and Steven D. Hollon. Adapted by permission of the authors.

Dream Work, by Mary Oliver. Copyright 1986 by Mary Oliver. Reprinted by permission of Grove/Atlantic. The Essential Rumi, by Coleman Barks and John Moyne. Copyright 1995 by Coleman Barks and John Moyne. Reprinted by permission of Threshold Books.

The Dance, by Oriah Mountain Dreamer. Copyright 2001 by Oriah Mountain Dreamer. Reprinted by permission of HarperCollins Publishers.

Insight Meditation: The Practice of Freedom, by Joseph Goldstein. Copyright 1994 by Joseph Goldstein. Reprinted by permission of Shambhala Publications.

Full Catastrophe Living, by Jon Kabat-Zinn. Copyright 1990 by Jon Kabat-Zinn. Adapted by permission of Dell Publishing, a division of Random.

House. House of Light, by Mary Oliver. Copyright 1990 by Mary Oliver. Reprinted by permission of The Charlotte Sheedy Literary Agency.

Some Tips for Everyday Mindfulness, by Madeline Klyne, Executive Director, Cambridge Insight Meditation Center. Copyright by Madeline Klyne. Adapted by permission of the author.

Collected Poems, 1948-1984, by Derek Walcott. Copyright 1986 by Derek Walcott. Reprinted by permission of Farrar, Straus and Giroux and Faber and Faber.

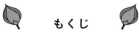

もくじ

監訳者による序文　　i
ジョン・カバットジンによる序文　　iii
謝　辞　　v

第Ⅰ部　基　礎

第1章　ようこそ　　3
希望を取り戻す　　4
マインドフルネス認知療法　　4
このワークブックは誰のためのもの？　　6
なぜもう1冊の本が必要なのでしょう？　　7
この本の概要　　9

第2章　うつ，不幸感，感情的苦痛
　　　　　なぜ，私たちは巻き込まれるのでしょうか？　　11
不幸感それ自体は問題ではありません　　12
過去がこだまする　　12
困難から逃げ出そうとして穴を掘ると，ますます深みにはまってしまう理由　　15
どうして，私たちは勝つ見込みのない戦いにとらわれてしまうのでしょうか？　　17
　　　　心の「すること」モード　　17
「すること」が役に立つのなら，何が問題なのでしょうか？　　19

第3章　すること，あること，そしてマインドフルネス　　21
様々な心のモードの描写　　21
「あること」と「すること」　　22
　　　1. "自動操縦"で生きること　vs. 意識的な気づきと選択とともに生きること　　22
　　　2. 思考を通して体験と関わること　vs. 直接的に体験を感知すること　　23
　　　3. 過去と未来に留まること　vs. 現在の瞬間に十分に存在すること　　23
　　　4. 不快な体験を避けたり，逃げたり，取り除きたいと望むこと
　　　　　vs. 不快な体験に関心を持って接近すること　　24
　　　5. 物事が違ってほしいと望むこと　vs. 物事をあるがままに受け入れること　　24
　　　6. 思考を真実かつ現実と観ること　vs. 思考を精神的な出来事と観ること　　25
　　　7. 目標達成を優先すること　vs. より広いニーズを感受すること　　25
マインドフルネス　　27
マインドフルネス実践　　28

第 4 章　準備をしましょう　33

　プログラムを最大限に活用できる準備をする　35
　いくつかの実践的な事柄として　37
　　　瞑想するための場所を見つける　37
　　　オーディオ機器を揃える　37
　　　座るための用具を揃える　37
　プログラムマップ　37
　　　第 5 章から第 12 章の使い方　38
　　　🍃 受け取った一通の E メールから　40

第 II 部　マインドフルネス認知療法（MBCT）プログラム

　　　🍃 もしもう一度人生を生き直せるなら　42

第 5 章　第 1 週：自動操縦を超えて　43

　オリエンテーション　43
　マインドフルにレーズンを食べる　44
　　　可能性を探究する　48
　日々の実践　48
　　　1．ボディスキャン　48
　　　2．日常活動に気づきをもたらす　57
　　　3．マインドフルに食べる　60
　おめでとうございます！　60
　　　🍃 これを読んで，準備を整えてください　61

第 6 章　第 2 週：別の知る方法　63

　オリエンテーション　63
　　　考えることの隠された支配力：思考とフィーリング　66
　日々の実践　69
　　　1．ボディスキャン　70
　　　2．呼吸のマインドフルネス　76
　　　3．日常活動に気づきを向ける　79
　　　4．うれしい出来事日誌　80
　　　🍃 真実を夢見ること　85

第7章　第3週：現在に戻る
散らばった心をまとめる　87

オリエンテーション　87
日々の実践　88
1. ストレッチと呼吸瞑想の組み合わせ　89
2. マインドフル・ムーヴメント瞑想　95
3. 3分間呼吸空間法－標準版　101
4. いやな出来事日誌　105

 野生という安寧　110

第8章　第4週：嫌悪を認めること　111

オリエンテーション　111
　嫌悪の一時停止　112
　ほどほどの嫌悪とともにネガティブ思考を観ること　114
　ほどほどの嫌悪とともにネガティブな心の状態を観ること　117
日々の実践　119
1. 静座瞑想：呼吸，身体，音，思考のマインドフルネスと無選択な気づき　119
2. 3分間呼吸空間法－標準版　127
3. 呼吸空間法（追加用）　127
4. マインドフル・ウォーキング　129

 野生のガンの群れ　133

第9章　第5週：物事をあるがままに受け入れること　135

オリエンテーション　135
　そのままでいること　137
　そのままでいることを養うことがなぜ大切なのでしょうか　140
日々の実践　141
1. 静座瞑想：困難に働きかける　141
2. 3分間呼吸空間法－標準版　149
3. 3分間呼吸空間法（対処用，追加の教示と一緒に）　149

プレリュード　153

第10章　第6週：思考を思考として観る　155

オリエンテーション　155
日々の実践　159
1. 静座瞑想：思考を精神的な出来事として関係づけることに焦点を当てながら　159
2. 3分間呼吸空間法－標準版　167
3. 3分間呼吸空間法（対処用：思考に焦点を当てて）　168
4. 早期警告システムの設定　170

思考から離れること　176

第11章　第7週：活動の中の思いやり　　　　　　　　　　　　177

オリエンテーション　177
　1．役に立つ活動：Mastery と Pleasure　179
　2．意図が鍵です　182
　3．立ちふさがる思考　185

日々の実践　186
　1．継続可能なマインドフルネス実践　187
　2．3分間呼吸空間法－標準版　189
　3．3分間呼吸空間法（対処用：マインドフルな行動のドア）　190
　4．アクション・プランを準備すること　196

　　ある夏の日　202

第12章　第8週：これからどうする？　　　　　　　　　　　　203

オリエンテーション　203
　　展望　207

実践を続けていくこととは何か？：日々の実践　211
　1．日々のフォーマルなマインドフルネス実践　211
　2．毎日のインフォーマルなマインドフルネス実践　213
　3．3分間呼吸空間法（対処用）　215

終わりに　216
　　愛のあとの愛　217

リソース　219

注　　223

索引　231

監訳者あとがき　235

エクササイズ一覧（付属CDと対応しているもの）

レーズンエクササイズ—自動操縦状態からの目覚め：食べる瞑想　44　▶▶▶（トラック2）
ボディスキャン瞑想　49　▶▶▶▶▶▶▶▶▶▶▶▶▶▶▶▶▶▶▶▶▶▶▶（トラック3）
知るということの2つの方法　64　▶▶▶▶▶▶▶▶▶▶▶▶▶▶▶▶▶▶▶（トラック14）
10分間静座瞑想：呼吸のマインドフルネス　76　▶▶▶▶▶▶▶▶▶（トラック4）
ストレッチと呼吸瞑想：マインドフル・ストレッチ　89　▶▶▶▶▶（トラック6）
ストレッチと呼吸瞑想：静座瞑想　92　▶▶▶▶▶▶▶▶▶▶▶▶▶（トラック6）
マインドフル・ムーヴメント瞑想　95　▶▶▶▶▶▶▶▶▶▶▶▶▶▶（トラック5）
3分間呼吸空間法−標準版　102　▶▶▶▶▶▶▶▶▶▶▶▶▶▶▶▶（トラック8）
静座瞑想：呼吸, 身体,
　　音, 思考のマインドフルネスと無選択な気づき　119　▶▶▶▶▶▶▶（トラック11）
マインドフル・ウォーキング　130　▶▶▶▶▶▶▶▶▶▶▶▶▶▶▶（トラック7）
困難に働きかける瞑想
　　−困難を迎え入れ, 身体を通して困難に働きかける　142　▶▶▶▶▶▶（トラック12）
3分間呼吸空間法−拡張版　150　▶▶▶▶▶▶▶▶▶▶▶▶▶▶▶▶（トラック9）

付属CD収録内容

1. ようこそ
2. レーズンエクササイズ
3. ボディスキャン瞑想
4. 10分間静座瞑想：呼吸のマインドフルネス
5. マインドフル・ムーヴメント瞑想
6. ストレッチと呼吸瞑想
7. マインドフル・ウォーキング
8. 3分間呼吸空間法−標準版
9. 3分間呼吸空間法−拡張版
10. 20分間静座瞑想
11. 静座瞑想
12. 困難に働きかける瞑想
13. 5分, 10分, 15分, 20分, 30分のベル
14. 知るということの2つの方法

第Ⅰ部

基　礎

第1章

ようこそ

> MBCTの8週間プログラムへようこそ。MBCTは"Mindfulness-based Cognitive Therapy（マインドフルネス認知療法）"の略語です。MBCTは，持続的で望まない気分に対処できるようになるために特にデザインされたプログラムです。
>
> MBCTはうつだけでなく，不安や他の様々な問題にも効果があることが実証されてきました。
>
> このワークブックは，MBCTのクラスの専門家のためのガイド，個人セラピーの一部，セルフヘルプ用など，様々な形で使うことができます。
>
> 私たちの願いは，このワークブックに取り組む中で，もっとうまく，あなたが持つ深遠な完全性や癒す力を培う方法を発見できることなのです。

あなたが少しでも，深い悲しみを人生で経験したことがあるならば，その悲しみに対処することがいかに難しいことであるのかわかるでしょう。

どんなに一生懸命チャレンジしても，物事はまったくうまくいかないか，うまくいったとしても長くは続かないのです。あなたはストレスに苦しみ，何とかしようと努力し続けることで疲れきってしまいます。人生は色あせ，どうやって人生を取り戻せばいいのかわからなくなるのです。

次第に，自分はどこかおかしい，そもそも無力だ，と考えるようになるでしょう。

このような空虚感は，とても長い期間にわたって積み重なったストレスや，突然あなたの人生を狂わせるトラウマ体験によってもたらされたのかもしれません。はっきりとした原因もなく，ただ突然に湧き上がってくることさえあります。癒しがたい悲しみの中で自分自身を見失い，心の底から虚しさを感じていたり，自分や，他の人々，もしくはあなたを取り巻く世の中に対して，自分が痛切に失望していることに気づくかもしれません。

> 癒えることのない感情的苦痛を経験している人にとって，うつ病の主症状である，絶望感や意欲の低下，喜びの喪失は，とても身近な問題なのです。

　もし，こういったフィーリングがさらにひどくなるなら，うつ病といえる非常に耐え難いものになるでしょう。しかし，私たちがここで述べているような様々な不幸感は，私たちの多くが時々感じるものなのです。

　その大きさと期間がどうであれ，気分の低下に気づいている人にとって，その低下がうつ病か，持続的でおさまらない不幸感か，崩壊感や無能力感を味わう周期的うつかどうかにかかわらず，うつ病の主症状である，絶望感や意欲の低下，喜びの喪失は，とても身近な問題なのです。

　事態がどうしようもない状態になったとき，私たちは，少しは気を紛らわせることができるかもしれません。しかし，心の内では，"なぜ抜け出せないんだ？""この先もこんな状態が続くとしたらどうなるだろうか？""私の何がいけないんだ？"と悩み続けるのです。

希望を取り戻す

① 思考があなたに何かを語りかけようとも，もしあなたに悪いところがまったくないとしたらどうでしょう？
② 平静を取り戻そうとし，一生懸命努力することがかえって裏目になるとしたらどうでしょう？
③ それらがまさにあなたを苦しませ続け，物事を悪化させるものであるとしたらどうでしょう？

　このワークブックに取り組むことで，上記のことが起こる仕組みや，そのことに対してあなたが何をすることができるのかがわかるようになります。

マインドフルネス認知療法

　ここからは，MBCT プログラムについて，順を追って説明していきます。

　8 週間のプログラムは，研究に基づき，つらく苦しい感情から，自力で抜け出すことをエンパワーするスキルと理解を提供する目的で開発されたものです。

　もちろん，うつはしばしば，不安やイライラや他の望まない感情とともに起こります。MBCT が開発され，うつ病に対しての有効性が示されると同時に，不安や他の否定的な感情に対しても十分効果があることが示されているのは朗報です。

　MBCT の本質は優しさであり，マインドフルネスの体系化されたトレーニングです（後にマインドフルネスとは何かということについて詳しく述べていきます）。

> ＊MBCTの効果＊
>
> MBCTによって，再発を繰り返しているうつ病患者の将来における再発リスクが半減することが，世界中の研究で示されてきました。MBCTはまさに抗うつ薬と同様の効果があるようです。

うつ病や他の多くの感情的な問題の根底には，下記の重要な2つのプロセスが存在しますが，このトレーニングによって，その束縛から自由になれるのです。

① ある物事について，過剰に考えすぎたり，反すうしたり，過剰に心配したりする傾向
② 他の物事を避けたり，考えないようにしたり，追い払おうとする傾向

この2つのプロセスは表裏一体です。

もしあなたが長い期間，感情的に苦しんできたのであれば，心配することや考えないようにすることがまったく役立たないことにすでに気づいていることでしょう。

しかし，あなたはそれを止めることができないと感じているかもしれません。

困っていることを切り離そうと倍努力しても，それは一時的には安心をもたらすかもしれないですが，もっと事態を悪くしうるのです。

あなたを悩ませていることがどんなことであろうと，あなたの注意はそこにいっそう奪われてしまいます。そこから逃れたいのに，何度も心がそこに引き戻されないようにすることはとても難しいことなのです。

では，**これまでとはまったく異なるやり方で，心に働きかける方法が養われる**，まったく新しいスキルを学ぶことが可能だとしたらどうでしょうか。

マインドフルネストレーニングはまさにそのスキルを教えてくれます。マインドフルネストレーニングによって，再び注意をコントロールできるようになるでしょう。それはつまり，頻繁に付きまとう自己批判の声に惑わされることなく，自分自身と周囲で起きていることを，瞬間瞬間ごとに体験することができるということなのです。

日々のマインドフルネスの実践によって，くよくよ考えたり，心配したりする傾向が減っていきます。

> ジェシカ：毎晩，その日の仕事で起こったことについてくよくよ考えたり，明日のことを心配しながら，眠れずに横になっていることに悩んでいました。私はそういった考えを止めようと，できることは何でもしましたが何もうまくいかなかったのです。むしろさらに悪くなりました。その上，この"くよくよ思い悩むこと"がその日にまた始まったときには，自分がそのときにしようとしていたことさえ忘れかけていました。気づいたときには，その苦悩から解放されるタイミングを逃してしまっていたのです。

> マインドフルネスとは，自分が何かしている間，していることに対して，直接的に，心を開いた気づきを向けることができることを意味しています。それはつまり，その瞬間瞬間に，あなたの心と身体，そして外界で起こっていることに注意を払うということです。

第1章 ようこそ　　5

自分の周囲にある小さな美や喜びに目覚めるようになります。

あなたの周囲の人や自分に影響を与える出来事に，思慮深く，思いやりを持って対応できるようになります。

我々はMBCTを開発しました。そして，MBCTによって，気分の落ち込みやそれに伴うストレス，極度の疲弊から解放され，自らが想像していた以上に満ち足りた人生を送る方法に出会えた人たちを，何度も何度も目にしてきたのです。

息子が先日，「ここ最近，気分がよさそうだね」と言いました。私は心の中で笑顔になっていることを感じ，彼を抱きしめました。

私は友人に，以前よりも頻繁に会うようになりました。それはこれまで恐れていたことでしたが，今は知人からの誘いの電話がよくかかってきます。

ここに来るまで，プレッシャーなしで生きるということがどんなものか知りませんでした。5歳の頃は，少しは知っていたかもしれません。しかしそのほとんどは思い出せません。MBCTは違った生き方を私に示してくれました。それはとてもシンプルなものです。

大学生のとき以来，また絵を描くようになりました。

私の姿勢と歩き方が以前と全然違うと娘が言うのです。私は娘の言うことが間違っていないことに気づきました……。少し気分が楽になっています。

このワークブックは誰のためのもの？

このワークブックは8週間のMBCTプログラムへの取り組みを希望する人のためのものです。

専門家によるクラスないしは個人セラピー，セルフヘルプ，友人と一緒に，もしくは自分で取り組むなどの使い道があります。どのような用途であれ，付属のCDを使って練習することで，日々サポートを受けられることでしょう。

もちろん深刻なうつになった人だけが，MBCTプログラムが有益だと思うわけではありません。

- 継続的な調査によって，MBCTが広範囲の感情的問題に対して役立つことがわかってきています。
- MBCTは，不幸感から抜け出せない多くの習慣の根底にある，心の中核的なプロセスに焦点を当てます。

6　　第Ⅰ部　基礎

> **＊もしあなたが，今まさにうつ病であるならば？＊**
>
> 　MBCTはもともと，深刻なうつ病に苦しんだことがある人に対して開発されました。MBCTは，うつ病であった人たちが比較的調子が良いときに，うつ病の再発を予防するためのスキルを学ぶ方法として提案され，うつ病の再発予防に効果があるという高いエビデンスがあります。
> 　加えて，MBCTはうつの真っ只中にある人の助けになるというエビデンスもまた増えています。
> 　しかし，もしまさに今，物事がうまくいっていなくて，うつ状態がプログラムに集中することを難しくさせているならば，新しい取り組みはかえって自信を失わせることになるかもしれません。
> 　できることなら，しばらくはとりかかるのを待つほうがいいでしょう。それでもどうしてもプログラムを始めたいならば，自分に対して十分な思いやりを持ってください。あなたが抱えている困難はうつ病の直接的な影響であって，いずれその症状は和らぐでしょう。そのことを忘れないでください。

　私たちを感情的に苦しませ続ける心のパターンは，基本的に，すべての人々と人生を深く豊かにする能力の開花との間に立ちはだかるものなのです。

なぜもう1冊の本が必要なのでしょう？

　私たちはすでに，幅広い読者向けに，『うつのためのマインドフルネス実践―慢性的な不幸感からの解放―（*The Mindful Way through Depression*）』＊訳注というMBCTについての1冊の本を出版しています（ジョン・カバットジンと共著です。ここ数十年でマインドフルネスへの関心が世界中に急速に高まりました。彼はその先導をしてきた人物です）。

　その『うつのためのマインドフルネス実践』と本書ワークブックは，互いに補完し合っています。2冊並べて使うことはとても有益でしょう。

　あなたが，まだ，『うつのためのマインドフルネス実践』を読んでいないなら，それに目を通しておくことがMBCTアプローチを学ぶ際の役に立つイントロダクションとなるでしょう。もしあなたがこのワークブックをセルフヘルプのツールとして使うなら，MBCTに関するたくさんの情報が手に入り，助けになると思います。

　あなたがすでに『うつのためのマインドフルネス実践』を読んでいたら，このワークブックによって，プログラムに取り組む上でのすべての追加ツールと，実用的で詳しい説明が得られるでしょう。

＊訳注　邦訳は，星和書店より2012年に発刊されている。

＊なぜワークブックなのか？＊

　この本は，MBCT のプログラムを通して，あなたを支え導くように構成されています。プログラムによって，あなたの人生や幸福感は持続的に変化する可能性があります。

　どのように自分が感情的な混乱に巻き込まれるか，また何をすれば解放されるのかについて**本を読む**だけでは，上記のような変化が生じることはほとんどないでしょう。むしろ，深い永続的な変化は，たいてい何らかの**行動**をすることによって生じます。それはこの本において私たちが**実践**と呼ぶものです。ここでは毎日の実践が求められます。MBCT で学ぶことの 99％が実践とともにあるのです。

　内的な変容は，理解と実践と振り返り（reflection）を繰り返し行うことができるかどうかにかかっています。そうすることで浮かび上がってくる新たな洞察とスキルは，私たちの存在の中で深く**統合**され，それが広範囲にわたる永続的な効果をもたらすのです。

　このワークブックでは，飛躍的な変容にとって重要な 3 つの要素（「構造化」「振り返りの機会」「洞察の源泉」）を提供しています。

　構造化とは，地図を手に持つことであり，その地図は 1 日 1 日の変化の道筋をあなたに示してくれます。いったんあなたがこのプログラムに取り組むと決意し，このワークブックを手にしたら，もう何をすればいいのかわかっているわけです。だからあなたはリラックスして，プログラムに取り組むことができます。

　このワークブックの基本として，短い**振り返り**をするための空欄が設けられています。あなたは，振り返ることで，間をおいたり，立ち戻ったり，自分の心と身体，そしてまわりの世界で何が起こっているのか，よりはっきりと見つめる機会を得ることができるのです。このような振り返りから，洞察が生まれるのです。

　この本は，それぞれの実践やエクササイズの後に対話を載せることによって，**洞察**を深めるためのサポートをしています。その対話は，他の参加者が実践中に発見したことのいくつかの側面を反映しています。これらの対話を読むことによって，自分自身に起こっていることの意味を理解できるようになるでしょう。このようにして自分自身の体験に近づいていくとき，初めてあなたも発見することができるのです。そしてより自由で幸福になる可能性に対して洞察を得ることができるでしょう。

　一番効果的なのは，このワークブックを使いながら『うつのためのマインドフルネス実践』を読む（もしくは，参考にするために横に用意しておく）ことです。また，トレーナーがいる MBCT グループの中で仲間とともに取り組むことは最も有効です。

この本の概要

　第2章と第3章では，このプログラムにおいて欠かせない，以下のテーマについて深く学びます。

　　「なぜ，何度も，うつで沈んでしまったり，感情的な困難に飲み込まれ身動きが
　　　とれなくなってしまうのでしょうか？」
　　「8週間のMBCTプログラムに取り組むことによってどのような違いが生まれ，
　　　どのように役に立つ可能性があるのでしょうか？」
　　「このプログラムのすべてに取り組むことでどのような助けとなるでしょうか？」

　これらの理解を得た上で，第4章では，MBCTプログラムに取り組むための最善の準備について考えていきます。それ以降の7つの各章では，毎週ステップバイステップでこのプログラムのポイントをおさえていきます。

　まとめの章では未来に目を向けます。マインドフルネスによって変容がもたらされ，人生がさらに豊かになるように，その力を養い伸ばすにはどのようにしたらいいかを考えていきます。

> 　プログラムを始めてから，私は実際，今この瞬間を楽しみ，ただそこにいることができるようになっています。これは，私には初めての経験でした。そのおかげで，将来のことや過去の失敗についていつも心配する代わりに，今この瞬間を冷静に受け止めることができています。
> 　MBCTへの取り組みがあらゆる面で私を変えたと言っても過言ではありません。

第1章　ようこそ　　9

第2章

うつ，不幸感，感情的苦痛

なぜ，私たちは
巻き込まれるのでしょうか？

　　ジャニはとても朝早く目が覚め，眠れないことがよくあります。身体がだるく，考えがぐるぐる回り，頭を切り替えることができません。起き上がってお茶を入れ，肩に毛布をかけたままキッチンの椅子に座り，そのあたりにある雑誌を眺めたり，ノートパソコンを開いてメールに返事をしようとしたりしました。ついに疲れ果て，ベッドに戻っても，やはり，ぐるぐると考え続けるばかりでした。しかし，今度は新しい心の声も一緒でした。「これはひどいわ。きっと，今日は疲れてまともに頭が働かなくなるわ。なぜ，こんなことが何度も起こるのかしら？　なぜ，私は自分を取り戻すことができないの？　私の何が悪いんだろう？」

　誰にとっても，こんなふうに早く目が覚めると気分が悪いでしょう。しかし，ジャニの心が事態を悪化させてしまったのです。
　もう一度，このストーリーを読むと，「新しい心の声」がジャニをさらなる悲惨に追い込む様子と，あなた自身の過去の体験が，どこか似ていることに気づきますか？
　あなたの体験と似ていると思うものに✓をつけてください。

□　その声は，そのときの状況に，最悪の解釈（「これはひどいわ」）を付け加えた。
□　その声は，恐ろしいことが起こる（「きっと，今日は疲れてまともに頭が働かなくなるわ」）と確信していた。

その声は答えようのない問いを投げかけ，あなたに次のような影響を及ぼしました。

□　うまくいかなかった過去を思い出させた。（「なぜ，こんなことが何度も起こるのかしら？　なぜ，私は自分を取り戻すことができないの？」）
□　自身の弱点や欠点に注意を向けた。（「私の何が悪いんだろう？」）

ジャニの体験は，とても重要で意外な真実を教えてくれます。

不幸感それ自体は問題ではありません

不幸感は，健康な状態にある人にも存在します。それは，ある状況への自然な反応です。そのままにしておけば，不幸感は自ずと過ぎ去っていくでしょう。驚くほど早く過ぎていくこともよくあるでしょう。

しかし，なぜか，ほとんどの人は物事を自然な経過に任せられるとは思っていません。私たちは，悲しくなったり不幸を感じたりすると，**何かをしなければならない**と思います。ただ起きていることを理解しようとすればよいだけのことであっても，そうしなければならないと思うのです。

逆説的になりますが，望まない不幸感を取り除こうとする，まさにその試みによって，私たちはさらに深い不幸感に巻き込まれるのです。

> パオラ：いったんそういう気分になったら，そのままにしておけないんです。心配したりくよくよ考えたりしても全然良くならないってことは，少しはわかっています。でも，やめられません。

私たちが不幸感にどう反応するか，それによって，通り過ぎていくはずのつかの間の悲しみが，いつまでも続く不満感や不幸感に変わりうるのです。

ここで何が起こっているのか，さらに詳しく見てみましょう。
3つの重要な段階に分けることができます。

第1段階：不幸感が生じる。
第2段階：その不幸な気分が，ネガティブな思考パターンやフィーリング，過去の記憶を呼び起こす。これによって，さらに不幸な気持ちになる。
第3段階：その不幸感を取り除こうとする。しかし，実際には，そのやり方が，不幸感を続かせ，単に状況を悪化させる。

過去がこだまする

数年前，ジャニは，当時の勤め先で任される仕事量が多くて，ストレスで苦しんでいました。とても落ち込んで，最終的に医者にかかるまでずっと「自分で冷静さを取り戻そう」としました。医者は抗うつ薬を処方し，薬は少し役に立ちました。

最後はその仕事を辞めましたが，どういうわけか，彼女は仕事を辞めたことで自分を責め続けていました。7年後の早朝に，彼女は眠れもせず，すっきり目覚めもしない状態と闘いながら，今日1日のことで頭がいっぱいになり，過去がこだまして，気分がますます悪くなりました。

あなたの気分が落ち込み始めたころに戻って考えてください。そのときにあなたが感じていた気持ちを表す言葉に✓をつけてください。そのように感じたのがほんの少しだとしても，✓をつけてください。

□ 落胆した　　　□ 憂うつな　　　□ 失望した　　　□ ダメな人間だ
□ 人間失格だ　　□ 元気がない　　□ 負け組だ　　　□ 哀れだ
□ 悲しい　　　　□ 愛されない　　□ 不幸だ　　　　□ 役立たずだ

　実は，このリストには2種類の言葉があります。まず，単に気分やフィーリングを表したものです（落胆した，憂うつな，失望した，元気がない，悲しい，楽しくない）。もう一方は，あなたと同じような人について何かを言っているような感じを表しているものです（ダメな人間だ，人間失格だ，負け組だ，哀れだ，愛されない，役立たずだ）。

　このリストの言葉を用いた研究で，とても重要なことが明らかになりました。

　あなたが過去に深刻なうつになったことがあるなら，そういう経験をしたことがない人に比べて，落ち込んだ気分になると，それがどんな理由であっても，自分自身について悪く感じやすいのです。（「ダメな人間だ」のような言葉に✓をつけやすいのです）

> あなたが過去にうつ病になったことがあれば，悲しい気分によって，自己批判的な考えや，ダメな人間だという考えのスイッチが入りやすくなります。

　こういうわけで，とても落ち込むといつも，極端にネガティブな思考パターンで心が占められてしまいます。ネガティブな思考パターンとは，「私は価値がない」「私は人の期待にこたえられない」「人生は乗り越えられない困難でいっぱいだ」「未来は絶望的だ」という思考です。

　このような思考パターンと落ち込んだ不幸な気分との結びつきは，少しずつ強くなります。

　その結果は？　悲しい気分になると，古いネガティブな思考パターンがすぐ後ろに迫っているのです。

　悲しいことに，まさに，この感情や思考パターンによって，誰もがますます落ち込みます。

　そして，このサイクルは続きます。あなたが重いうつになったことがあるなら，いとも簡単に，うつに逆戻りしてしまいます。

　思考パターンだけが復活するのではありません。大きな喪失，拒絶，失敗体験がうつの引き金になることも多々あるでしょう。

　あなたが再び悲しい気持ちや憂うつな気持ちになると，このような喪失や拒絶の記憶，そしてその悲しい出来事の重みすべてが，大波のように押し寄せてくるかもしれません。そのように，思考や記憶によってあなたはますます悲しくなり，気分悪化のスパイラルがさらに強まるでしょう。

> ビル：根本的に，私はダメなんだと思います。そして，遅かれ早かれ，それがみんなにわかってしまうんです。

> アンナ：ああ，まただ。私には未来がないとしか思えない。これまで，私の役に立ったものは何もなかったし，これからも何も変わらない。こんなことはもう耐えられないわ。

第2章　うつ，不幸感，感情的苦痛　　13

ジャニの場合は，眠れないことを不満に感じ，仕事に対処できないことを恐れたことで，気分をますます悪くする記憶が呼び起こされたのです。

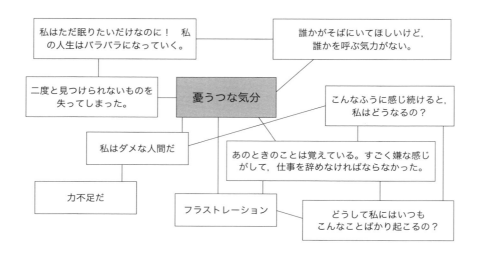

まさにジャニのうつと同じように，他の感情もまた，それとなく（そして，あからさまに）私たちの体験をいつも明確に観ることができない結果で染めてしまうことがあります。

例えば，

- 不安というフィーリングは，くよくよ考えるパターンを呼び起こし，さらなる不安，心配，恐怖が生まれることがあります。

> オルガ：もしボブがまた病気になったらどうなるの？私はやっていけるだろうか？一人になりたくない。

> 気分とフィーリングが，「それに合った」思考パターン，記憶，注意を引き起こし，それらがその感情をさらに強くして長引かせます。

- イライラやフラストレーションのフィーリングは，他人を責めて批判するように私たちを仕向け，それによって，私たちはますます怒り，不満になります。

> スコット：あいつにこんなことをする権利はないんだ。あいつがもう一度こんなことをしたら，もう我慢の限界だ。奴でなく俺に，このプロジェクトを進める責任があるんだぞ。

● しなければならないことが多すぎて
ストレスにさらされると，プレッ
シャーによって，押しつぶされそう
な恐怖が呼び起こされ，私たちはさ
らに多忙とストレスに追い込まれる
ことがあります。

> パール：この仕事は私以外には誰
> もできません。全部，私がやらなければな
> らないんです。この締め切りは本当に重大
> なの。

幸いなことに，正しい理解とスキルがあれば，私たちはこのような気分と思考の悪循
環から抜け出すことができます。

実際，我々はたくさんの人が，思考パターンをただの思考パターンであると捉えら
れるようになり，注意を向け直すことによって思考パターンから解放されるようにな
るのを何度も見てきました。

しかし，困ったことに，ほとんどの人の場合，その人自身のせいではなく，もとも
と正しい理解や適切なスキルを持っていないのです。あなたも経験があるかもしれま
せんが，実は，最善を尽くしたつもりが，意図したことに反した結果になることが多
いのです。

その仕組みを見てみましょう。

困難から逃げ出そうとして穴を掘ると，ますます深みにはまってしまう理由

あなたが，過去に，憂うつな気分から重いうつ
に落ち込んでいくのを経験したのなら，それがど
れほど恐ろしいことかわかっているでしょう。そ
んな気分を取り除きたい，深みに落ち込んでいく
のを止めたいという衝動を感じるのは，よく理解
できることです。

> カルメン：こんな状態からすぐ
> に抜け出さなければ，また気が変に
> なってしまう。何とかしないといけな
> い。

同じように，あなたが今，疲れ果てて人生を楽
しむことができないと感じて，再び，人間として
の自分の価値を疑っているとします。こんなとき
は，この状態を何とかすることが何よりも大事だ
と思うのではないでしょうか？

> トニー：若いころはやりたいこ
> とがあったんだ。いったいどこに行っ
> てしまったのか？　どうやってこんな
> ふうになってしまったんだ？　俺はど
> うなっているんだ？　俺の何がおかし
> いのか？

注意して見ると，このとき何が起こっているの
かが見えてきます。

第 2 章　うつ，不幸感，感情的苦痛　　15

心というものは，問題から抜け出す方法を考えることで，不幸感を取り除こうとしているのです。

　　　あなたの気分が落ち込み始めたときを振り返ってみてください。このような思考があなたの心によぎりませんでしたか？

　　「他の人は友達がいて幸せに見えるのに，私はこんなに不幸だなんて，私の何が悪いのだろう？」
　　「結局こんな気持ちになるなんて，私は何か悪いことをしたんだろうか？」
　　「こんなふうに感じ続けたら，何が私に起こるのだろうか？」

　この種の疑問には，はっきりした答えはありません。それなのに，私たちはそういう疑問を考え続けなければならないと感じています。心理学者が反すうと呼ぶプロセスです。

　心理学者であるスーザン・ナーレンホークセマは，長年にわたって，反すうとその作用を研究しました。彼女の結論は明解です。

　　「反すうすることは，気分をさらに悪くするだけである。」

　私たちは答えを見つけられないという不満感に苦しんでいるのです。

　私たちは，失敗した記憶や苦労した記憶を過去から掘り起こして，自分がどのように状態を悪くしているのかを理解しようとします。しかし，このように自分の弱点や欠点に注目すると，さらに落ち込んでしまうだけなのです。

　私たちは，このままだと将来に起こりうる問題を予測します。そして，将来，その問題に直面する可能性を見通して，その見通しを恐れるのです。

　そもそも自分の人生には生きる価値があるのかと悩み始めたりするかもしれません。
不幸感から抜け出す方法を考えることによって不幸感を取り除こうとするのは，落ち込んでいく悪循環から解放されるどころではなく，**悲しい気分を強めて長びかせることになります。** そして，悲しい気分がさらに不幸な記憶や思考を呼び起こし，私たちは反すうするための新しい材料を手にしてしまうのです。

　過去にうつ病になったことのある人は，反すうによって，別のうつに陥っていく気分を生み出す可能性があります。

アーシャ：こんなふうにいくら考えても，どうにもならないんです。

フィル：いつもこうなってしまう。確かに，僕はネガティブすぎて友達を失っていると思う。何がそうさせているんだ？　確か，あのとき……。

ダイアナ：私の人生で何かが永久に損なわれてしまった。

16　　第Ⅰ部　基礎

そもそもうつや不幸感，疲労感が長引いたり繰り返されたりすることに関しては，「気持ちが落ち込む」ことが問題なのではありません。その次に起こることが問題なのです。**問題の核心は，私たちの心が，落ち込み，恐れ，怒り，うんざりした気持ちにどのように反応するか**ということです。

どうして，私たちは勝つ見込みのない戦いにとらわれてしまうのでしょうか？

　反すうによって，私たちはとても大きな困難を抱え込むことになります。反すうは，悲しみといういつしか過ぎ去る感情を深刻なうつに，イライラというつかの間の感情を長引く憤りや怒りに，ささいな気がかりを深い不安の感覚に変えてしまう可能性があります。

　では，なぜ私たちはそうしてしまうのでしょうか？　実際は，破壊的な感情から救ってくれるどころか事態を悪くしてしまうのに，なぜ私たちは反すうし，くよくよ考え，心配するのでしょうか？

　この疑問に答えるために，そして，どうすれば私たちが反すうとは違う対応をするようになれるのかを理解するために，一歩後ろに下がって，一般的な心のあり方を少し見てみましょう。

心の「すること」モード

　問題を解決し，物事を成し遂げるために，心は普段，ある種予測可能な形で動いています。

　例を1つあげてみましょう。あなたは，友達の家に荷物を届けるために，いつもの帰り道から遠回りをしなければならないのですが，気がつくと，曲がるつもりだったところを過ぎていました。

　しばらくして，あなたは荷物をまだ持っていることに気づきます。そして，こんなこと（荷物をまだ持っていること）をするつもりではなかったと気づきます。あなたは**振り返って**考えます。「ああ，あの角を曲がればよかったのに」。あなたは**先のこと**を考えます。「これからどうすればいいだろう？」

　この状況を解決するのに一番簡単な方法は向きを変えることだ，とあなたは答えを出します。そして，①友達の家に向かうところで曲がり，②いつものようにそこを通り過ぎたりしないように，と意識的に考えます。

　あなたはこの考えを実行に移し，正しい道を通り，荷物を友達に届けます。ミッション達成です！

　あなたが，十分にリハーサルされた慣れている思考手順（mental routine）を用いたことで，荷物を最終的に目的地に届けることができました。

第2章　うつ，不幸感，感情的苦痛　　17

この一連の思考手順は，私たちが物事をやり遂げるのを手助けしてくれます。目標を達成し，問題を解決し，私たちが望むように事態を変えるのです。

私たちは，これを心の**「すること」モード**（doing mode）と呼んでいます。その中心的な特徴を下の点線ボックスの中にあげておきました。

「すること」モードが，効果的に作動するためには，常に，次の3つの考えを心に留めておいて比較する必要があります。

1. その瞬間瞬間，あなたはどこにいるか（**現在の状態**）
2. あなたはどこにいたいか（**自分の目的地，目標，望ましい結果**）
3. あなたはどこにいたくないか（**自分の目的地でないところ，避けたい結果**）

この3つの考えを留めておいて比較することで，現在の状態が，達成したい目標にどれほど一致していて，避けたい結果とどれほど異なっているかがわかるでしょう。

このギャップが大きくなっているのか，または小さくなっているのかがわかると，「すること」モードは，心と身体を正しい方向に進ませることができて，望む目標に達したり，望まない目的地を避けたりすることができます。

私たちは，このような処理過程の全体に必ずしも気づいているわけではありません。処理の多くは，気づかないところで自動的に実行されています。

これと同じような「すること」戦略を使うことで，私たち人類は，驚くべき目標を達成することができるのです。例えば，コンピューターを開発することから，都市を築き，そして，月面に人を送ることまで……。

＊　「すること」モードの中核的な7つの特徴　＊

1. 「すること」モードは，**自動的に生じる**ことが多い。
2. 「すること」モードは，**思考や考えを用いる**。あなたがうまくやっていけるように，それらを心に留めておく。
3. 「すること」モードは，**過去や未来の中にあって**，あなたがいたいところにたどり着けるように手助けする。
4. 「すること」モードは，**避けるべきこと**，つまり，**たどり着きたくないところ**を心に留めておく。
5. 「すること」モードは，**物事が異なっている必要があり**，あなたがいたいところと，いるところのギャップに絶えず注目する。
6. 「すること」モードは，**思考や考えを現実として捉える**（自分の目的地を疑い続けることは役に立たないものである）。
7. 「すること」モードは，放っておくと，やるべきことが終わるまで，あるいはあなたが疲れ切って続けられなくなるまで，**目標に集中し続ける**。「すること」モードの要求は，とても**無情で不親切**なことがある。

「すること」が役に立つのなら，何が問題なのでしょうか？

　家を建てるときのように，自分の外側の世界を変えて目標を達成したいのなら，心の「すること」モードはすばらしく効果的です。

　だから，幸せを感じたい，不安感を減らしたい，自然体でありたい，落ち込む人でいたくないなど，自分の心の内側の目標を達成したいときに，同じ「すること」戦略に頼るのも理解できます。

　でも，物事がうまくいかなくなる可能性があるのです。

　ここには，重要な違いがあります。問題を解決するために，「すること」モードでは「私はどこにいるか」「私はどこにいたいか」「私はどこにいたくないか」という考えを心に留めておく必要があります。問題が解決されるか過ぎ去るまで，ずっと，これらの考えを心の奥に留めておかなければなりません。

　目的地まで運転するといった心の外側の問題の場合，このような考えを心に留めておいても，それ自体が目的地までの残りの距離に影響することはありません。

　しかし，目標が心の内側の場合を考えてみましょう。幸せになりたい，不要な感情を抱きたくない，こんな人間になりたくないといった場合，どうでしょうか？

　「すること」モードがどのように働くのかを思い出してください。では，ここで，「私は不幸だ」「もっと幸せなら」「こんなひどい気持ちは二度とごめんだ」といった考えを心に留めておかなければならないとします。さて，何が起こるでしょうか？

....

　　　　2～3回，自分自身にこのような言葉を言ってみてください。

　　「私は不幸だ」
　　「もっと幸せなら」
　　「こんなひどい気持ちは二度とごめんだ」

....

　何を体験しましたか？　おそらく不快に感じたでしょう。ほとんどの人はそうなります。

　あなたが今いるところとあなたがいたいところのギャップがより**大きく**なっただけです。

　問題を引き起こすのは，心に留めておいた考えだけではありません。考え同士を**比較する**ことも問題を引き起こします。

　時には，心は，何が起こっているか観ることができて，望まない感情を取り除くためのプロジェクトをただ手放すこともできます。

　しかし，普段は，心はその作業を続けざるをえないと感じています。悲しみがうつにつながった経験が何度もあれば，不幸感を恐れる——つまり，何としてでも不幸と感じるのは避けなければならないと思うのも無理はないでしょう。

> 「すること」モードは，今の自分となりたい自分とのギャップを心に留めておく必要があります。しかし，それによって，自分がいたいと思うところにどれくらい届かないかに気づかされ，さらに不幸感が生まれるのです。

第2章　うつ，不幸感，感情的苦痛　　**19**

私たちは，このようにすれば激しい感情的混乱に逆戻りすることを防げると信じています。このとき，心はとらわれていて，ネガティブなフィーリングを何としてでも取り除きたいと感じています。
　こうなると，「すること」モードが，「駆り立てられ－すること」モード（driven-doing mode）となります。

　「駆り立てられ－すること」とは心のモードです。そのモードでは，「望むものを手に入れようとすることや，望まないものを取り除こうとすることを止められない」と私たちは感じています。

　心配事を反すうすることは，「駆り立てられ－すること」の１つの形式にすぎません。心は，努力に努力を重ね，「すること」モードがまったく適さない問題に対して，「すること」モードのパワーを使おうとします。
　反すうが，「すること」モードに変化し，悲しみや不幸感を「修正」しようとします。なぜなら，この心のパターンは，心の外側の世界で目標を達成するときには実にうまくいくからです。
　しかし，心の内側の世界で起こっていること，つまり，私たちが「私」と見なしているものの中で起こっていることを修正するとなると，反すうや「すること」モードはどうしようもないほど逆効果になります。
　それでは，私たちは代わりに何ができるのでしょうか？
　上手に対応するには，大切なステップが２つあります。

1. 私たちの瞬間瞬間の体験の中で「心配を反すうすること」や**「駆り立てられ－すること」**が起こったそのときに，そのことを認識し，あるがままに理解できるようになること。
2. 別の心のモードを育てる。そのモードによって，悲しみ，不幸感，その他の不快な感情や，望まない内側の体験に対して，もっとうまく対応できるようになること。

　第３章では，「すること」モードとは別の心のモードを紹介します。そして，マインドフルネスが，全般的な物事の成り立ちのどんなところに，どのようにしっくり合うのかを説明していきます。

第3章

すること，あること，そしてマインドフルネス

　心というものは多くの異なるモードで働いており，「すること」はそのモードのうちの1つです。その様々なモードは車のいろいろなギアと同じように，異なる機能や目的を持つものとして考えることができます。そして，車が1度に1つのギアでしか動かせないのと同じように，心も1度に1つのモードしか使えません。

　これは重要なことを意味しています。それは，**別の異なるモードに切り替えることで，「すること」モードが生み出す多くの問題から，自分自身を解放することができる**ということです。そして，私たちは「心のギアをシフトする」方法を学ぶのです。

様々な心のモードの描写

　下記には，第2章で紹介した，「すること」モードの中核的な7つの特徴が要約されています。その横には，その特徴とは反対の特徴を記述するような言葉を1つか2つ書くための空欄が設けられています。最初の特徴に関しては例をあげています。「すること」モードに代わるどんな良い選択肢が見つけられるでしょうか。

＊「すること」モードの中核的な7つの特徴＊

1. しばしば自動的
2. 思考を通して取り組む
3. 過去と未来に注意を向ける
4. 不快な体験を回避しようとする
5. 物事を違ったものにしたい
6. 思考やアイデアを現実のものとして捉える
7. 自分や他人に対して思いやりがないといったような望ましくない「副作用」を無視して，しなければならないことに注意を向ける

＊代替案＊

1. 意図的に，目的を持って............
2. ....
3. ....
4. ....
5. ....
6. ....
7. ....

21

「あること」と「すること」

　朗報です！　私たちは「すること」モードに代わるすばらしい方法を**すでに持って**います。それは「**あること**」モードです。そのモードは多くの人にとってあまりなじみがないものですが，あなたが先ほどしたばかりのエクササイズが，「あること」についての手がかりをすでに与えてくれているかもしれません。

　以下で，先ほどの「すること」モードの7つの中核的な特徴と対比させながら，「あること」モードを解説します。

　MBCTプログラムの主要な目的は，あなた自身の生活の中でこの2つのモードを認識する方法を学ぶことです。その結果，「すること」モードから「あること」モードに切り替えるときを知るのです。

　最初のステップとして，あなた自身の日々の体験における，「すること」モードと「あること」モードのバランスについて，それぞれの特徴ごとにあなたが評価できるように誘います。対になったボックス内の文章を読み終えた後，あなたの評価に当てはまる適切な言葉を丸で囲んでください。

1．"自動操縦"で生きること vs. 意識的な気づきと選択とともに生きること

<table>
<tr><td>

することモード では，私たちは多くの時間をほとんど自動操縦で暮らしています。何をしているのかという明確な気づきなしに，運転し，歩き，食べ，そして話すことさえしているのです。私たちが今いるところといたいと望むところが食い違っているときはいつでも「すること」モードがスタートします。目標に対して狭小的に焦点を絞り込んでいるために，日常生活で起きている身のまわりの奇跡に，立ち止まって気づくことはめったにありません。私たちは人生の多くを見過ごしがちになり，人生が穏やかなときや物事に再び気づくときをいつまでも後回しにしてしまうのです。

</td><td>

あることモード は，自動的というよりはむしろ意図的なものです。このことは私たちが古い擦り切れた習慣から抜け出せるだけではなく，次になすべきことを選択できることを意味しています。また，まさにその物事が初めて出会ったことのように体験することができます。私たちは今この瞬間に"再び宿り"，人生に十分な意識を向けることができます。「あること」モードは私たちの知覚に新鮮さをもたらします。再び，私たちは十分に生き生きと気づけるようになるのです。

</td></tr>
</table>

　こうした特徴をふまえて，あなたの日々の生活の中で，「すること」モードと「あることモード」のバランスはどれぐらいですか？（○をつけてください。）

あること ＜ すること　　あること ＝ すること　　あること ＞ すること

22　　第Ⅰ部　基礎

2. 思考を通して体験と関わること vs. 直接的に体験を感知すること

することモード は観念に取り組みます。まさにそれが目標となっています。「すること」モードでは，私たちが住んでいる世界について，私たちがどんな人間であるのかについて，フィーリングや感覚，思考について考えているのです。多くの時間は，考えることで心がいっぱいです。あたかもその考えが"現実のこと"のように人生を送っていると，私たちは自分の人生から一歩退いて生きていることになります。つまり人生の色や振動，エネルギーが思考のベールによってフィルターを通したようになり，間接的に体験とつながることになるのです。

あることモード では人生と直接的につながります。つまり人生を感じ，体験し，深く知ることによって人生を身近に感じます。私たちは人生の豊かさを味わい，移り変わる人生の体験の不思議さを得るのです。

VS

このような特徴からあなたの人生における，「すること」モードと「あること」モードのバランスについて評価してください。（○をつけてください。）

あること＜すること　あること＝すること　あること＞すること

3. 過去と未来に留まること vs. 現在の瞬間に十分に存在すること

することモード では，私たちは心のタイムトラベルに没頭しています。心が未来に向かうとき，物事がこうであってほしいという観念のほうに向かいます。心が過去に戻るときは，類似した状況の記憶をたどって，記憶が提供してくれる何らかのガイダンスを確かめようとします。

心のタイムトラベルでは，私たちはまるで未来や過去の中に存在するように感じています。このことは，今ある人生を十分に体験することから私たちを切り離してしまいます。私たちは容易に過去を反すうし，過去の喪失や失敗の痛みを再体験します。また未来について心配することで，決して起こり得ないであろう脅威や危険を超えて恐怖や不安を体験するのです。

あることモード では，心は今この瞬間にまとまり，あるがままでいられ，万物が与えてくれるものはなんでも利用することができます。私たちは過去の記憶や未来について，様々な考えが浮かんできたとしても引きずられることなく，それらを私たちの現在の体験の一部として体験するのです。思考が別なふうに創り出したかもしれない過去や未来の世界に引き寄せられることなく，それらに立ち会うのです。

VS

このような特徴からあなたの人生における，「すること」モードと「あること」モードのバランスについて評価してください。（○をつけてください。）

あること＜すること　あること＝すること　あること＞すること

4. 不快な体験を避けたり，逃げたり，取り除きたいと望むこと vs. 不快な体験に関心を持って接近すること

することモード では，不快な体験に対して即時に，自動的に反応することによって目標を定めます。そうすることで不快な体験を避けたり，遠のけたり，取り除いたり，破壊したりするのです。こうした反応はいわゆる「嫌悪」というものです。「嫌悪」はすべての思考パターンの基底にあり，望まない感情から抜け出せない状態にしてしまうのです。

あることモード では，基本的な対応として，不快な体験であっても関心と敬意を抱いて**接近**します。そこには物事はこうあるべき，こうあるべきでないという目標を定めません。むしろ，あらゆる体験に，それが快であれ，不快であれ，あるいはそのいずれでなくても，ナチュラルな関心と好奇心があります。

このような特徴からあなたの人生における，「すること」モードと「あること」モードのバランスについて評価してください。（○をつけてください。）

あること ＜ すること　　あること ＝ すること　　あること ＞ すること

5. 物事が違ってほしいと望むこと vs. 物事をあるがままに受け入れること

することモード は，**変化する**ことに身を捧げています。すなわち物事をこうあるべきと思っていることに，さらに近づこうとし，こうあるべきではないと思っていることから，さらに離れようとします。あることとあるべきこととの間の**ギャップにいつも注目する**ことで，私たちや私たちの体験は，何かしら目標を達していない，つまり"十分でない"と感じるのです。この不満足感は，いとも簡単に自己批判や自己判断へと変わり得ます。そこでは，私たち自身や自身の体験に対する思いやりが欠如しているのです。

あることモード は，私たち自身や私たちの体験を"認める"という態度を基底にもたらします。体験がどうあるべきかという私たちの観念とフィットするようには求められません。「あること」モードは，まさに体験があるがままにあることを認める／許すのです。たとえ体験が不快なものであっても満足できるのです。「すること」モードの観点から見ればあるべき姿ではまったくなくても，私たちは自分自身に満足できるのです。こうした徹底的な受容が，無条件の思いやりと善意の基本的態度として具体化されるのです。

このような特徴からあなたの人生における，「すること」モードと「あること」モードのバランスについて評価してください。（○をつけてください。）

あること ＜ すること　　あること ＝ すること　　あること ＞ すること

6．思考を真実かつ現実と観ること vs. 思考を精神的な出来事と観ること

することモード は，物事についての思考や観念自体を，あたかもその物事自体と同じものであるかのように処理します。しかし，**食べ物について思い浮かべたとしても，それは食べ物そのものではありません**。つまり思考は精神的な出来事にすぎないのであって，それは実際の体験とはまったく異なるものなのです。私たちがこのことを忘れ，思考を現実として扱うならば，例えば「私は失敗した」と考えたときには，まるで実際に失敗したかのように感じるかもしれません。

あることモード では，思考は人生の流れの一部として体験されます。それは感覚や音，フィーリング，風景の体験の仕方とまさに同じなのです。私たちは思考を**思考として**，つまり心に入っては出ていく精神的な出来事として体験できる能力を養うのです。このシフトによって，私たちを苦しめる思考から力を奪うのです。思考は過ぎ去っていく精神的な出来事にすぎないとわかるとき，自由と安らぎの感覚を体験することができるでしょう。

このような特徴からあなたの人生における，「すること」モードと「あること」モードのバランスについて評価してください。（○をつけてください。）

あること ＜ すること　　あること ＝ すること　　あること ＞ すること

7．目標達成を優先すること vs. より広いニーズを感受すること

することモード においては，高い目標を追求するために無慈悲に計画に焦点を当てますが，視野が狭くなっているために，自分の健康や幸せなどを犠牲にしてまで，目標や計画に執拗に取り組んでしまうことがあります。そうすることで，成長につながるもっと大切なことに取り組むことをあきらめてしまうかもしれません。私たちの内なるリソースは使い果たされ，何か抜き取られたような疲れた気分しか残らないのです。

あることモード においては，もっと広い世界を感じ取れるようになります。目標に到達することへの代償を支払っていることに気づいたとき，自分自身や他者に対して優しさと思いやりのある関心を抱き，目標に対してバランスをとることができるのです。私たちは想像上の遠い目標だけに焦点を合わせるよりもむしろ，現在の質に価値を置きます。

このような特徴からあなたの人生における，「すること」モードと「あること」モードのバランスについて評価してください。（○をつけてください。）

あること ＜ すること　　あること ＝ すること　　あること ＞ すること

第3章　すること，あること，そしてマインドフルネス　　25

あなたの生活の中で，「すること」と「あること」の全体的なバランスについて何か気づきましたか？

　もしかしたら，ほとんどの人のように，あなたは多くの時間を「すること」モードで過ごしていることを認識したかもしれません。問題は，いったん「すること」モードに入ってしまうと，心は容易に「駆り立てられ－すること」モードに陥ってしまう可能性があることです。このモードでは，自分が実際に何をしているのかもわからずに次から次へと課題をこなし，今よりももっと良くなるはずだと何となく思いつつ，自分自身を厳しく責め立てるのです。「あること」モードはこれとは対照的に，まさにめったに訪れることもない，あるいは見つけ方もほとんどわかっていない遥か彼方にある土地のようなものです。

　たとえどれだけ生活が「すること」モードに支配されていても，**このことを認識することで**，違う生き方への第一歩となるということは，あなたにとって朗報ではないでしょうか。

　なぜそれが朗報なのでしょうか。

　なぜなら，もし日々の生活の中で様々な姿かたちをして現れる「すること」モードを**明瞭に観る**ことができるならば，「あること」モードによって別の選択肢が提示され，反すう的に心配する心のとらわれから解放されることになるからです。

● 「あること」は，頭の中から抜け出して，この瞬間に何があるのかを実際に体験する方法であり，この瞬間について際限なく考えることではありません。

● 「あること」は，自分自身や自分の体験に受容をもたらすものであり，到達できない方法や変化を求める方法に着目するものではありません。

● 「あること」は，思考が必ずしも現実を反映しておらず，ただ心の中の出来事にすぎないということに気づかせてくれます。そのことによって，私たちの気分をさらに落ち込ませる思考から，そのパワーを奪い取るのです。

● 特典として，「あること」によって，まさにこの瞬間の体験と十分一緒にいることが可能になります。驚くべきことですが，このシンプルな「あること」モードへのシフトが新しい生き方の扉を開いてくれるのです。

　次に，マインドフルネスはこの全体像のどこに収まるのでしょうか？

マインドフルネス

訳注：以下，Qは参加者からの質問や意見，
Aはインストラクターの解です。

Q マイドフルネスとは？

A マインドフルネスとは，特定の方法で注意を向けることによって現れる気づきのことです。それは意図的に現在の瞬間に注意を向け，判断せずにあるがままを受容することです。それによって，私たちの生活で何が起ころうとも明確に出来事を観ることができます。

Q 何に対してマインドフルでいることができるのですか？

A 私たちが体験するあらゆる側面（身体，フィーリング，思考，視覚，嗅覚，聴覚，触感，味覚）に対してマインドフルでいることができるのです。

世界中で行われている調査研究から，日々のマインドフルネス実践によって，現在に十分存在することができ，生活の質が改善され，人間関係が向上することが報告されています。

現在に十分存在することによって，マインドフルネスは毎日の出来事への習慣的で自動的な感情反応を再認識させ，それを手放すことを助けてくれるのです，科学的な実証研究からも，より深い明瞭さと洞察，理解を促すことが証明されています。

マインドフルネスは人生に伴う痛みやストレスを除去するものではありませんが，自分自身や周囲の人たちに対して，より優しく，慈愛のこもった方法で対応することの手助けになるはずです。

Q 思いやりと慈悲はどのように調和するのですか？

A 経験豊かなある指導者は次のように述べています。「マインドフルネスの本質は，どっちつかずのぼんやりとしたものではありません。真のマインドフルネスには温かさや慈悲，関心などが伴うのです。」
たとえ感情的な痛みや苦しみが変化したとしても，思いやり，温かさ，慈悲はマインドフルネスの本質的な側面としてあるのです。

真のマインドフルネスにおいて温かさや慈悲が強調されているのは，「あること」モードの特徴である自分や他者に対して接近し，受容し，ケアするというテーマを繰り返し伝えたいからです。

 善意（good will）を養うことは，望まない感情的苦痛に陥らせる悪意（ill will）の対抗馬となるでしょう。

第3章　すること，あること，そしてマインドフルネス　　27

さらに，マインドフルネスと「あること」モードの間には多くの特筆すべき類似点が存在します。実際にそのことを明らかにしていきましょう。

 マインドフルネス実践は心の「あること」モードを養うための方法です。

マインドフルネス実践

マインドフルネスは，「駆り立てられ−すること」モードを過剰に使用することによって，がんじがらめになっていた心を解放してくれます。

マインドフルネスは，物事をあるがままに，判断することなく，現在の瞬間に意図的に注意を向ける方法を優しく学ぶことによって，養われます。 この実践はマインドフルネス瞑想としても知られており，MBCTの中核になるものです。

MBCTの8週間プログラムのすべてが，「駆り立てられ−すること」モードの7つのサインにより気づけるように，そして私たち皆が持っている尊い人間の潜在能力をマインドフルに涵養するように作られているのです。

- 人生の瞬間瞬間で夢遊病者のようにならないように，自動操縦から目覚める方法を学びます。
- 特定のゴールにたどり着くことだけを考えている人生を送るのではなく，直接的に体験に近づく方法を学びます。
- 心のタイムトラベルで迷子にならないよう，今ここでの瞬間にいられるモードを体験します。
- マインドフルに生きることで，直接，感情を容易にかき乱しうるささいな反応を，より鮮明に観る方法を発見します。マインドフルネスによってこれらのポイントで意識的に選択ができるようになり，**反応する**ことから**対応する**ことへと移行できるのです。
- この在り方によって，自分自身や体験に対して温かい思いやりや慈悲の基本的な態度をどのように明らかにするのかがわかります。
- 思考が「私」や「現実」ではなく，心の中の出来事にすぎないことを学びます。
- 他のすべてを排除してゴールを目指すことで消耗するのではなく，むしろ自分自身を育てられる器を養っていきます。

これらすべての方法から，マインドフルネス実践は「駆り立てられ－すること」モードに代わる魅力的で力強い方法を育ててくれるでしょう。
　それは反すうすることを絶ち，ネガティブな感情を悲惨な気持ちのまま長引かせることなく，自然に過ぎ去っていくことを可能にするのです。

　またマインドフルネスは**知ることの新しい方法**を提供してくれます。それは直接的で，体験的に知ることです。つまり，**私たちは体験しているときに何を体験しているのかを知ること**なのです。

　もし私たちが，反すう思考に陥らせ，十分な人生を送る力を奪ってしまう習慣的で自動的なパターンの思考，フィーリング，行動パターンから抜け出せたならば，この新しい知ることの方法は重要なものとなるでしょう。
　マインドフルな気づきは，私たちが人生に対応する方法を意図的に選択し，実現化する自由を与えてくれるのです。

> マインドフルネスでは，私たちが瞬間瞬間に起こる心のモードを理解できるようになることが大切です。このことによって，私たちが「駆り立てられ－すること」モードにはまり込んでいることにも気づけるようになります。
> まさにその瞬間においてマインドフルネスそれ自体が，癒しと人生を肯定する「あること」への扉を開いてくれるのです。

　マインドフルネスの気づきはMBCTプログラムの本質となるものです。

　第2，3章において，私たちがいかに望まない気分に縛られているのか，またマインドフルネスがいかにそれらから解き放ってくれるのかについて理解するための方法を示しました。
　次の章では理論から実践にとりかかり，そしてトレーニングの準備をどのように始めるのかを示したいと思います。
　次の章に移る前に，今まで述べてきた重要な点について思い返してみましょう。

- 感情それ自身は問題ではありません。むしろ問題はそのフィーリングに対する反応の仕方にあります。
- 不快なフィーリングを取り除こうとする自然な自動的反応によって，私たちはしばしば，その感情にとらわれることになるでしょう。反すうしてしまう心配事によって，過ぎ去っていく悲しみも長期的なうつとなり，いつしか消え去る恐怖も持続的な不安と変化します。
- 反すう的に心配することは，心の「駆り立てられ－すること」モードの産物であり，それは（効果的でないにもかかわらず）私たちの望まないフィーリングを取り除こうとする働きなのです。
- 私たちはこの「駆り立てられ－すること」モードを心の中で操作可能な「心のギア」の1つとして考えることができます。私たちは心のギアをシフトする方法を学ぶことで，反すうすることや心配すること，苦痛な感情にとらわ

れていることから自由になれるのです。

- 「あること」は「駆り立てられ−すること」に対する効果的な対抗手段であり，それに代わる心のギアです。しかし私たちのほとんどは「あること」モードを養う方法を教えられていません。心の「あること」モードを養うことは新しい生き方への扉を開くことになります。
- マインドフルネストレーニングは私たちに今ある心のギアの存在を再認識させ，「すること」モードから「あること」モードにギアをシフトする方法を教えてくれます。
- マインドフルネストレーニングはMBCTの中核となるものです。
- MBCTは臨床的に実証された治療法であり，私たちの人生をより満たし，より豊かにする深遠な能力を高めてくれます。
- MBCTは，よりマインドフルに，より優しく，より思いやりが持てるようになる方法を教えてくれます。

　MBCTがあなたにとってどのように役立つのか，少し時間をとって振り返るのもいいのかもしれません。

**　MBCTはいかに，もっと幸福でもっと健康になりたいという深甚なる願望と合致して，人生の可能性を広げてくれるのでしょうか？**

　現時点では，おそらく，MBCTについての質問に答えてもらっていないとあなたは思っているでしょう。

　今がそうだとしても，MBCTをさらに探求することを誓う理由をあなたは見つけることができるでしょうか？

　下の欄にあなたの考えを自由に記入してください（さらなる体験をふまえた後で，これを振り返ってみるのは面白いことかもしれません）。

　私はMBCTをさらに探求するつもりです。その理由は，

＊ MBCT：小史 ＊

　ヘルスケアにおける現代のマインドフルネスアプローチは 1970 年代後半，アメリカにおいてジョン・カバットジンがマインドフルネスストレス低減法（MBSR）を開発したことから始まった。彼の先駆的な研究は慢性疼痛やストレスに対して大きな効果を見出した。

　1990 年代初頭，心理学者である，ジョン・ティーズデール，マーク・ウィリアムス，ジンデル・シーガルはうつの再発予防にマインドフルネストレーニングが強力な効果を持つのではないかと考えた。これらのアイデアをもとに，8 週間のマインドフルネス認知療法プログラムを開発し，その効果研究を始めた。20 年以上にわたり研究は続けられたが，その結果として，マインドフルネスはエビデンスに基づいた心理学的治療の主流の 1 つとなってきたのである。

　世界中でうつにおける MBCT の 6 種類の効果検証が行われてきた。その結果は驚くべきものであった。過去に 3 回以上の再発エピソードを持つ患者に，MBCT を行ったところ，通常の治療と比較して 12 か月以上の再発率は，40 ％から 50 ％まで減少した。MBCT は新たなうつ病を防止し，抗うつ薬と同等の効果を証明してきたのである。イギリスの NICE （National Institute for Health and Care Excellence）は MBCT を費用対効果のあるうつ病再発予防の治療法として推奨した。

　今や MBCT の発展は，うつ病の再発に対してエビデンスに基づいた治療法として進歩をもたらしただけでなく，メンタルヘルスの領域で世界的に意義のある可能性を示した画期的な出来事といえる。MBCT は薬物に頼らない，うつの危険を回避する費用対効果のある治療法である。それは毎日どこでも，誰もが実施できるマインドフルネス実践によって，患者にコントロール感を取り戻す方法である。

　調査研究によると MBCT は深刻な反復性うつ病の再発を予防するだけでなく，広い範囲での情緒的問題，例えば健康への不安から，社交不安やパニック，広場恐怖，双極性障害，慢性うつ病などにかかっている患者に対してレジリエンスを高める可能性があることもわかった。さらに MBCT は身体疾患，例えばガンのような病気に伴う心理的な困難に対してもエビデンスがある。

　様々な調査によって，MBCT が有益な効果をもたらすそのメカニズムも明らかになり始めてきた。MBCT の背景にある理論が予想した通り，MBCT 参加者のマインドフルネスを高めることが症状の改善につながる 1 つの重要なルートである。エビデンスでも示されているように，重要なことはセルフコンパッションによる変化である。つまり参加者は自分自身に対してより穏やかで親密な態度になる。それは自分に対して厳しく批判的なものではない，より慈悲深い態度である。

　最近の研究が明らかにしてきた最も刺激的な側面の 1 つは，マインドフルネスによる治療が脳内に永続的で有益な変化をもたらすことができるというものである。マインドフルネスは感情的な反応を調整する脳のネットワークを強め，闘争または逃走，フリーズに関わる扁桃体システムへの影響と程度を減ずる。さらに，自分や他者に対して慈悲を感じる能力の根底にあるネットワークを強める。そして悲しい気分が湧き起こると，いつでも習慣化された無用な落ち込みを生み出す回路を変化させるのである。

第4章

準備をしましょう

私たちは，どのようにうつや他の困難な感情に陥るかをみてきました。
またマインドフルネスの実践によって，どのようにすれば問題から抜け出すことができるのかもみてきました。
これで，私たちはMBCTプログラムの第1週目を始める準備がほぼできました。
はじめに，あなたがプログラムを始めると決意したときにふと思い浮かんでくるかもしれない，いくつかの疑問について考えてみましょう。

Q 私はこの本にあるプログラムを実践するクラスに参加しないといけませんか？

A クラスに参加した人たちの多くは，プログラムが役立ったと感じるようです。この自己発見の旅路にともに乗り出す仲間との交流や善意に支えられながらプログラムに参加することになるでしょう。クラスでは，他の人の体験から学び，個々のメンバーは互いにグループへの参加やモチベーションを維持する助けになります。しかし，近くで参加できるクラスがなかったり，あったとしてもあなたが参加できない時間帯にやっている場合，あなたが一人で，毎週，この本と付属のCDに従ってプログラムを進めていくのはまったく問題ありません。

Q 私の担当セラピストも，MBCTコースを通じて，私を導くことができるでしょうか。

A はい。大丈夫です。MBCTの経験がある熟練したセラピストやカウンセラーは，あなたが個人療法や個人カウンセリングの一部としてプログラムに取り組んでいる間，すばらしいサポートとガイダンスを提供してくれるでしょう。

Q セラピーを受けていない場合はどうすればよいでしょう？

A それについては問題ありません。この本の助けを借りながら一人でもプログラムに取り組むことはできるでしょうし，信頼できる友人や家族に <u>MBCT の仲間</u>になってもらって，傍で一緒にプログラムを取り組んでもらうよう頼んでみることもできるのではないでしょうか。毎週，仲間と出会うことはとても大きな支えとなるでしょう。2 人で一緒に取り組むということは，体験を分かち合い，励まし合い，エンパワーするための貴重なやり方です。そして，その仲間はあなたと同じ困難な感情に直面している必要はないのです。明白な感情的問題の有無にかかわらず，MBCT はいろいろな人たちから，評価されるようになりました。

Q 私にとって最も役立つやり方はどうすればわかるでしょう。それはクラスに参加することなのか，セラピストと一緒にすることなのか，それとも仲間とともにすることなのか，1 人ですることがよいのか。

A あなたにとって普段，何が最も役立っているのかを自分自身に尋ねてみるといいかもしれません。

- 普段は，1 人で専念することが一番学べる方法ですか？
- 他の仲間がいるほうが（"全員参加型"の 1 構成員として），最も成長したり学習したりできますか？
- あなたは 1 人でするほうがうまくいきますか，そうではなく相談相手や友人と一緒にするほうがうまくいきますか？

これまで何があなたにとって最もうまくいったかを知るために，そして次に続くそのパターンを深く考えてみるためにも，好きなだけ時間をかけましょう。とりあえず 1 つやってみて，後で別の方法をやってみてもよいでしょう。

どの方法を選んだとしても，日ごろから，あなたの何としてでもプログラムをやり遂げるつもりでいる意思を，友人や家族に知らせることについて，検討しておくことをおすすめします。このようにあなたが信頼している人々にあなたの誓いを伝えておくことで，最も助けが必要なときに，思わぬところでサポートされることにつながりうるでしょう。

ナディーヌ：私は隣町の MBCT クラスに参加していたので，最初は職場の人も，親友でさえ知らなかったのです。本心では親友がどんな反応をするのか怖かったのだと思います。当時，ある日の昼食時，親友である彼女は家族のことで姉妹と口論になっていったことや，そのことでひどく落ちこんだことを話題にしました。そして私はマインドフルネスについて……そのクラスについて……そのすべてを，どうやって，どんなことをやりとげたのか，どんなことをやっていたのかを彼女に話しました。彼女はすばらしく，そして最後には互いに涙を流し合いました。

プログラムを最大限に活用できる準備をする

8週間プログラムに取り組むと，難題が生じることに気づくのはよくあることです。たいていの人にとって最も大きな難題は，時間を確保することでしょう。

あなたがクラスで取り組むか，あるいは1人で取り組むにしても，MBCT プログラムでは7日間のうち6日は，40分間のマインドフルネス（瞑想）実践を行うことが必要です。さらにその日の別の時間に，短時間の実践をすることが必要です。**マインドフルネスの実践をするために，1日に1時間は確保できるように計画すべきです。**

私たちは参加者がこういった難題に直面し，克服するときに見せてくれる勇気と献身的な態度に何度も心を打たれてきました。ほとんど例外なく，終結まですべてのプログラムを続けられたことがどんなにうれしいことなのかを伝えてくれるのです。

> ジーン：はじめは，瞑想するための時間を見つけることが，本当に難しいことがわかりました。8週間，いつもより朝早く起きなくてはなりませんでした（おまけに，深夜の TV ニュースを観ないでより早く就寝すると決心するまではこのことはとてもつらいことでした）。しかし，プログラムに求められる時間を割くことができてうれしかったのです。このことは最大の恩恵を得るための唯一の方法だということに，私だけでなく，クラスのみんなも同意していました。

> アンナ：私も子どもがいるので実践する時間を見つけるのがとても難しかったです。パートタイムでしか働いていないけれど，最初の数日間は本当に難しかった。早起きして取り組もうとしましたが，一番下の子は私が起きたことを知らせるレーダーシステムを持っているようで，子どもはベッドから飛び起きて，部屋を歩き回ったり遊びたがったり……でも "瞑想する" という遊びはしたがらなかったようね。だから最初は，何とかして自分自身のために時間を確保しようという気でいました。それから，10日はかかったと思うけれど，時間はあることに気づきました。職場での昼食のときや，フレディがお昼寝しているとき，静かでくつろいだ晩に——そんなときに私は実践に取り組むことができたのです。初めはお気に入りの TV のメロドラマを見逃したことに腹が立ちましたが，それから考えたんです。"さて，私はこのプログラムをやりたいのか，やりたくないのか" と。それから，時間を見つけることを大変だと思う日が減り，安らぎが増えるようになりました。

ジーンやアンナのように，多くの人は最初，プログラムに必要な時間を見つけることは難しいと感じるようですが，忍耐強くやり抜くことで結局はうまくいきます。

これはアンナからのアドバイスです。

> アンナ：時間を見繕うのは簡単ではないです。だから自分を責めないで。実験のようにたくさんのことを試してみて——もしうまくいかなければ，それは自分を打ちのめす理由になるというよりもむしろ，まさにより多くの情報を得ることになるのです。また，私は忍耐強いお嬢さんとは思われていませんでしたし，私のような人でもやり通すことができるのですから（私の高校時代の教師方はきっと驚くでしょう！），誰にでもできるチャンスがあるのです。MBCT プログラムは価値があるのだということ，わずか8週間だけなのだと皆さんに伝えてあげてください。

日々の実践のための時間をどのように確保するのか少し考えてみることは，あなたにとって役立つと思われます。

　ここで，いくつかの提案があります。

 できる限り，休暇や帰省，長期出張などの際の空き時間を利用して，8週間のプログラムに取り組むこと。

 毎日，長めの瞑想を，同じ時間，同じ場所で取り組むこと。

....

　　あなたにとって，1日の中で何時ごろが，最も取り組みやすいときですか？

　　　（　　　　　　　　）時ごろから　（　　　　　　　　　　）時ごろまで

　　この時間をあなたの時間としましょう。

....

 来客や電話に応対できない時間帯があることを必要な人に伝えておくこと。

 実践するための時間を確保できるよう，よく考えた上で意思表明すること。

　ナーラ：初めは，自分のために時間をとっておくことが，とてもわがままなことと思いました。夫のケンが子どもたちの世話をしなくてはならなかったですし，彼が近くにいないときは，私の母が来てくれました。だけど，時にはそうもいかず，子どもの世話をする時間を無理やりでも作らなければなりませんでした。
　他のメンバーの方も気づいていることでしょうが，私たちが実践に取り組む時間をとっておけば，パートナーと子どもたちはいつもとの違いに気づき，むしろそれを好んでくれたのです。4週間目にケンは「何か変わった。——いろんなことに"心配，心配，心配"と言うことが減ったんじゃない」と言ってくれました。とても素敵なことでした。クラスが修了して，ほんの数週後に彼が言ってくれたことを私は決して忘れません。「私の妻が戻ってきてくれたことがうれしい。」

実践する時間を確保しましょう。

　雌ライオンが我が子を守るように，できる限り他の用事から時間を確保することを死守してください。8週間にわたり，この期間の毎日はあなたのための時間でもあることを覚えておいてください——あなた自身によるあなた自身のための時間として。

　クラスに参加するなら，自分の日記やカレンダーにクラスの集まりがある日付や時間帯を記入しておきましょう。プログラムを独学でする場合，次週の各章の題材をしっかりと読むための時間を各週1日は確保しておきましょう。

　プログラムに必要な時間を作り，しっかり確保し続けることで真の利益が得られます。

　でも，覚えておいてください……。

もしあなたが深刻なうつであったり，まさに今現在，生活がとても混乱していたりするなら（あるいはあなたの人生において大きな変化の真っ只中であるなら），プログラムを始める前に，気分や生活が少し落ち着くまで待つほうがおそらくよいでしょう。

まさに今，事態があまりにもひどく，いくつかの実践に集中することが困難とわかっているなら，新しい学習に取り組むことは自信を失うことにもなり得ます。少し待つのもうまいやり方かもしれませんし，もし思い切ってスタートするならば自分自身に優しくあるべきです。

いくつかの実践的な事柄として

瞑想するための場所を見つける

他の人や電話の音に妨げられないような，できるだけ静かで落ち着き，快適に感じる場所を選ぶことがベストです。

どこがあなたの場所になりそうですか？　--

オーディオ機器を揃える

自宅練習では通常，この本に付属している CD のガイドに従うようになっています。そのための適切な再生機器を持っているかどうかを確かめておきましょう。

座るための用具を揃える

静座瞑想は MBCT プログラムの中心の 1 つです。

78 ページにも記載していますが，基本的に 3 つの選択肢があります。椅子に座る，床にクッション（または座布団）を置いて座る，瞑想用の椅子に座る，のいずれかです。

椅子に座ることもよいですが，中には瞑想用のクッションや専用の腰掛けを使うほうが快適に感じる人もいます。もしこれらの選択肢のいずれも試してみたいならば，今が購入を検討するときです。

プログラムマップ

自己を発見するための旅を始める準備が整ったなら，これから取り組むことへのマップを持つことが役立つことに気づくでしょう。(次ページの点線ボックスを参照。)

1 週ごとに，あなたはいろいろな種類のマインドフルネス実践に参加する機会を得

第 4 章　準備をしましょう　　37

るでしょう。マインドフルネス実践は，より大きな平穏と幸せに立ちはだかる「駆り立てられ‐すること」モードの，特に7つの中核的な特徴を扱えるように考案されています。

> **＊1週ごとに＊**
>
> 　各週で，「すること」モードの異なる側面に焦点を当て，「すること」モードを認識し，そこから抜け出して，「あること」モードに入れるようにしていきます。
> 　以下にあげていることは，あなたが探究していくテーマです。
>
> 　第1週　"自動操縦"で生きることから，気づきと意識的な選択を持って生きることへ
> 　第2週　思考を通して体験と関わることから，直接的に感知することへ
> 　第3週　過去や未来を思いめぐらすことから，この瞬間にありありと存在することへ
> 　第4週　不快な体験を回避，逃避，排除しようとすることから，関心を持って近づいてみることへ
> 　第5週　物事が違ってほしいと望むことから，ただあるがままにさせておくことへ
> 　第6週　思考を真実や現実として見ることから，現実とは一致しないかもしれない心の中での出来事として見ることへ
> 　第7週　自身を厳しく扱うことから，優しさと思いやりを持って自分を大切にすることへ
> 　第8週　マインドフルな未来を計画する
>
> 　第5〜12章の各章では，一歩一歩着実に進められるように詳細なガイドを準備しています。

🍃 第5章から第12章の使い方

　各週の章はオリエンテーションのパートとそれに続く日々の実践のパートに分かれています。

　あなたが行っているコースのやり方に応じて，各章を少し変えて使うことをお勧めします。

▶クラスの参加者としてコースに取り組んでいるなら：

　毎週のグループセッション後に，セッションの中で取り扱った事柄を思い出すために，オリエンテーションのパートを一読することをお勧めします。

　あなたはすでにクラスで実践してきたでしょうから（もう一度実践することはとて

も歓迎しますが），オリエンテーションのパートで書かれている実践やエクササイズを実際にする必要はありません。

その後，毎日の実践のパートに進み，そこでのすべての提案に従いましょう。

▶個人セラピーやカウンセリングの一部としてコースに取り組んでいるなら：

あなたのセラピストやカウンセラーが勧める各章を用いることを提案します。

▶独学で，もしくは MBCT の仲間とコースに取り組んでいるなら：

オリエンテーションのパートを読み，書かれているすべての実践とエクササイズを行うことをお勧めします。その後，毎日の実践のパートに進み，そこでのすべての提案に従いましょう。

▶グループ MBCT コースの指導者なら：

このワークブックはクラスの参加者たちに，MBCT コースを修了するための必要な資料をすべて提供してくれるでしょう。

参加者の自宅での実践の週間記録を収集することが役立つようでしたら，『マインドフルネス認知療法　第 2 版（*Mindfulness-Based Cognitive Therapy for Depression. 2nd ed.*)』（シーガル，ウィリアムズ & ティーズデール，The Guilford Press, 2013）*訳注 にある「自宅実践記録用紙」(www.guilford.com/MBCT_materials よりダウンロードが可能）を使うことをお勧めします。

＊訳注　第 1 版は，"*Mindfulness-Based Cognitive Therapy for Depression. : A New Approach to Preventing Relapse.*"
　　　　（2002）で，邦訳は，『マインドフルネス認知療法—うつを予防する新しいアプローチ』（北大路書房，
　　　　2007）。第 2 版も，北大路書房より邦訳本が刊行予定（2018 年現在）。

第 4 章　準備をしましょう　　39

受け取った一通のEメールから

　うつのためのマインドフルネスプロジェクトに取り組んでこられた皆様には感謝の気持ちでいっぱいです。
　およそ4年前から私はずっと元気がない状態だったので，援助を求めていました。私の人生の大半は不安とうつの問題で苦しんできたことが明らかでしたので，私の担当カウンセラーはマインドフルネスを勧めてくれました。私はマインドフルネスの書籍を読みCDを聴き，エクササイズに取り組みました。そうすると，少し幸福感が得られるまでに改善していくのが短期間で体験できるようになりました。私はマインドフルネスの実践を続けて，およそ1年後にはついに体得したのです。日ごと，自分の思考の流れに気づき，そして眺めるのです。その思考はまるで，乗らずに私の目の前を通り過ぎるバスのようです。
　マインドフルネス実践によって，本当に私の人生はすっかり変わりました。私は，今ほんの少しですが，私自身を本当に理解しているように感じています。そして，本当に再び希望を持ち続けているのです。
　このアイデアとプロセスを，私と同じくマインドフルネスから恩恵を受けた何人かの友人と分かち合いました。決まり文句に聞こえるのは承知の上ですが，自身の心の中にあった監獄や地獄から解放されたように感じます。私の潜在能力は50歳から開花され始めたのです——遅くても実行しないよりましです。
　あなた方にお会いしたことはありませんし，メロドラマ風になることも望んでいませんが，あなた方は本当に私の人生を救ってくださいました。とても感謝しています。
　このEメールがチームのどなたかに届くのかどうか，推薦として紹介されるのかどうかわかりませんが，私はただありがとうと言いたいと感じただけなのです。

マイケル

第Ⅱ部

マインドフルネス認知療法
（MBCT）プログラム

もしもう一度人生を生き直せるなら

次はもっと失敗をしてみたい。

力を抜いて，しなやかにありたい。（人生という）この
ちょっとした旅行よりも思慮なく生きて，もっと生真面
目になりすぎずにいたい。もっと冒険してみたい。もっ
とたくさん山を登ったり川を泳いだりしたい。もっとた
くさんアイスクリームを食べたいし，豆はもっと少なく
てもいい。たぶん，現実の困り事はもっと多くなるかも
しれないけれど，案じて気をもむことは減るんじゃない
かな。

知ってのとおり私は，毎日毎日その時々に，気を利か
せ分別をわきまえて生きるような人なのです。あぁ，私
だって自分の感じる瞬間も体験してきましたし，もう一
度やり直せるなら，もっとそんな瞬間を生きたい。実を
いうと，何もしないでいてみたい。その瞬間，瞬間を生
きたい。先々を案じて長年生きてきた代わりに。これま
で私はどこへ行くにも温度計と湯たんぽ，レインコート
にパラシュートを必ず持たずには出かけられないような
人でした。もう一度やり直せるなら，もっと身軽に旅行
したい。

もう一度人生を生きられるなら，春にはもっと早くか
ら裸足になりたいし，秋の深まるまでそうやって裸足で
いたい。もっと踊りに行きたい。もっとメリーゴーラウ
ンドにも乗りたい。もっとたくさん雛菊を摘みたい。

ナディーヌ・ステア
85歳
ルイヴィル，ケンタッキー州

第5章

第1週
自動操縦を超えて

オリエンテーション

　もう一度，人生をやり直せたら……？　うつや不幸感，それに伴う疲労感やストレスにはある1つの共通項があります。それらは私たちから活力と彩りを奪うのです。
　マインドフルネスには，人生を再び活性化させてくれる可能性があります。
　では，どうやって，始めればよいのでしょうか？
　2つの状況を比較してみましょう。

　　シナリオ1　▶▶▶　あなたは小さな子どもと一緒に散歩しています。ゆっくりと動きながら，たびたび立ち止まったりして歩きながら，その子の瞳を通して，見慣れた事物の中に特別な豊かさを見つけます。生まれて初めて眺めるように，あなたは見つめています。

　　シナリオ2　▶▶▶　あなたはよく知っている道をドライブしています。何マイルか進んだ後，周囲の景色にまったく意識を向けていなかったことに突如気づきました。すっかり，他のことに気をとられていたのです。いわば"自動操縦"で車を運転していたのです。

　2つのシナリオは，あるがままの生き生きとした生活と，多くの人が送っている日常の慌ただしい生活のあり方との違いを反映しています。後者の生活のあり方は，じっくり見ることも，味わうことも，においを嗅ぐことも，触れることもありません。それは，「世界に触れていない」ということです。
　しばしば，"自動操縦で車を運転する"のと同じように，注意深く振り返れば，実際に日常生活の多くの時間を"自動操縦で過ごしている"ことがわかるでしょう。
　このように世界に触れていないときに，心が怠けないでいること，つまり，プログラムされていることをし続けること，それは一見休息しているかにみえる時間を使っ

て，やろうと計画していることのすべてをリハーサルしたり，やってしまったかもと空想にふけったりすることが問題なのです。

　自動操縦では，心が「すること」モードに乗っ取られて，知ることも，同意することも，熟慮した選択もないままに作動してしまうのです。

　このようにいったん「すること」モードが心の中にのさばると，私たちはいとも簡単に次から次へと「駆り立てられ－すること」モードの影響下に陥っていきます。それは新たなうつへと引きずり込む反すうや，不安へ陥らせる心配，今まで以上のストレスや疲労を感じさせる切迫感などです。自動操縦で生きることは，このようなネガティブな心の状態が次々に襲いかかり，身動きがとれない状態に私たちを陥らせてしまう危険性があるのです。

　また，生活における多くのポジティブなものから私たちを引き離し，瞬間瞬間の中にある豊かさや充実感に対してぼんやりとしか気づくことができないままにします。すべてのものが灰色で薄っぺらに見える世界は，あまり楽しいものではありません。

> マインドフルネスは，私たちに自動操縦から目覚めさせる方法を提供します。

　それでは，どうすればいいのでしょうか。まず，生活の中でなじみのある「食べる」という行為から，自動操縦を乗り越えるための新しい旅に出発しましょう。

マインドフルにレーズンを食べる

　まず，このレーズンエクササイズでは2，3粒のレーズンを用意してください。適度な明るさがあり，誰にも邪魔をされないような場所で，心地のよい状態で座ってください。付属CDトラック2（レーズンエクササイズ）の音声ガイダンスに従って，ゆっくりと練習していきましょう。レーズンエクササイズの要約を以下に記します。

CD 対応 ▶ TR 2

【 レーズンエクササイズ
　　　──自動操縦状態からの目覚め：食べる瞑想 】

ゆっくりと時間をかけ，それぞれの教示の間を十分にとって，瞑想全体に少なくとも10分はとるようにしてください。

● 準備が整ったら，手のひらの上にレーズンを一粒乗せましょう。手に乗っているものを見るという体験に注意を向けてみましょう。目でレーズンを探求してみましょう。まるで初めて見たものであるように，じっくりと，心を込めて注意を向けてみましょう。
● レーズンにどのように光が差しているのかに気づくかもしれません。レー

ズンの表面にある陰影やひだやくぼみ，光が鈍く反射するところ，つや
つやと輝いているところなど，目でレーズン全体を探求してみましょう。
レーズンのあらゆる面を確かめるために，親指と人差し指でレーズンを
つまんでみてもよいでしょう。

● もし，食べる瞑想をしている間，「なんておかしなことをしているんだろ
う」とか「このエクササイズのポイントはなんだろう」というような考
えが心に浮かんできても，そのときはその思考にただ気づき，できる限り，
レーズンを見るという体験に気づきを戻しましょう。

● そして，レーズンをつまみながら，レーズンに触れている指の感覚に十
分注意を向けてみましょう。粘りのあるところや滑らかなところがある
ことに気づくかもしれません。指の間で優しく転がしてみてもいいでしょ
う。柔らかいところや，弾力性のあるところ，あるいは密度を感じると
ころや角張ったところもあるでしょう。気づきがどのようなものであれ，
今この瞬間の体験に注意を向けてみましょう。

● 次に準備が整えば，鼻先にレーズンを近づけて，しばらくそのままにし
ておいて，そこにあるものに意識を置き，息を吸い込んでみたり，関心
を向けたりしましょう。何らかの自然の，または強い香りがここにある
ことに気づくかもしれません。もし，何も香らなくても，同じようにそ
れに気づいてください。じっくりと，変化していく体験に意識を向けて
みましょう。

● それでは，ゆっくりとレーズンを手に取り，口の中に入れる準備をして
いきましょう。レーズンを移動させていくにつれ，腕の感覚が変化して
いくことに気づきを向けていきます。手や腕がいかに正確にレーズンを
口の中に運ぶのか，目を閉じてみて，確認してみてもいいでしょう。

● レーズンを口の中に入れ，舌を出してレーズンに触れているかどうかに
気づきを向け，それを舌の上に乗せて，許す限り噛まずに口の中に入れ
た状態にしておいてみましょう。もしかしたら，口の中で起きる変化に
気づくかもしれません。舌の上のレーズンに意識を向けて，ひっくり返
してみたり，表皮にあるでこぼこを確かめたりして，もたらされる感覚
を探求しましょう。できれば口の中でレーズンをあちこちに動かしてみま
しょう。内ほほのあたりに付けたり，上あごの裏に付けたりしてみましょう。

● そろそろいいかなと感じたら，歯の間にレーズンをはさみ，噛んでみま
しょう。じっくりと，十分に時間をかけて，噛みしめてみましょう。口
の中でどのようなことが起きるのかに意識を向けましょう。噛みしめる
ことで生まれる味覚はどのようなものでしょう。時間をかけて，口の中
で起きる変化や，レーズンの変化に気づきを持ちましょう。レーズンの
噛みごたえや柔らかさを感じましょう。

● そろそろ飲み込む準備が整ったように感じ取られたら，実際に進んで飲

第 5 章 第 1 週：自動操縦を超えて 45

み下す前に，まず飲み込むという意図を感知できるかどうか確認し，自覚を持って体験してみましょう。
● 最後に，レーズンを飲み下す感覚に従いながら，レーズンが胃に降りていく感覚や，レーズンを食べた後に残った口の中の感覚にも意識を向けてみましょう。

では，目を閉じていたなら目を開けて，再び部屋の中に目を向けましょう。

どのような体験だったでしょうか。

あなたが気づいた感覚やフィーリングはどんなものだったでしょうか。

通常の食べるという体験とどのように違っていたでしょうか。

マット："レーズンを食べているんだ"ということを本当に知ることができました。一度に一掴みのレーズンを口にほうり込んで食べているいつものやり方と比べ，すべての体験がはるかに鮮烈でしたよ。

ジェニ：こんなふうに，まじまじとレーズンを見たことなんて今までありませんでした。乾燥してしわしわしたものだと思っていたけれど，まるでダイアモンドのように多面的に見えてきました。まず，それを噛み下してはいけないということを自分に言い聞かせました。でも，レーズンを自分の舌を使って探求して，初めてひと噛みしたときには口の中ですばらしい香りが広がったように感じました。

体験に対して優しい気づきをもたらすことで，体験は変化するのです。体験はより豊かになり，さらに興味深く，新鮮なものになるかもしれません。そして，それは，日々，私たちがいかに多くことに気づいていないかを教えてくれます。

46　第Ⅱ部　マインドフルネス認知療法（MBCT）プログラム

レーズンエクササイズの間，心はどこに行っていましたか。

あなたの心がそこへ向かうことを意図しましたか？

もしそうでなかったとしても，まったくかまいません。あれこれと心がさまよい出すということは，とてもよくあることなのです。サラは自分が何をしていたかを，まったくといっていいほどに忘れていました。

> サラ：レーズンを食べるということがどのようなものであったかがわからないのです。わかっているのは，レーズンの水気のない乾燥した感じが，ホットサンドのことを思い起こさせたということです。……私が子どものころ，両親と過ごした休日を思い起こしながら，ママを恋しく思い……起き上がって，母に電話をしなければと切に思っていたのです。それはレーズンを飲み下したときに思いました。そして，レーズンを食べていたのを憶えていなかったのです。

> 心というものは行動計画（アジェンダ）を持っているのです。自動操縦のもとでは，心の古い習慣がその計画を立て，私たちが選択するつもりのなかったところへと連れていってしまうのです。

Q レーズンエクササイズは，私たちが望まない感情で身動きできない状態から自分自身を解放するために，何をもたらしてくれるのでしょうか。

A それは実際に，とても重要なことです。

1. レーズンエクササイズは，注意の向け方を変えることにより，体験を変化させることができることに気づかせてくれます。徐々にわかってくるでしょうが，体験を変えることは，不快な感情に対して新しく異なった関わり方の選択肢を与えてくれます。
2. レーズンエクササイズによって，マインドフルネスが他の見過ごしがちだった物事に気づくのに役立つことを教えてくれます。つまり，このことはうつや心配，疲労感に陥らせる警告サインをより早く見極められるということです。
3. レーズンエクササイズは，自動操縦状態のときに，どのように思考が私たちを望まないところへ連れていくのかを教えてくれます。つまり，意識的に注意を向け直すことで，私たちのこの瞬間の感覚体験に戻ってくることを選択できるのです。

第5章　第1週：自動操縦を超えて　47

🍃 可能性を探究する

　今，あなたはありきたりな日常の中に新たな気づきがあるのだということを味わってきました。自動操縦でこなしていた日課についても思いはせることができるかもしれません。例えば，お風呂に入ることとか，歯を磨くこととか，部屋から部屋に移動することとか。

　後で提案しますが，レーズンエクササイズで取り組んだように，今週の日々の実践の一部として，よりマインドフルになれるような活動を1つ書きとめておいてください。

　レーズンエクササイズは，私たちがほとんど意識できていない体験の領域全体——つまり私たちの身体への，マインドフルな探究の扉を開きます。今週の日々の実践は，ボディスキャンと呼ばれる瞑想のセンターステージに身体を据えてみましょう。

日々の実践

　第1週目は，**週の6日間**，以下のエクササイズに取り組んでください。
　1. ボディスキャン
　2. 日常活動に気づきをもたらす
　3. マインドフルに食べる

1. ボディスキャン

▶注意を乗っ取ること

　レーズンエクササイズでは，時間の長さにかかわらず，1つのものに集中することがいかに難しいものであるかを教えてくれます。いくら注意を向けていても，いともたやすく他の関心事に乗っ取られてしまいます。私たちは，心がどれほど自分の意志を持っているのかわかっていないのです。

　私たちが1つの物事に，注意をそらすことなく，細心の注意を払って，意図的に注意を向けることができるとしたら，それは自動操縦から私たちを目覚めさせてくれる大きな力となります。しかし，たいてい私たちはこういった「注意の筋力」の鍛え方を教わってこなかったのです。

　　　　あなたさえよければ，今すぐにでも，このトレーニングを開始することができます。身体のあらゆるところに注意を巡らせていくというトレーニングです。さあ，学びましょう。

> 人生に目覚める方法を学ぶために，3つの基本的なスキルを練習します。
> ・注意の向け方
> ・注意の維持の仕方
> ・注意シフトの仕方

● ありたい（関与したい）ところに注意を**向ける**。

● 注意を留めたい（留め探究したい）ときは，その場所に残れるよう注意を**維持する**。

● （離れたい）ときに注意を**シフト**させる。

48　　第Ⅱ部　マインドフルネス認知療法（MBCT）プログラム

ボディスキャンを通して，身体のあるがままの**体験**に目覚めながら，このようにトレーニングする機会が得られます。

　今週毎日は，1日に45分ほど，邪魔されずにくつろいで横になれる場所を見つけてください。付属 CD トラック 3（ボディスキャン）の音声ガイダンスに従って，やってみましょう。要約も載せておきますので，参照してください。

 CD 対応 ▶ TR 3

【 ボディスキャン瞑想 】

- 床にマットやラグを敷くか，もしくはベッドの上で，仰向けになって横たわり，くつろげる体勢になってください。その場所は誰にも邪魔されない，温かいところがいいでしょう。そっと目を閉じてください。
- 少しの間，呼吸の動きと，身体感覚に意識を向けてください。準備ができれば，身体感覚，特に床やベッドに接触している身体の部分が受け取っている触覚や圧迫感に意識を向けてください。息を吐くたびに，マットやベッドに身体が少しだけ深く沈み込むままにしてください。
- ボディスキャンの目的を確認しましょう。目的は，違和感を探すことでも，リラックスすることでも，落ち着くことでもありません。そういうことが起きるかもしれないし，起きないかもしれません。ボディスキャンの目的は，身体の各部に注意を向けながら，探求したどのような感覚にもできる限りマインドフルな気づきを向けることです。
- 腹部の身体感覚に意識を向けてみましょう。息を出し入れするたびに，腹部の内壁の感覚パターンが変化することに気づくようになるでしょう。しばらく呼吸しながら，その感覚を味わってみてください。
- 腹部との感覚につながりを持ちつつ，注意の焦点やスポットライトを左脚に下ろしていきましょう。さらに左足（くるぶしより先）に下ろし，左足のつま先までいって抜けていきましょう。今度は，左足のつま先から焦点を当てていき，穏やかな好奇心を持って，見出した感覚の質感を調べていきます。つま先の指と指の間に接触している感覚があることに気づくかもしれませんし，うずうずするような感じやほっこりする感じを体験するかもしれません。あるいは，特に何も感じないかもしれません。
- 準備が整えば，息を吸いながら，吸気が肺に入っていくのを感じ，さらに呼気が腹部を通過して，左脚に入り，つま先から抜けていくようなイメージを浮かべてください。次に息を吐きながら，呼気が足元から脚に入っていき，下腹部を通り抜けて，肺を通り，鼻から抜けていく感じで，先ほどとは逆の方向へ向かっていくイメージを浮かべてください。できるだけでかまいませんので，もう 2, 3 回，足元に向かって身体を通り抜ける感じで息を吸い込み，足元から息を集めていって身体を抜けて吐き出す呼吸を続けてください。コツをつかむのは難しいかもしれませんが，

第 5 章　第 1 週：自動操縦を超えて　　49

穏やかな遊び心を持って，この「息を吹き込むこと」を実践してみてください。

● そろそろいいかなと感じたら，息を吐き出すときに，爪先から呼吸が立ち去った後，左足の真ん中あたりに残る感覚に気づきを向けてみてください――そして，足の裏や足の甲，かかとにも，穏やかで探るような気づきをもたらしましょう（例えば，マットやベッドに接触しているかかとの感覚に気づくかもしれません）。表向きの呼吸と同じように，目に見えないところで行われている呼吸に対しても意識を向け，感覚とともに呼吸をする体験を通して，足元の感覚を探求しましょう。

● それでは，足の残りの部分への気づきも広げていきましょう。足首やつま先や骨の中や関節部にも気づきを広げていくのです。そして深々と息を吸い込み，左足全体に直接息を流し込み，息を吐きながら完全に足から息を引き上げましょう。注意の焦点は左脚の下のほう，ふくらはぎや向こうずねや膝小僧などに代わるがわる向けていきましょう。

● 気づきを向けることを維持しながら，穏やかな好奇心を持って，身体の残りのそれぞれの部分，例えば左脚の上のほうや右足のつま先，右足，右脚，骨盤のあたり，背骨，下腹部，胸部，指，手，腕，肩，首，頭，顔などの身体感覚に意識を向けましょう。それぞれの身体の部分においても，可能な限り同様に精緻な気づきと穏やかな好奇心を今そこにある身体感覚に傾けます。そして意識を離すときには，息をそこに流し入れてから，呼気とともに離れてください。

● 身体の特定の部位につっぱった感じや激しい感覚などがあることに気づいたら，そこに呼吸を流し入れましょう。吸気に伴って，その感覚の中に意識をそっと向けてみましょう。そして呼気とともに，感覚をあるがままに放っておいたり，意識を解き放ちましょう。

● 心が呼吸や身体から離れたところにさまよい出すことは，必ずといっていいほどよくあることで，まったく正常なことです。そのことに気づいたら，静かにそのことを受け入れ，心が去っていくことを見届けたら，焦点を合わせたいと思っている身体部分に穏やかに注意を戻しましょう。

● このようなやり方で全身をスキャンし終えたら，2，3分間，身体全体の感覚と身体から呼吸が自由に出入りしている感覚に意識を向けてみましょう。

● 眠気を感じたら，枕で頭を持ち上げたり，目を開けたり，横にならず座って実践するほうがよいかもしれません。1日の異なった時間帯に実践してみるのもまたよいでしょう。

　毎日，ボディスキャン中にあなたが特に気づいたことをいくつか**書きとめておいてください**。どんなことを**考えて**いましたか？　あなたが気づいた**身体感覚**はどのようなものでしたか？　あなたが体験した**感情やフィーリング**はどんなものでしたか？

50　　第Ⅱ部　マインドフルネス認知療法（MBCT）プログラム

1日目

▼思考

▼感覚

▼フィーリング

Q 私はずっと考えていました。「このやり方で正しいのだろうか」「しっかりと取り組めているだろうか」「どうしてリラックスできないのだろうか」「どうして何も起きないのだろうか」と。

A それはまさに誰もが体験することです。こういった思考はすべて，まさに判断することの様々な形であり，「駆り立てられ－すること」モードが稼働して，行動を支配しているのです。そんなときには，「判断している」と穏やかに自分に言い聞かせ，教示がそのときに焦点を合わせている身体の部位へ注意を戻しましょう。

　　　　　ボディスキャンに"正しい"やり方はありません。どのようなものであれ，私たちの体験は私たちの体験なのです。

2日目

▼思考

▼感覚

1
week

2
week

3
week

4
week

5
week

6
week

7
week

8
week

第5章　第1週：自動操縦を超えて　　51

▼フィーリング

Q ボディスキャンはまったく私には役立たないです。ただ，<u>眠り続け</u>ていました。

A それは起きがちなことです。毎日，ボディスキャンを続けられるかどうか，確かめてみてください。はじめのうちは，起きているよりも眠っていることのほうが多いと思えるかもしれません。ところが時が経つにつれて，眠気が減っていくこともよくあります。もしも眠気が続くなら，目を開いたままでボディスキャンをしたり，枕を使って頭を持ち上げてみたり，座った状態でやってみてもかまいません。晩にボディスキャンの練習をしているのだとすれば，もっと早い時間にやるのもよいかもしれませんね。

3日目

▼思考

▼感覚

▼フィーリング

Q すばらしい体験でした。とても<u>リラックス</u>できて，まるで私の身体が徐々にゆるんでいくような感覚でした。その感覚はすばらしいもので，重さというものがまったくなくなったような感じがしました。

A すばらしいですね！　こういうことが起きると，私たちの中にある深い平穏と静寂への可能性がすでにあることを確信させてくれます。しかしながら，次回も同じようなことが起きることを望んだり期待したりするのは注意するほうがよいでしょう。それは起きるかもしれないし，起きないかもしれません。リラクセーションはボディスキャンの真の目的ではありませんが，もしもリラックスできるならば，それはそれでよいでしょう。

52　第II部　マインドフルネス認知療法（MBCT）プログラム

ひょっとしたら驚くかもしれませんが，ボディスキャンはリラクセーションが目的ではありませんし，特別な状態へといざなっていくことでもありません。どのような感覚への気づきが起きようと関係ありません。重要なことは，生じてくる思考にからめとられるのではなく，身体の直接的な感覚に波長を合わせることなのです。

4日目

▼思考

▼感覚

▼フィーリング

Q 集中することができませんでした。「どのようにすれば，瞑想がうまくいくのだろう」と考え続けていました。周囲で子どもが走り回り，電話が鳴り響き，誰かが玄関のドアをバンバン叩く中で。そして私は，ボディスキャンをしている間ずっと，うまくいかないことに対して，フラストレーションを感じるようになっていきました。

A フラストレーションやイライラや退屈を覚えたときに，その感情をあるがままに受け入れることができるかどうか観てください。通り過ぎる心の状態として観るのです。「フラストレーションを感じているんだなあ」「退屈な気持ちがあるなあ」などとつぶやくのもよいでしょう。そして，それらの感情を何とかして取り除こうとするのではなく，ただシンプルにボディスキャンの実践に戻り，教示に注意を向けるのです。教示はあなたが気づきに焦点を合わせられるようにいざないます。

5日目

▼思考

第 5 章　第 1 週：自動操縦を超えて

▼感覚

▼フィーリング

Q リラックスしようとしましたが，緊張と痛みを感じ続けてしまいました。心地よい感じになれないということは，正しくできていないのでしょうね。それは本当に不快でした。

A マインドフルネスをしていると，身体の中で起きていることに非常に気づきやすくなってきます。もしも心地悪さを体験したとしても，その実践が正しいやり方かどうか判断するのをできる限りやめて，シンプルに教示に注意を向けてみてください。それから，教示が緊張や不快感があるエリアにたどり着いたときは，できるだけ優しく，その身体感覚を探ってみてください。そして教示が進むにつれて，その場所から注意を手放して，新しい部位に焦点を移してください。それから，平静さと明晰さをはぐくむためにこのトレーニングでは今すぐに心地よく感じる必要はありません。こういった効果はいろいろな場面で現れてきてわかるものです。

6 日目

▼思考

▼感覚

▼フィーリング

Q 私は涙が流れ出ていることに気づきました。でも，そのときはなぜだかわかりませんでした。

A 身体感覚に耳を傾けると，あるときに十分に体験できないでいた感情と私たちは再びつながれるかもしれません。驚かれるかもしれませんが，そのようなフィーリングをあるがままに積極的に受容していくことは，心の底からの深い癒しとなりうるのです。できる範囲で教示に従い，その瞬間の身体感覚に焦点を当て続けてみてください。そのようなやり方で，あなたは<u>激しい感情</u>に対峙したとしても安定して向き合っていられるでしょう。

　もしあなたが過去のトラウマ体験からくる，打ちのめされるような激しい感情体験に繰り返しつながっていることに気づいたり，過去の極めて苦痛な出来事を思い出してしまうことに気づいたりしたならば，専門的な援助を求めることが賢明な道でしょう。マインドフルネス認知療法を専門としているインストラクター（もし，いるなら）や，経験のあるカウンセラーかセラピストに援助を求めてください。

　週の終わりに，ボディスキャンを実践してみて，以下の一般的な反応についてのあなた自身の体験を振り返ってみましょう。まず，あなたが気づいたどれかを丸で囲み，心の中に残っている体験を書きとめてみてください。

▼判断
　--
　--
　--

▼眠気
　--
　--
　--

▼落ち着き，リラクセーション
　--
　--
　--

第5章　第1週：自動操縦を超えて　55

▼身体的不快感

▼フラストレーション，退屈感

▼感情的な混乱

▼その他：（具体的に）

••

振り返り：
MBCT 参加者のボディスキャン体験

　はじめの 10 日間は負担感がありました。常に心はさまよい続けましたし，ボディスキャンがうまくやれているのかどうかが気がかりだったように思います。例えば，白昼夢を見続けることもありました。心はありとあらゆる場所をさまよいました。努力はしましたがあまりにも難しく，それを止めることができなかったと思います。

　スタート地点で抱えていたもう 1 つの問題は，「今，起きていることを，ただ受け入れましょう」という言葉でした。私にはまったくもって理解不能でした。「そんなこと，できるわけがない」と心の中で思っていました。

　結局のところ，ただ CD をかけて，思考の世界の中へと立ち去ることを期待していました。もし気がかりなことが出てきても心配しなかったです。徐々にですが，自分を見失うことなく 40 分間が過ぎ去るようになり，次からはさらに効果が上がりました。

　10 日後にはさらにリラックスできるようになり，他のことを考えてしまったらどうしようと気に病むこともなくなりました。そのことで気に病まないようになると，実際に空想に走ることもなくなりました。もし，他のことを考えすぎて，それを止めたいときは，再び CD を手に取りました。すると，次第に空想に走ることが減っていきました。CD を聴くことが幸せに感じられましたし，ボディスキャンをすることに価値を見出し始めました。

　上達していくにつれて，実際に足元に息が吹き込まれていく感覚を得ることができるようになってきました。何も感じられないときもありましたが，そのときは「何も感じないのならば，何も感じていないということで満足できる」と考えました。

　ちょっとやってみたくらいでできるようになるものではありません。やっていくうちに日常的なものになってきます。実際にやってみるほどに，より重要度が増していきます。そして，やることを心待ちにするようになりました。

　ボディスキャンの練習のために 45 分間という時間を 1 日の中に組み込めるようになれば，同じように人生のその他の事柄についても組み込みやすくなるかもしれません。この実践はそれ自体が物事を前に推し進める力をもたらしてくれるのです。

••

2．日常活動に気づきをもたらす

　日々の生活の中でのマインドフルネスの実践こそが，MBCT プログラムの中心的な側面です。今週は 2 つのやり方で，マインドフルネスに取り組んでみましょう。1 つ目は，日常活動にマインドフルな気づきをもたらすことです。

　　　毎日の生活の中でマインドフルであるように実践するのはとても重要なことです。そこでは，それが必要なことだからです。

　あなたが毎日行っている**日常活動の 1 つ**を選んでください。今週は，レーズンに対して行ったような意図的で穏やかな瞬間瞬間の新鮮で良質な気づきを，同じように日常活動に持ち込んでみてください。1 週間を通して，日々，同じ活動においてあるがままでいることが一番よいのです。あなたがすぐに，またはその他に思いつく活動か

ら1つ利用することもできますし，以下にあげるようなものから利用してもよいでしょう。

朝の目覚め	ゴミ出し
身体を拭くこと	車の運転
着替え	家を出る
コーヒーを入れること	家に入る
皿洗い	階段を昇る
食器洗浄機に入れること	階段を降りる

Q 意図的な気づきというものがどんな感じなのかが，はっきりとはわからないのです。何に注意を払うべきなのでしょうか？

A そのことがはっきりして本当によかったです。例えば，シャワーを浴びることを選んでみましょう。それから，心底からの注意をあなたの皮膚の感覚に払いましょう。水が当たる感覚や温かさ，シャンプーや石鹸の匂い，水の音，そして，身体を洗うときに動かす腕の筋肉がシフトしていく感覚に注意を払いましょう。

他の例もあげてみましょう。「目覚め」を選んだとします。ベッドから出る前に，マットやベッドシーツの感触や圧を感じてみたり，5回ほど，息を吸ったり吐いたりする動きに穏やかな注意を払ってみたり，朝の様々な音への気づきに心を開いてみたり，頬に触れる風を感じてみたり，目に入る周囲のものに気づきを向けてみたらどうでしょう。

 生活体験に対して穏やかに目覚めることができるかどうか確認してみてください。そして，何かをしているときに，まさに今，体験をしているのだということがわかるかどうか観てみましょう。

1週目の日々の活動： ....

日課として，マインドフルであった活動をいつでもすぐに思い出せるように，✓をつけましょう。

1日目：＿＿＿＿＿　2日目：＿＿＿＿＿　3日目：＿＿＿＿＿

4日目：＿＿＿＿＿　5日目：＿＿＿＿＿　6日目：＿＿＿＿＿

マインドフルネスそれ自体は難しいものではありません。私たち皆にとっての毎日の生活における難題は，マインドフルであることを**思い出すこと**です。あなたがどんなときに思い出し，どんなときに忘れてしまうのか，何らかのパターンはありますか。

それを思い出すことが**容易**であるとき：

それを思い出すことが**困難**であるとき：

週の終わりに，今週，選んだ活動の体験の仕方と日ごろの体験との間で，あなたが気づいた違いについてちょっと振り返ってみましょう。

> ジャニ：日常生活の中でマインドフルであることを始めてみると，様々なささやかなことに気づきました。空を横切る鳥の羽ばたき，夕食を作っているときの匂い，落ち葉に足を踏み入れたときのぱちぱちという音。こういった事柄にまさに気づきを向けていたときには，くよくよと思い悩むことがありませんでした。

> ジョルジオス：朝，目覚めてベッドから出るまでのすべてのプロセスに注意を払うことで，身体を持ち上げて，起き上がるときに感じられる憂うつ感がマイルドになったように思えました。

日常生活の活動に気づきをもたらすことで，私たちが，どんなときに「すること」モードや自動操縦に陥るのかを認識しやすくなります。

その結果，心のモード変換をすばやく行うやり方を学べますし，「あること」モードへと意図的に入り，そこに居続ける方法も知ることができるようになるでしょう。そこでは，うつや他の困難な感情が居座り続けることは難しいのです。

3. マインドフルに食べる

　今週の日常生活にマインドフルネスを取り入れるための2番目のエクササイズは，マインドフルに食べるということです。

　このエクササイズをすることで，食べるときにそこにある味覚，視覚，嗅覚，あるいは身体感覚の**気づき**へあなたは招かれます。それはまさに，レーズンをマインドフルに食べていたときのように。

　少なくとも一食か，部分的でもよいですが，レーズンを食べたときと同じような関心と注意を向けながら，マインドフルに食べることができるか確認してみてください。

マインドフルに食べることに気づけたときには✓をつけておいてください。1日の中で間食も含めて2回以上マインドフルに食べたというときは，その分だけ✓をつけてもかまいません。

1日目：＿＿＿＿＿＿＿　　2日目：＿＿＿＿＿＿＿　　3日目：＿＿＿＿＿＿＿

4日目：＿＿＿＿＿＿＿　　5日目：＿＿＿＿＿＿＿　　6日目：＿＿＿＿＿＿＿

週の終わりに，食べるという行為においての何らかの変化についてじっくり**振り返り**たいと思います。ここに，あなたが思ったことを書きとめておいてください。

おめでとうございます！

　あなたは，MBCTプログラムの1週目の終わりにたどり着きました。

　第1週の体験全体を思い出すために，ここであなたが書きとめてきたことを振り返ってみることは，役に立つ，興味深いことかもしれません。それぞれの実践に，あなたはどのような対応をしたでしょう。その反応や対応は，日によってどのように異なっていたでしょう。

　2週目の反応は1週目と同じようなものかもしれませんし，かなり異なっているかもしれません。そのことがわかるにはたった1つの方法しかありません。

　準備はいかがですか？

これを読んで，準備を整えてください

　ここから始まりますが，あなたは何を忘れないでいたいですか？
　ぴかぴかの床の上に太陽の光が
　どのように差し込んでくるのでしょうか？
　古い樹木がかもしだすのは
　どのような香りなのでしょうか？
　外気に満ちる柔らかな音は
　どのようなものなのでしょうか？

　今まさにどこへ向かおうとも
　呼吸はあなたとともにあり，
　あなたが実行していることを尊重します。
　そのことが一番の贈り物ではないでしょうか。
　時があなたによりよい思考を示してくれるまで
　待っているのでしょうか。

　ここに立って振り向くとき，
　あなたが見出したこの新しい視界を持ち上げてみましょう。
　午後をあなたの好きに過ごしてみてください。
　本を読んでもいいでしょうし，
　耳を澄ませてもいいでしょう。
　生涯にわたり，続けてみてください。

　今よりもよりよいものが得られるでしょう。
　今，ここから，この部屋から，
　あたりを見回すことから，
　始まっているのです。

　　　　　　　　　　　　　　ウィリアム・スタッフォード

第6章

第2週
別の知る方法

オリエンテーション

> ヴァレリー：ボディスキャンに集中し続けるのはとても難しいわ！ 私は横になって，今度こそと心に誓って，教示に正確に従おうとするの。でも，それにもかかわらず，実践しようとするとすぐに，自分の身体について考えていることに気づいて，なぜ今まで気づけなかったこんなにたくさんの痛みを感じられるのか不思議になり，それが何を意味しているのかあれこれ考えるの。最終的に私は，<u>再び</u>自分の身体と音信不通状態になっていることに気づくの。そして，自分のことで頭がいっぱいになるわ。「これはとても単純なことで，なぜ私は正しくそれに取り組むことができないのかしら？ 他の人はできているのに。私の何がいけないの？」と。これはスペイン語を勉強しようとしていたときと似てるわ。内容が頭に入ってこないの。メキシコ旅行で，私は本当にバカみたいって思ったの……。
>
> 最終的に，私はセッションの残りをこれまで失敗してきたときのことについて考えたり，それがすべて私がこの手の人間であると考えることに費やして終わるの。
>
> セッションの終わりには，私は始まったときよりもずっとひどい気分を感じて終わるの。

　自動操縦状態では，私たちはまるでどこか遠くへ行ってしまうように感じます。しかし，私たちはどこに向かうのでしょう？ 多くの場合，計画を立てる，思い出す，空想を膨らませるなど，何らかの形で考えては，迷子になってしまいます。

　考えることが優位になれば，それは問題となります。つまり，もはや単に考えているのではなく，思考の中で**迷子**になっているのです。分岐点は過ぎ去りました。もはや世界の中で生きているのではなく，頭の中で生きているのです。

　では，私たちは何をしたらいいでしょう？ ただ意志の力では，考えることをやめることはできません。それに，暮らしの中で，私たちは直ちに何が起こっているのか知る必要があります。私たちが自分の体験について知り，それを自分と関連づけるために，考えること以外に他の方法があるのでしょうか。

> 「すること」モードで考えることは，うつにおける反すう，不安における心配，ストレスのかかった状態で落ち着きなく奮闘することの元になっています。

実験してみましょう。下に説明があります。お好みで付属CDトラック14（2つの知る方法）を聴いてください。実験には数分必要でしょう。

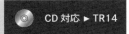

【知るということの2つの方法】

楽な姿勢で椅子に座りましょう。目を閉じます。

1. ……について考えること

　　1, 2分かけて，目で見ずに，あなたの足（くるぶしより下）について**考えましょう**。あなたの足に心を向けるとどんな考えがあなたの頭の中に浮かんできますか？　好ましいまたは好ましくないという考えや，別の違うことを考えているかもしれません。その足によってもたらされた様々な思考や問題について，何を考えるのでしょうか？

　　いずれにせよ，自分の考えをコントロールする必要はありません。ただ浮かんできた考えを自然に積み重ねていけばよいのです。足について考えるのに，1, 2分の時間をかけましょう。

2. **直接身体に耳を傾けること**

　　次に，目で見ずに，あなたの足にしっかりと注意**を向けましょう**。身体の内側から外側へと，足への**気づき**が深くなり，広がっていきます。骨から皮膚の表面へ，足の内側の骨の感覚，皮膚の触感や足裏の感覚を感じ，足と床の境界を探るように，床に足が触れたところで感じた触感や圧力を感じます。

　　では，つま先に少し力を入れましょう。そして，できるだけ近くに引き寄せて，つま先，足裏，それぞれの足の裏など，つま先で直接感じる圧力の身体的な感覚に意識を向けます。さらに，筋肉がぎゅっと引き締まった感覚，足，足首，脚全体で流動的に感じられる身体感覚にも意識を向けます。

　　そして，握ったつま先をゆるめて，気づきを脚に向けたまま，リラックスしていく足とつま先の感覚の変化に気づきましょう。

　　最後に，体勢を変える前に，座ったまま，数分間時間をとって，身体全体の感覚を感じましょう。

足について**考えている**間，あなたはどんなことに気づきましたか？　ここにその気づきを書きとめておきましょう。

> ヴァレリー：足について考えていると，最近いかに自分が疲れているか，ただ一歩前に踏み出すことにもいかに努力を要するか思い出させてくれました。同時に，働きすぎで足が感覚を失っていたときの記憶や，歳をとって足が曲がり変形してしまった父親についての記憶が呼び起こされました。そして，将来のこと，この世の中に嫌気がさしたり，歳をとって，病気になることについて思いをめぐらせたりするようになりました。そうしていると，とても悲しくなりました。

> 考えることと思い出すこと，それは「すること」モードでの知る方法の中核となりますが，それが現在の体験の直接性から私たちを遠く隔ててしまうのです。

あなたの足の感覚に**直接**，意識を向けたとき，あなたはどんなことに気づきましたか？

> ヴァレリー：まずはじめに，足を通して温かさを感じているのに気づきました。そして，つま先がうずいているように感じました。私がその感覚に注意を向けるのに合わせて，その感覚は強くなったり弱くなったりしました。つま先にぎゅっと力を入れると，足で感じるすべての感覚がより強くなり，より注意を向けやすくなりました。その感覚は非常に強いものでしたが，不快なものではありませんでした。とりわけ右足で，今回初めて気づいた足の引き締まり感を，私が足からの感覚としてこれまで受け取っていなかったことにとても興味を持ちました。ついに，私は，足について考えることに思いをめぐらすのではなく，しっかりと身体に意識を向けられていることに気づきました。

> 直接，身体に意識を向けることによって，心のおしゃべりを弱めることができます。「あること」モードで直接知ることは，私たちがそのときのありのままの体験に近づいた状態でいることを意味しており，思考によって連れ去られてしまう可能性を少なくします。

1
week

2
week

3
week

4
week

5
week

6
week

7
week

8
week

第6章　第2週：別の知る方法　　65

知るということの2つの方法（あなたの足について考えることと足の内側で感じる感覚に注意を向けることでしょうか）で，最も印象的であった違いは何でしたか？

「すること」モードでは，私たちは思考を通して，間接的にのみ，自分の体験について知ります。このモードでは，私たちは簡単に反すうや心配の中で迷子になるでしょう。

マインドフルネスを通して，私たちは，別の知るということに出会うのです。つまり，より静かで賢明な声です。それは，いつもなら考える心からの大きな叫びによって押し流されているものです。

直接的に体験と関係することで，私たちはその瞬間の自分の体験にシンプルに気づくのです。知ることは，気づきそのものの中にあります。

マインドフルに何か不快なことと出会うと，それについて考えを持つというよりもむしろ，私たちは**体験（それに気づき，感じる）**として関わるのです。この知り方には飾り気がない美しさがあります。それによって私たちは，とても自由に，気軽に，すぐに体験につながることができるようになります。

今週は，思考の中で迷子になっていることを認識し，それから身体について直接的に，かつマインドフルに知ることと再びつながる実践を行います。

あなたが心のさまよいに気づいたときにはいつでも，頭の中で生きることから，身体の感覚を直接感じることへシフトする練習の機会となります。

ある1つの知り方から別の知り方へとシフトすることが持つ解放力（liberating power）を理解するために，考えることによる知り方がなぜそんなに問題なのか，じっくりとみていきましょう。

> 思考の中で，迷子になっていることに気づいたとき，身体感覚に直接，気づけるよう注意を向け直すことによって，思考の世界から自分自身を解放する道が与えられます。

考えることの隠された支配力：思考とフィーリング

【"通りを歩く"エクササイズ】

楽な姿勢をとってください。

準備ができたら，以下に書かれてあるシナリオを読み進めてください。1, 2分，その場面をできるだけ鮮明にイメージしてください。目を閉じたほうがやりやすいでしょう。必要なだけ時間をかけてください。そして，イメージした場面にしっかりと入り込めるかを確認します。

あなたはなじみのある通りを歩いています。あなたは，知人が通りの反対側にいるのを見つけます。あなたは笑って，手を振って合図をします。その人からは何の応答もありません。あなたに気づいていないだけのようです。あなたに気づいた様子もなく，歩き去ります。

このシーンを今，想像してください。

どんな思考やフィーリングが，あなたの心の中で浮かんで消えていきましたか？

Q
どうやって私は自分の思考とフィーリングを区別するのでしょう？

A
それらはいずれも私たちの内的体験の1つの側面であるため，その違いを言葉で表現するのは難しいかもしれません。しかし，思考というのは，心の中に浮かんでは消える文や言葉として，また，言葉で描写するのにとても容易なイメージとしてしばしば体験されるものです。一方，フィーリングは，より感覚的であったり，直接，体験される感情状態の変化であったりします。下の表は，このエクササイズにおいて出てくる典型的な反応の例をいくつかあげており，違いをよりはっきり示してくれるでしょう。

	考え	フィーリング
キャロル	「彼は私に気づいてすらないわ。彼の気を悪くするようなことをしたのかしら？」	心配
ジェイク	「何があったんだろう。」	好奇心
シャロン	「彼女は私のことが好きじゃないわ。誰も私のことを好きな人なんていないの。」	憂うつ
ベツィー	「あなたには私が見えていたわ。けっこうよ，あなたがそのつもりなら，お好きにしてください。」	怒り
レナ	「たぶん何かに心を奪われているんだわ。何もないといいけど……」	気がかり

この表には，あなたが取り組んだものとまったく同じエクササイズに取り組んだ他の数名の人たちの反応を示しています。これを見て，何か印象に残るものはありましたか。あなたは戻って，もう一度見直したくなるかもしれません。これらは，

1
week

2
week

3
week

4
week

5
week

6
week

7
week

8
week

第6章　第2週：別の知る方法　　67

私たちの頭と心の働き方について，極めて重要ないくつかの真実を示しています。
あなたの心に響いたものは何でもここに書きとめておきましょう。

　あなたはすでに，表にあげられた思考がそれぞれ様々であり，思考によって導かれるフィーリングが異なることに気づいていたかもしれません。まったく同じ状況であっても，様々な思考と解釈がもたらされます。私たちの感じ方は**状況そのものというよりもむしろ**，こういった思考や解釈によって形成されるのです。もし，何か悪いことをしたのが理由で誰かに無視されたと考えたら，私たちは動揺を感じます。もし，わざと無視されたと考えたら，私たちは怒りを感じます。もし人が悩んでいて気にしていると考えたら，私たちは心配になります。このようにいろいろな考え方と感じ方があります。しかし，重要なことに，**私たちはしばしば，状況に対する自分の解釈に気づいていません**。マインドフルネスは，私たちがそのことにもっと気づけるようになり，そのときそのときで異なる反応をするための自由を手に入れることを助けます。

　私たちの感情的な反応は，状況そのものというより，状況に対して私たちが与える解釈を映し出しています。

　また，同じ場面が描かれたものを聞いたとしても，実際，それぞれの人の心の目ではまるで異なる状況を体験している様相に，あなたは驚いたかもしれません。

　出来事を解釈することで，解釈によって生み出されたものがまさに現実の出来事のように映し出されます。

　思考は私たちの解釈であり，私たちの描く結論です。それらは，しばしば，先入観やこれまでの経験に基づいています。そして，思考は，多くの様々なことが影響して形作られています。人々がそのような様々な解釈を持つという事実は，思考が同じ現実を正しく映し出すとは限らないことを意味しています。つまり，すべて正しいとは限らないのです。しばしば，実際の物事と私たちが考えたことは，単純な1対1の関係ではないのです。

　思考は事実ではありません。それは精神的な出来事です。

Q その時々で，同じ体験を異なって解釈していたことに気づきました。どうしてそういうことが起こるのでしょうか？

A 気分は私たちの物の見方に強力にバイアスをかけます。憂うつな気分のとき，私たちは出来事をネガティブに解釈します。その人が自分の困り事で頭がいっぱいというよりは，わざと自分を無視したと考えるのです。これらのネガティブな解釈——（例えば"彼女は私のことが好きじゃないわ，何か私が悪いことをしたんだわ"）——によって，私たちはさらに憂うつになります。こうして私たちは物事をネガティブに捉え続ける悪循環にはまるのです。

同様に，もし私たちが緊張や不安を感じていたら，私たちの心は，物事が悪いほうや恐ろしいほうに転ぶと考えたり，そうなるに違いないと考えたりするようになるでしょう。これらのことによって，私たちはただただらに緊張し，不安になり，ストレスを感じるのです。それが続く限り延々と……。

 気分というものは，その気分が維持するような方法で出来事の解釈の仕方に影響を与えます。

思考と気分がそれぞれに影響し合う循環は，私たちが感情的苦痛やうつにがんじがらめにされてしまうことを指します——自分をその悪循環に陥らせるのは自分の思考なのです。

私たちは，知る方法を切り換えることで，苦しみに満ちた感情の中に捕らえられたままの思考パターンから抜け出すことができます。それは，頭の中で迷子になっている状態から，自分の身体について直接，マインドフルに，知ることや，感じることのできる状態になっていくということです。それが今週の実践です。

日々の実践

 2週目では，**1週間のうち6日は**，これらを実践しましょう。
1. ボディスキャン
2. 呼吸のマインドフルネス（短縮版）
3. 日常活動に気づきを向ける
4. うれしい出来事日誌

第6章　第2週：別の知る方法　　69

1．ボディスキャン

Q 先週これをしませんでしたか？　なぜ，何度もこれをするのでしょうか？

A この実践は同じものです。しかし，その体験は毎日異なるものになるでしょう。できるだけ，新鮮で開かれた心で，ボディスキャンに取り組みましょう。そして，このボディスキャンは前回までの体験と違うものだとわかります。新しい瞬間の1つ1つが何を与えてくれるのか誰も知らないのです。

私たちはこの実践を続けます。「すること」モードは，しっかり根付いてしまった習慣なので，この実践を続けるのです。実践において，あなたは心がいたいところにいれるように心を鍛えることと，「あること」モードで直接的に知ることを涵養することの両方のために，たくさんの忍耐と粘り強さを必要とするのです。

> ＊ボディスキャンとは＊
> ● 「関与すること－留まること－手放すこと」のサイクルを何度も通り抜けることで，私たちは自分の注意の筋肉を鍛えるとてもすばらしい方法を提供します。
> ● 考えることから身体と触れ合うことへ戻るのを助けてくれます。

今週は，快適に横になれる場所を見つけたら，付属CDトラック3（ボディスキャン）を流すか，49～50ページの教示にそって取り組みましょう。

実践が終わった後すぐ，空欄にあなたの体験を**いくつか書き出して**みましょう。

「すること」モードによってあなたの心が奪われていたとき，あなたが体験した思考のパターンはどのようなものでしたか？　計画を立てたり，繰り返し考えたりしていましたか？　責めたり，評価したりしませんでしたか？　焦る気持ちになっていませんでしたか？　終わっていない仕事を思い出していませんでしたか？　過去のことを再び考え始めていませんでしたか？

あなたはどんなふうに反応していたのでしょう？　「あること」モードに容易に戻ることはできましたか？　または，「すること」モードから抜け出せずに留まり続けたままになっていませんでしたか？　他に何か気づいたことはありませんでしたか？

1日目

▼あなたが気づいた「すること」モードはどんな形をしていますか？（例えば，計画していること，焦っていること，判断すること，まだ終わっていない仕事のこと，過去を振り返ることなど）

▼反応

▼気づいたこと

Q ずっと考えていました。退屈で何も起こらないと。

A 考えることに引きずりこまれ，その中で迷子になるよりも単に"判断している"という思考パターンに気づくことができるかどうか，観てみたくなるかもしれません。そして，あなたは，身体感覚に好奇心を伴った気づきをもたらすことで，（体験について考えることから）直接，感知することへと，穏やかにシフトしていくことができるのです。

　　　思考の中で迷子になっているのに気づいたときはいつでも，「すること」モードから「あること」モードへと移る大切な実践の機会となるのです。それはすなわち，自由へと続く道なのです。

2日目

▼「すること」モードはどんな形？（例えば，計画していること，焦っていること，判断すること，まだ終わっていない仕事のこと，過去を振り返ることなど）

▼反応

▼気づいたこと

----

1 week
2 week
3 week
4 week
5 week
6 week
7 week
8 week

第6章　第2週：別の知る方法　　71

Q 今日初めて,セッション中に寝ずに自分に起こっていることに意識を向け続けられました!

A すばらしい! 私たちの体験は常に変化しています。もしあなたが注意深く観てみると,この実践(と他のすべての実践)の中で体験したことが日ごとにまったく異なっていることがわかるようになるでしょう。ボディスキャンには強力な効果があります。しかし,その効果は,時間をかけて身についていくものです。これを続けていきましょう。

3日目

▼「すること」モードはどんな形? (例えば,計画していること,焦っていること,判断すること,まだ終わっていない仕事のこと,過去を振り返ることなど)

....
....
....

▼反応

....
....
....

▼気づいたこと

....
....
....

Q すべてのことについて,もっとリラックスできるようになってきています。思考の中で迷子になっていることに気づいても,それほどやっかいなことにならないのです。どういうわけか,思考自体の影響がいくらか弱まってきているようです。

A それは良い気づきですね。思考についてそれほど深刻に受け取らないとき,思考の"負担"が減り,それほどの注意は必要とされなくなります。身体の中で感じる感覚に注意を戻している間,ただそこに,優しく,でしゃばらずに,思考がそばにあることがわかるかもしれません。

 熟練を要する実践すべてにおいて,思いやりが実践の基礎となることを覚えておくのはとても助けになるでしょう。

4日目

▼「すること」モードはどんな形？（例えば，計画していること，焦っていること，判断すること，まだ終わっていない仕事のこと，過去を振り返ることなど）

▼反応

▼気づいたこと

Q ときどき時間を費やし努力する価値があるのか，このプログラムは私が必要としているものなのか，自分にできるのかどうかなどと考えてしまいます。まだ何にも成果がみられません。

A いわゆる疑いの心ですね。それはプログラムのこの段階でよくみられる思考パターンです。この種の思考パターンは，物事が実際にどうであるかという真実を観る視点ではなくて，心の状態を映し出しています。このプログラムの最後で，このような疑いを持ったことのある参加者に対して，同じような疑いを持つ参加者にこちら側がどのようにアドバイスをしたらいいか尋ねたところ，皆が，「とにかくそのままで。後悔することはないから。ただそれだけ伝えてください」といつも言うのです。

5日目

▼「すること」モードはどんな形？（例えば，計画していること，焦っていること，判断すること，まだ終わっていない仕事のこと，過去を振り返ることなど）

▼反応

▼気づいたこと

Q ボディスキャンの実践が楽しみになり始めていることに気づいたのです。私にとって，ボディスキャンは，心や身体を休める時間のようです。

A おっしゃる通りです！ 「駆り立てられ－すること」モードはとてもせわしなく私たちを動かすのです。「これをしろ」「それをしろ」「～するのを忘れるな」「正確にこれを必ずこなすように」のように。身体の感覚にマインドフルであることは，シンプルな注意の切り替えとともにいつもそこに在る安息の地を与えてくれるのです。

6日目

▼「すること」モードはどんな形？（例えば，計画していること，焦っていること，判断すること，まだ終わっていない仕事のこと，過去を振り返ることなど）

▼反応

▼気づいたこと

Q 毎日，実践ができなくて，嫌な気分です。実践に取り組むほどの余裕がなく，考える時間もないのです。

A 自己批判的に判断する心が出てくれば，悪循環の罠に容易にハマってしまいます。

自分を責める → 実践に伴うネガティブな連想 → 実践を避ける → さらに自分を責める → ますます実践もしなくなる……

朗報としては，もう一度初めからやり直すことはできます。過去のことは手放して，再び始めましょう。

過去に何が起こったとしても,実践の失敗についてくよくよ考えているよりは,今すぐもう一度,実践に取り組むことで,私たちは何度でもやり直せるのです。

アダム

　アダムは1,2週間,気持ちがふさぎこんでいました。毎日,目を覚ますと,身体の重さや痛みを感じていることに気づきました。彼はエネルギーの消耗を感じていて,夜の睡眠でスッキリ感を得ることもできず,時々,ベッドに入るときよりも起きたときのほうがずっと疲れていました。たいてい,このような疲労感はいつも,「何でこんな感じになってしまったのだろう」「またいつもと同じように1日を無駄にしてしまった」「どうしてこの状態のままなんだ」「私の身に何が起こっているんだろう」といったおなじみの思考の反復を引き起こします。

　そして,これらの思考とともに,フラストレーションや敗北感が生まれます。この思考がアダムの身体に気だるさを付け加えました。ついには,彼は起き上がるのに必死になったり,1日を始めるのが億劫(おっくう)になったりと,自分の先行きが心配になっていました。

　ボディスキャンの実践に10日間取り組んだころ,アダムは,「すること」モードで"考えることによって知ること"と,「あること」モードで直接的に"気づきによって知ること"の違いを認識するようになりました。

　そして,自分の参加しているMBCTのクラスで言われていたことを思い出し,朝起きたときにいくつか実践に取り組もうと考えました。それは,身体の重苦しさや痛みについて考えてその渦に飲まれるよりも,それらに直接的に気づいたとしたら何が起こるのか,というものでした。

　そこには効果がありました。もちろんそれは奇跡的な治癒ではありません。ただ,今この瞬間に,あるがままの不快な体験とともにあることのほうが,わずかではあるけれど,楽なことに気づいたのです。そして,面白いことに,彼は進んでそこに身を置くようになり,自らの体験を直接的に知るようになりました。そのことは,彼のエネルギーを減らすどころか,増やしていったのです。彼は喜びに満ちあふれてベッドから起き上がったわけではありませんが,いつものようにただ横たわっていたわけではないことに気づきました。ちょっといい気分で1日を迎えることができたのでした。

　2週目の最後に,これまでの2週間全体として,ボディスキャンの体験について,時間をとって振り返ってみましょう。

　今後,数週間,ボディスキャンは日々の実践には含まれていません。この機会をもって,この実践は終了です。

　体験を振り返って,あなたがボディスキャンの実践から学んできたことを1つあげてみましょう。

第6章　第2週:別の知る方法　75

2．呼吸のマインドフルネス

呼吸のマインドフルネス——静座瞑想——は，MBCT プログラムにおいて核となる実践です。翌週からの中心的な課題となります。

今週は，短めの実践を紹介しましょう。

毎日，ボディスキャンとは異なる時間帯に，10 分間の呼吸のマインドフルネスにあなた自身をいざなうのです。練習の際には，付属 CD トラック 4（10 分間静座瞑想：呼吸のマインドフルネス）を用いてください。下に概要を載せました。78 ページや www.guilford.com/teasdale-materials からダウンロードできる役に立つヒントを自由にコピーして，手の届くところに置いてもいいでしょう。

CD 対応 ▶ TR 4

【 10 分間静座瞑想：呼吸のマインドフルネス 】

1. 座るのに楽な姿勢をとりましょう。堅くならずに，意識を今この瞬間に向けて，背筋はまっすぐに，ゆったりと，楽な姿勢をとります。もし椅子を使うなら，足の裏を床にぴったりとつけて，脚は組まないようにしましょう。優しく目を閉じます。

2. 身体が床や椅子に触れているところの感覚に焦点を合わせ，どの程度の身体感覚が感じられるか注意を向けていきます。ボディスキャンのときのように，1〜2 分かけてこれらの感覚を探ります。

3. 次に，呼吸によって身体から息が出たり入ったりするとき，（おへそのまわりの）下腹部で感じる身体感覚の変化に注意を向けていきます。（初めてこの練習をするときは，手を下腹部に当ててその部分の感覚の変化に注意を向けるとやりやすいでしょう。こうしてその部分の身体感覚を感じられるようになったら，手を離してみると，おなかの壁の感覚に焦点を合わせ続けられるようになっているでしょう。）

4. 息を吸うときに毎回おなかの壁が上がるときのわずかな張りと，息を吐くときにおなかの壁が下がるときの穏やかな収縮の感覚に注意を向けましょう。できるだけ，下腹部の身体感覚の変化に注意を向け，息の出入りや，息と息との小休止に注意を向けていましょう。

5. いずれにしても，呼吸をコントロールしようとする必要はありません。ただ，身体が呼吸をするのに任せておくだけです。できるだけ他の体験に対しても，このように自然に任せる態度をとりましょう。そこには決められたものはなく，特に達成すべき状態もありません。できる限り，体験をただそのままの状態にして，それ以外のものにしようと望まないことです。

6. 遅かれ早かれ（たいていは早いのですが），下腹部の呼吸から注意が離れ，様々な考え，計画，空想や，それに付随するものへと，心はあちこちさ

まよっていくでしょう。ただ，これはまったく問題ありません。単なる心の活動で，過ちや失敗ではないのです。注意がもはや呼吸に向いていないことに気づいたら，そんな自分をそっとほめてあげましょう。あなたの心は戻ってきて，自分の体験にもう一度気づいたのです！「あ，今考えていたな」などと，心がどこに行っていたのか，すぐに知りたいかもしれません。それから，下腹部で感じる身体感覚の変化に注意をそっと戻し，今の呼吸に改めて注意を向けます。

7. 心がさまよったことに何度も気づいたとしても（おそらくこれは何度も繰り返し起こるでしょうが），できるだけ，その瞬間に再び自分の体験とつながり，注意をそっと呼吸に戻し，呼吸とともにある身体感覚の変化に注意を向けましょう。また，そうできたときにはいつも，自分自身をほめてあげましょう。

8. できるだけ，気づきの対象に穏やかな注意を向けましょう。あるいは，忍耐と穏やかな好奇心を持って，繰り返し起こる心のさまよいを自分の体験に接する機会として捉えましょう。

9. 実践を 10 分間続けましょう。もしそれより長くやりたいならば，この実践の意図が，できる限り瞬間瞬間の体験にただ気づくことであることに，時々立ち戻ってください。心がさまよい，呼吸に注意が向いていないと気づいたときには，その都度，アンカーとして呼吸を用い，今ここの状態と穏やかにつながりを回復しましょう。

　今週，この実践であなたが体験したことを書きとめる必要はありません。3 週目で，詳しく重点的に取り組んでいきます。

実践に取り組んだことがわかるように，✓ をつけましょう。

1 日目：＿＿＿＿＿＿＿＿　　2 日目：＿＿＿＿＿＿＿＿　　3 日目：＿＿＿＿＿＿＿＿

4 日目：＿＿＿＿＿＿＿＿　　5 日目：＿＿＿＿＿＿＿＿　　6 日目：＿＿＿＿＿＿＿＿

＊ 静座瞑想：役に立つヒント ＊

- あなたにとっていい座位を見つけるのに時間をかけることは，価値のあることです。ここには，背中を堅くせず，まっすぐとさせた状態で，快適で安定した姿勢をとるための方法が書かれています。
- 椅子を使うのもいいでしょう。床に座ることがすべてではありません。とはいえ，そのほうが快適に感じる人もいます。もし椅子を使うなら，背もたれがまっすぐで，脚を組まない状態で足裏が床にぴったりとつく高さのものにしましょう。できたら，背中を自分で支えるように，背もたれからは離れて座りましょう。
- もし表面が柔らかい床に座るなら，堅くて厚めのクッションか，瞑想用の椅子またはスツールを用いて，お尻が床から7〜15cmくらい離れるようにして，ひざが床に触れるようにしましょう。あなたは次の3つの中から選ぶことができます。

　　オプション1：クッションの上で座禅を組む
　　オプション2：脚の間にクッションを挟んでその上に座る
　　オプション3：瞑想用の椅子かスツールに座る

ある程度の高さがあると楽であることに気づくでしょうし，瞑想の助けになります。

　　　　オプション1　　　　　　　オプション2　　　　　　　オプション3

いずれの場合も，あなたのひざがお尻よりも低い位置にくるように調整してください。
　ひざがお尻よりも低い位置にくると，背中の下部は内側にゆるやかに曲がり，背骨で自然に身体を支えることができます。手は太ももの上に置くなどして，休めましょう。
　椅子を用いることが正しい姿勢になるための理想の方法であることに，多くの人は気づきます。さらに，椅子の上にクッションを加えてみたり，自分にちょうどいい高さになるようブランケットを挟んでみることもできます。

From The Mindfurl Way Workbook. Copyright 2014 by The Guilford Press.

3. 日常活動に気づきを向ける

　先週あなたがマインドフルネスでいようとした日常活動を思い出し，ここに書き出してください。

-- （活動1）

　では，毎日のマインドフルネス実践にさらに含めることが可能な，新しい別の活動を選んで書き出してください。

-- （活動2）

　今週，これらの活動の**両方**に意識的にマインドフルになることを意図することによって，毎日の生活においてマインドフルである姿勢を確固たるものとし，拡大していくことができます。

毎日，活動1**または**活動2の中で，マインドフルでいられたときには，✓を入れましょう。

1日目：＿＿＿＿＿＿＿　　2日目：＿＿＿＿＿＿＿　　3日目：＿＿＿＿＿＿＿

4日目：＿＿＿＿＿＿＿　　5日目：＿＿＿＿＿＿＿　　6日目：＿＿＿＿＿＿＿

週の終わりに，少し時間をとって，あなたがこの実践に取り組んで体験したことを，全体的に振り返りましょう。この実践はこれからずっと家庭で行う実践として課されるわけではありませんが，多くの人はこの実践を自分なりに拡張していきたいと思うものです。あなたがマインドフルでいようとする意思を涵養し続ける上で，日々の生活での活動の中にあるポジティブな効果を1つ考えてみてください。

第6章　第2週：別の知る方法　79

ロイ：昨日の夜，私の幼い娘2人が，私が座って必死に仕事の書類を読もうとしているのに，私の頭の上にありったけのクッションを積み上げて遊んでいました。娘たちのしつこさに，私も何とか笑顔でいようとしましたが，書類に集中できなくなったところで，自分の心の中に次から次へと絶えまなく考えが浮かんでくるのに気づきました。これはいつも私にとってマインドフルな瞬間を持つきっかけとなります。そこで私は，娘たちのほうに十分に意識を向け直し，二人の娘と一緒に過ごしました。その後の5分間は一人の親として，とても実りがあり意味があるものでした。このことは何週間にもわたって思い返すことができます。

4. うれしい出来事日誌

毎日，1つの**うれしい体験が起きているそのとき**に気づけることを目的にしましょう。

その体験はまったく平凡なもの，小鳥のさえずりを聞いたとか子どもの笑顔に気づいたなどのようなありふれたものでいいのです。大事なのは，それがうれしいと感じたかどうかです。

まず，この実践の2つのパートを紹介します。

1. うれしい体験を探し，あなたが注意を払っている**もの**を意識的に選ぶこと。
2. うれしいというフィーリングそのものと，その周辺のフィーリング，心をよぎる何らかの思考，身体の感覚など，うれしい体験の別個の側面にそれぞれ焦点を当て，注意を払う**方法**を意識的に選ぶこと。

うれしい体験が起きているまさにそのときに気づいていましょう。また，体験していることの細部に気づきを向けるために，以下の質問を使います。後で，空欄に書き込みましょう。

どんな体験でしたか？	この体験をしているとき，身体の細部にはどんな感覚がありましたか？	どんな気分やフィーリングに気づきましたか？	どんな思考が心の中によぎりましたか？	これを記入している現在，あなたは何を考えていますか？
例：シフト勤務が終わった帰宅途中，鳥の歌声が聞こえている。	例：顔がパッと明るくなり，肩の力が抜けるのに気づき，口角が上がった。	例：解放感，喜び	例：「気持ちいいな」「なんて可愛い鳥なんだ」「外に出ると，とても気分がよい」	例：「とてもささいなことだけど，それに気づけたことがうれしい」

かなり詳しく体験を書いてみましょう。例えばあなたがどのように体験したか，心の目にどのようなイメージを思い描いているのか，一語一句，考えたことを書きとめてみましょう。身体のどこに，どのような感覚があったのかを正確に書き出しましょう。記録するという行動自体も，心に浮かんでくるどんな考えにも気づける機会となります。

1日目 どんな体験でしたか？	この体験をしているとき，身体の細部にはどんな感覚がありましたか？	この出来事と一緒に，どんな感情がわいてきましたか？	この出来事と一緒に，どんな思考がわいてきましたか？	これを記入している現在，あなたは何を考えていますか？

1
week

2
week

3
week

4
week

5
week

6
week

7
week

8
week

▶▶▶　考えることによって知ることは，自らの体験をぼんやりとした塊（blobs）として見ることになります。つまり，その塊は良いか悪いかのいずれかなのであり，そして幸せであるためにしがみつこうとしたり，取り除こうとしたりするのです。これは，「駆り立てられ−すること」モードです。

▶▶▶　体験の個々の側面——身体感覚，フィーリング，思考——に注意の焦点を合わせることによって，私たちは"ぼんやりとした塊から離れ（de-blob）"，絶えず移りゆくパターンとして体験と関わることができます。そのパターンとは，私たちが直接的にその瞬間，シンプルに知ることができるものです。私たちがこのように体験に関わるとき，「駆り立てられ−すること」モードから離れられるのです。

第6章　第2週：別の知る方法　　81

2日目 どんな体験でしたか？	身体の細部の感覚は？	どんな感情がわいてきましたか？	そのときの考えは？	今の考えは？

▶▶▶　結局のところ，私たちの多くは自分を守るために，不快なフィーリングを無視することになります。長い目でみれば，これはそううまくいかないのです。ほとんどの場合，不快なフィーリングもうれしいフィーリングも，**あらゆる**フィーリングを感じられなくなっていることを意味しています。このように，人生の多くの深遠な豊かさと心の奥深くにある癒しの潜在力から，自分自身を切り離すのです。

　ある体験が心地よいかそうでないかというシンプルなことに直接的に注意を向けることは，フィーリングという幅広い世界と自分自身を再びつなぎ，生きることのすばらしさによりしっかりと心を開くことができるのです。

3日目 どんな体験でしたか？	身体の細部の感覚は？	どんな感情がわいてきましたか？	そのときの考えは？	今の考えは？

4日目 どんな体験でしたか?	身体の細部の感覚は?	どんな感情がわいてきましたか?	そのときの考えは?	今の考えは?

▶▶▶　心の「すること」モードによって，私たちが習慣的に何に注意を向けるかが決まります。憂うつな心の状態においては，ネガティブなことやうまくいっていないことに焦点づけますし，不安な心の状態においては，脅かすものや危険なものに焦点づけます。他の「すること」モードにおいても同様です。意識的にうれしい体験を探し出そうとすることは，私たちの注意を再調律して，いつも傍にあるのに気づかなかった，人生におけるたくさんのちょっとした楽しみ（例えば，水に映る木，子どもの笑い声，道端の花など）に気づかせてくれます。

5日目 どんな体験でしたか?	身体の細部の感覚は?	どんな感情がわいてきましたか?	そのときの考えは?	今の考えは?

第6章　第2週：別の知る方法　83

6日目 どんな体験でしたか？	身体の細部の感覚は？	どんな感情がわいてきましたか？	そのときの考えは？	今の考えは？

週末に，うれしい体験日誌に取り組んだことであなたが体験したことを，少し時間をとって振り返りましょう。

ここに学んだことや気づいたことで，**覚えておく価値があるもの**を 1 つ書きとめましょう。

真実を夢見ること

　　私は木々の中を流れる空の色を見ながら横たわっています。
　　真実を夢見ながら，
　　真実を愛するように味わいながら。

　　どうして私は手放すこと，
　　単に吐き出すことにそんなにも時間がかかったのでしょう？
　　私を途中で立ち止まらせることなく，
　　その日は息を吸い込んで
　　オープンになることができたのでしょうか？

　　私はこの青色のように強い，
　　野生の花の白さのように柔らかい，
　　正午の光のように暖かい，
　　自分の身体の恵みをどうして忘れていたのでしょうか？

　　あらゆる天候を抱きしめるのに十分なほどの
　　勇敢な忍耐を育てさせてください。
　　天候の要素を，雨の美しさを，灰色の色合いのすべてを信じて。

　　私は真実であるものはなんでも
　　十分なものと思っています。
　　少なくともそれが始まりの場所であり，
　　美しい美の創造を修めることなのです。
　　つまりそれは，
　　肌の下で私も愛していると感じていることなのです。

　　　　　　　　　　　　　　　　　　　リンダ・フランス

第7章

第3週
現在に戻る
散らばった心をまとめる

オリエンテーション

> 簡単な練習をしてみましょう。
>
> 1. この教示を読んだ後，本を置き，時間を記録してください。
> 2. 1分間，何もせずに座ってください。
> 3. 1分経過したら，また本を手に取り，本文に戻ってください。

　1分間あなたの心はどこにありましたか？

　瞬間瞬間に展開する，絶えることのない今に十分関われていましたか。あるいは，あなたの心はこの瞬間，この場所から遠くへと連れ去られていませんでしたか？

　おそらく，数分後，数時間，数週間，数年後に起こる未来の出来事に，あなたを連れていったことでしょう。あるいは，今日，昨日，先週，数年前に起こった過去の出来事にあなたを連れ去っていったかもしれません。

　体験がこのいずれかだったなら，「すること」モードの7つの中核的な特徴（p.18）のうちの3つ目にある**心のタイムトラベル**に引き込まれていたのです。

　心の中で異なる時間や場所にトラベルする能力が意識的，意図的に使われたときには，私たちは未来を計画したり，過去から学んだりすることができます。

　しかし，無自覚のままに心の「駆り立てられ－すること」モードが私たちを今ここから連れ去るとき，それは問題となります。

- 過去への反すうは，うつや怒りに引きずり込みます。
- 将来への心配は，不安へとつながります。
- 「ねばならない」とすべてにおいて先のことを考えることは，苦しみを与え，疲れさせ，緊張して神経をすり減らします。

3週目は，どこにいても，何をしていても，以下にあげた方法により，無意図的で役に立たない心のタイムトラベルから，どうすれば解放されるかを学ぶことができます。

1. 今ここに戻るために，呼吸をアンカーとして用いる。
2. 身体の動きにマインドフルになる。
3. ミニ瞑想として3分間呼吸空間法を用いる。

実践によって，散らばった心をまとめて，落ち着かせる方法を学ぶことができます。そして「駆り立てられ－考える」心の混乱の支配下から，私たちが待ち望んでいた，平穏や平和の体験ができるのです。

日々の実践

3週目は，**7日間のうち6日**[＊原注]，次のエクササイズのいくつかを実践しましょう。
1. ストレッチと呼吸瞑想の組み合わせ（1，3，5日目）
2. マインドフル・ムーヴメント瞑想（2，4，6日目）
3. 3分間呼吸空間法
4. いやな出来事日誌

> **＊　あなたの身体を大切にしましょう　＊**
>
> 　今週の実践のうちの2つは，穏やかな身体のエクササイズを含んでいます。
> 　これらの実践の意図は，身体のすみずみまで，身体感覚とフィーリングを意識できるようになることです。自分の身体の限界に敬意を払いながら探ってみてください。そして自分の限界を超えようとするいかなる傾向も手放してください。
> 　**もし背中や他の健康上の障害があって，問題を引き起こす可能性があるようなら，エクササイズをすると決断する前に，主治医か理学療法士に相談してください。**

＊原注　最初の2つの実践は1日おきにするように計画してください。今週は多くの実践と教示があるように思えるかもしれませんが，いつも通りにやればうまくいきますよ。

88　第Ⅱ部　マインドフルネス認知療法（MBCT）プログラム

1. ストレッチと呼吸瞑想の組み合わせ

第1日目，3日目，5日目では，静座瞑想の実践に必要な物，例えば，椅子，クッション，または瞑想ベンチを準備しておいてください。そして，付属 CD トラック 6（ストレッチと呼吸瞑想）の教示に従ってください。この実践は，数分間のマインドフル・ストレッチの後に静座瞑想が続きます。

マインドフル・ストレッチは，一連の穏やかな立位のストレッチを含みます。どうか身体に無理がない程度にしてください。もしあなたが，背中や他の健康上の問題を持っているならば，教示を聞いてから，実践をするかどうか慎重に考えてみてください。このとき，難しすぎると思うものは自由に省略してください。そしてただ教示にそって実践しているあなた自身を想像してください。

教示の要約は 89 〜 93 ページにあります。

【 ストレッチと呼吸瞑想：マインドフル・ストレッチ 】

1. はじめに，腰の幅に両足を広げ，膝の力を抜いて軽く脚を曲げられるように，平行に開き，裸足か靴下で立ちます。（実際にこのような立ち方は普段あまりしないでしょうから，この立ち方自体が，新しい身体感覚を生み出します。）

2. 次に，この実践の意図を思い出しましょう。一連の穏やかなストレッチをしながら，できる限り，身体全体の感覚と感情に気づくということです。自分の限界を無理に超えようとする傾向や，自分自身または他の誰かと競争しようという傾向は極力放棄して，敬意を払いつつ瞬間ごとの身体の限界を探りましょう。

3. それから息を吸いながら，ゆっくりとマインドフルに，両腕を床と並行になるまで持ち上げます。そのまま頭の上まで両腕をまっすぐに上げてください。その間，両腕を持ち上げて，それからストレッチしている状態を保つために筋肉が緊張しているのを感じてみてください。

4. それから，あなたのペースで呼吸を自由に出たり入ったりさせながら，上方へと伸ばし続けましょう。指先を穏やかに空に向かって押し上げるようにし，両足はしっかりと床の上に置きます。そうしながらまず足と脚部から，背中と肩を通って腕，手，指までの筋肉と関節の伸びを感じるのです。

ステップ 1-2

ステップ 3-5

第 7 章　第 3 週：現在に戻る　89

5. 自然に息を吸ったり吐いたりする感じを意識しながら、この姿勢をしばらく維持します。呼吸に伴って生じてくる身体に起きる感覚や、感情の変化に意識を向けてください。よく起こることですが、身体の緊張や不快感が増すのを感じるかもしれません。そうであれば、それらの感覚にもオープンになりましょう。

6. 十分伸ばしたと感じたら、ゆっくりと、本当にゆっくりと、息を吐きながら、両腕を下ろしましょう。両腕をゆっくりと下ろすときには、指を上に向け、手の平は外へ押し出すように手首を曲げておきます（これもまた、日常はあまりとらない姿勢です）。それから手を下へ、腕が身体の横におさまって、肩から腕がぶら〜んと下がるまで降ろしてください。

ステップ6-7

7. 穏やかに目を閉じて、そこに立つ身体を通して、息の動きと、身体全体の感覚、感情の動きに注意を集中します。中立的な姿勢に戻ると、緊張から解放された感覚（時に安堵感）で、先ほどとの違いに気づくかもしれません。

8. 次に、身体中の感覚と呼吸に十分に気づきながら、手を伸ばすと届きそうで届かない木から果実を採ろうとするように、片手ずつマインドフルに伸ばしながら上げます。ストレッチしながら、かかとを床から離すときに、腕を伸ばした感覚や呼吸に何が起きるか確認しましょう。

ステップ8

9. 続いて、ゆっくりとマインドフルに両腕を頭の上方に持ち上げて、平行に保ち、身体を左側に曲げましょう。腰骨のあたりが右側に移動して、足から胴体、腕や手、指までが斜めカーブで伸びた大きな三日月を作るのです。それから、息を吸いながら、身体を中央の位置に戻し、息を吐きながら、ゆっくりと反対側に大きな三日月を作ります。そして、中央の位置に戻り、腕が身体の横におさまって、肩から腕がぶら〜んと下がるようになるまで、ゆっくりと降ろしていきます。

ステップ9

10. 次に、腕は自然にぶら下がったままにして、両肩を回して遊んでみましょう。最初は、両肩をできるだけ、両耳に向かって上方に持ち上げ、それから、両肩甲骨を合わせるように後ろに引き、次には両肩を後ろ側に完全に落とします。次に、両腕を自然にぶら下がったままにして、両肩を身体の前でくっつけようとするか

のように，できる限り前に両肩を突き出します。できるだけ，滑らかにマインドフルに「回転」させ続け，前に後ろに「ボート漕ぎ」のような動きをします。その間中，腕はずっとぶら下がったままにしておきます。

ステップ 10

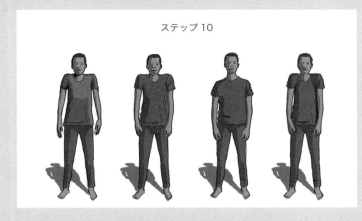

11. それから，もう一度中立の姿勢に戻り休みます。頭をゆっくりとマインドフルに半円を描いて回しながら遊ばせます。まずはじめに，胸のあたりまであごを動かします，無理に力を入れないように，自然にあるがままにしておきます。それから，頭を左腕の方向に動かし，左耳が左肩のほうまで来るよう降ろしていきます。それから，ゆっくりと回しながら，頭を反対側の右肩のほうまで右耳が来るよう移動させ，再び，胸のあたりまで頭を移動させます。それから，十分だと思えたら反対方向に動かしてください。

ステップ 11

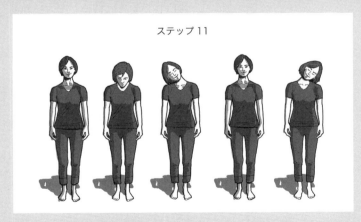

12. そして最後に，この一連の動作が終わったら，立った姿勢のままでしばらくじっとして，静座瞑想に入る前に，あなたの身体全体の感覚とストレッチの効果に耳を傾けてみましょう。

Kabat-Zin, J., Full Catastrophe Living(Second Edition), 2013, New York: batan より

【 ストレッチと呼吸瞑想：静座瞑想 】

CD 対応 ▶ TR 6

1. 10分間，76ページに書かれている呼吸のマインドフルネスを練習してください。

2. それから，呼吸に気づいている状態でそこそこ落ち着いていると感じたら，意図的に気づきを呼吸の周辺から全身の身体感覚を含むまで拡張してください。腹部を空気が通って，ふくらんだりへこんだりするのを感じながら，身体全体の感覚と変化のパターンに注意を向けておきます。あなたの身体を通して，あたかもあなたの身体全体が呼吸しているように，呼吸の動きを感じるかもしれません。

3. 身体と呼吸のより広い感覚の中で，身体が床や，椅子，クッションやベンチに触れて，押された感覚，または床に触れた足の裏の感覚，何でも支えてくれる尻，太ももの上や，重なった手から感じる，あらゆる身体感覚のパターンに気づいておきます。できるだけでかまいませんので，呼吸と身体全体の感覚とともに，より広い感覚への気づきを向けておくようにします。

4. あなたの心は何度も何度も呼吸や身体の感覚から離れてさまようでしょう。それは自然なことであり，決して，間違いや失敗ではありません。身体や呼吸から，心がさまようことに気づいたときはいつでも，自分自身をほめてあげてよいのです。あなたは“目覚めた”のです。穏やかに，あなたの心の行き先を観察し（そうした思いや考えを，精神的な出来事として感じ取るようにしてみてください），そして，できるだけ，再び注意を優しく呼吸と身体全体に戻してください。

5. できるだけでかまいませんので，物事をシンプルに保ち，瞬間ごとのリアルな身体の感覚に，穏やかに注意を向けます。

6. 座るときに，背中や，膝，肩の痛みのような，とりわけ激しい感覚に気づくかもしれません。あなたの気づきは再びこれらの痛みなどの感覚に引き戻され，あなたの呼吸や身体全体へ意図的に向けた注意から離れてしまうのに気づくかもしれません。あなたは，このエクササイズで，姿勢を変えたくなるかもしれませんし，またはそのままの姿勢でいて，身体の痛みのある部位に注意を向けたくなるかもしれません。そして，そのままの姿勢でいることを選んだなら，できるだけでかまいませんので，今ここでの詳細な感覚のパターンに穏やかな注意を向けてみます。感覚はまさに何を伝えていますか？　正確にどこに感じますか？　それらの痛みは，時間の経過とともにどのように変化しますか？　また，身体の場所によって痛みは異なりますか？　その感覚に対して考えるのではなく，感じることは可能でしょうか？　確かめてみましょう。ボディスキャンのように，その痛みの感覚の場所に注意を移動させ，その場所へ“息を吸い込み”ます。そして，

> 息を吐くときには，その痛みの感覚から"息を吐き出し"，息が離れていくにつれて，心が穏やかに開かれたようになっていきます。
> 7. その瞬間ごとの身体感覚から，注意が"さまよう"のに気づいたときはいつでも，注意を呼吸と身体全体の感覚に戻すことにより，今ここに，再びつながることができることを思い出してください。このように再び**注意を戻す**たびに，呼吸と身体の感覚への気づきをより深めることができます。
> 8. そして，静座瞑想の終わりの数分間，再び，息を吸ったり吐いたりする感覚に意識を向けながら，腹部が呼吸に合わせて動くのに注意を向けます。そして，座って呼吸すると，呼吸はアンカーの役割を果たし，瞬間ごとの気づきを養うことができます。そして，呼吸に戻ることにより，さまよう心から戻り，あなたのバランス感覚をはぐくみ，今この瞬間に存在している自分を実感することができるようになります。

1日目（ストレッチと呼吸瞑想）

静座瞑想の間，心がさまよったことに気づいたとき，あなたは何をしましたか？

Q 私は他のことを考えすぎていました。先のことを考えないようにしつつ，自分自身を保つことが非常に難しかったです。現在に留まろうと努力しても2分間しかもたず，また元の状態に戻ってしまいます。

A 思考をコントロールするか思考を取り除くために，何かしなければならないと感じるのは自然なことです。思考をどこかに押しやろうとしたり，押しつぶしたりすることが狙いではないと覚えておくことが重要です。もし無理やり思考を押しやろうとしたなら，思考にさらなるエネルギーを与えてしまい，さらに強く思考が跳ね返ってきます。

 私たちは，考える心にブレーキをかけることを目指していません。目的は"これは思考である"と理解できるようになることです。そして，できるだけでかまいませんので，思考を手放し，呼吸に注意を戻しましょう。

第7章 第3週：現在に戻る

3日目（ストレッチと呼吸瞑想）

静座瞑想の間，心が繰り返しさまよっていることに気づくたびに，あなたは自分
にどれだけ優しくいられたでしょうか，それともどれだけ優しくいられなかった
でしょうか？

Q 自分自身にとてもイライラしました。こんなシンプルなこと，私はできるは
ずなのに。他の人は，きっと私のような問題を感じていないと思います。私
はもっと一生懸命，取り組むべきでした。

A プログラムのこの段階にいる多くの人は，多くの時間，注意を呼吸に向け続
けることに悪戦苦闘します。できる限り，「まさに今どんな状態か」と，心が
さまよっていることを受け入れ，できる限り穏やかさと優しさ，ユーモアを
もって応じましょう。もし，心のさまよいに優しくできないのであれば，そ
のことに対して，なおさら優しさを持ちましょう。

5日目（ストレッチと呼吸瞑想）

静座瞑想では，どのくらい身体の不快感を体験できましたか？　それにどのよう
に対応しましたか？

Q 背中がうずき，両膝がつらかったです。呼吸に注意を向け続け，身動きしな
いようにするには，本当に努力を要しましたが，私は最後まであきらめませ
んでした。

A ここでの狙いは，忍耐力や性格のテストのような，限りなく続く身体的苦痛
に耐えることではありません。不快な感覚に気づくやいなや，すぐに身体の
位置を変えるのは最善ではありません（なぜなら，自動的に体験を回避する
習慣を強めるからです）。しかし，ひとたび賢く優しい気づきをその痛みに向
けながらその強い感覚を探索したならば，あなた自身に対する優しい行為の
1つとして，マインドフルに身体の位置を変えることはすばらしいことです。

> ＊ マインドワンダリングに万歳！ ＊
>
> 　マインドワンダリング（心がさまようこと）は，間違いや失敗ではありません。さまようことは心そのものなのです。
> 　この実践の目的は，あなたの心がさまようことを防ぐことではなく，心がさまよっていることに気づいたときのスキルを向上させることです。
>
> 1. 心がさまよっていたことを**認めること**――**自分自身を責めることなく。**
> 2. その瞬間に心がどこにあるのかがわかるように，十分な時間をとって立ち止まること。
> 3. 心の中で起きていたことを**手放すこと**。
> 4. **優しく穏やかな態度で**，注意を呼吸に戻すこと。
>
> 　この実践は心のタイムトラベルから戻り，この瞬間にこの呼吸から再び始める機会を何度も何度も与えてくれます。
>
> 　**心がさまよっていたことに気づき，注意を引き戻すことは，瞑想実践の核となります。**それは，「すること」モードに入っていることを知り，それを穏やかに手放し，「あること」モードに入ることを学ぶことなのです。

2. マインドフル・ムーヴメント瞑想

　今週の**第2日目，4日目，6日目**では，付属CDトラック5を再生し，できる限り，その教示に従ってください。マインドフル・ムーヴメントでの姿勢の図は96〜99ページに示しています。紙面に書かれた教示でマインドフル・ムーヴメントを行うことは容易ではありませんので，紙面での教示は用意していません。どうか，付属CDでの教示を使ってください。

　この実践では穏やかな身体のストレッチがいくつか含まれています。くれぐれも**身体をいたわりながら実践してください**。もしあなたの背中や他に健康上の問題がある場合，まずは教示を聞くだけにしておいて，教示に従わなくてもかまいません。そして，この実践をすべて行うべきか，または部分的に行うべきかどうかについて，慎重に考えてください。この実践を通して，あなたの身体の声を聴いてください。あなたの身体から生まれる英知は，ストレッチをするべきか，またどれくらいの時間をするべきか教えてくれます。

　この実践の意図は，今そこにあるがままの身体の感覚に，波長を合わせるのに役立てることです。あなたが以前にしていたような，身体を鍛えたり，ストレッチにチャレンジするものではありません。**無理することなく，ストレッチできるかどうか確かめてみてください。**

＊ マインドフル・ムーヴメント瞑想（1／4ページ）＊

腰を床に押しつける　　　　　腰をアーチの形にする：骨盤
　　　　　　　　　　　　　　を床につけたままにしておく

両脚とも

Kabat-Zin, J., Full Catastrophe Living(Second Edition), 2013, New York: batan より

＊ マインドフル・ムーヴメント瞑想（2／4ページ）＊

Kabat-Zin, J., Full Catastrophe Living(Second Edition), 2013, New York: batan より

* マインドフル・ムーヴメント瞑想（3／4ページ） *

Kabat-Zin, J., Full Catastrophe Living(Second Edition), 2013, New York: batan より

＊ マインドフル・ムーヴメント瞑想（4／4ページ）＊

両脚とも

Kabat-Zin, J., Full Catastrophe Living(Second Edition), 2013, New York: batan より

2日目（マインドフル・ムーヴメント瞑想）
静座瞑想と比べて，この実践の身体感覚への気づきはどれくらい容易でしたか？

Q 私にとって，身体を伸ばしたり動かしたりする感覚は，座っているのと比べて，よりはっきりと容易に気づくことができました。沈黙がほとんどないため，私の心があちこちとさまようことがなく楽しく実践できました。

A 多くの人たちが同じことに気づきます。そのため，動く身体へのマインドフルネスは，私たちがどこにいようとも，散らばった心を1つにまとめ，今ここに戻ってくるのに非常に役立つ方法なのです。

4日目（マインドフル・ムーヴメント瞑想）
あなたが体験したいくつかの強い身体感覚にどのように対応しましたか。

Q 私はその感覚を感じたくありませんでした！　だから，必要以上に押したり，伸ばしたりしませんでした。

A <u>不快な身体感覚に直接的に近づいて，その中へと適切に気づきを移動するスキルは，身体の内の困難な感情への働きかけ方</u>を学ぶ上での中心部分となります。マインドフル・ストレッチは，強い身体感覚が伴う「限界に働きかける」ことを許してくれます。強い感覚がするところまで，気づきを穏やかに少しずつゆっくりと近づけていきます。これ以上進めないところまで気づきを近づけてください。もし戻りたければ少し戻ってもよいです。そして，大丈夫かなと思ったら，もう一度，強い身体感覚があるところまで少しずつ接近していきます。その間，いつでもストレッチをゆるめることができます。

100　　第Ⅱ部　マインドフルネス認知療法（MBCT）プログラム

心地悪い感覚がするほうへ，穏やかに少しずつ意図的に気づきを向けることによって，不快なフィーリングを避けたいという深く根付いた習慣をゆるめていきます。深く根付いた習慣は，あらゆる困難な感情を持続させるエネルギーなのです。

6日目（マインドフル・ムーヴメント瞑想）

あなたは，強い感覚に対する身体のどんな反応に気づきましたか。それらの反応はどのような感じでしたか？

Q 私は，ストレッチしているときに，緊張して固まっていることに気づきました。そして，その緊張を心地悪く感じていました。

A この実践は，不快な身体感覚やフィーリングに対して，いかに<u>余計なものが多く加えられていた</u>のか理解するのに役立つでしょう。それは（a）普段より長くストレッチして姿勢を保持しなければいけないという避けがたい不快感と，（b）こういった感覚に<u>抵抗する</u>か，あるいはある基準に届くように<u>奮闘</u>したり，<u>無理をしたり</u>することからくる，<u>避けられる</u>不快感です。しかし，その基準は，私たち自身が勝手に実践は<u>こうあるべきだ</u>と決めているのです。（教示ではそのようなことは言っていません！）

次週，不快な感覚やフィーリングに対して，どうして習慣的に余計なものを付け加えてしまうのか，お伝えしたいことがたくさんあります。

3．3分間呼吸空間法－標準版

　MBCT の目的は，散らばった心をまとめて，湧き起こる困難な感情によりうまく関わる方法としてマインドフルネスを活用することです。
　たいていの場合は，40分間も目を閉じて瞑想することは不可能です。
　"フォーマルな" 瞑想（ボディスキャン，静座瞑想，マインドフル・ムーヴメント）と，日々の生活で実際にマインドフルネススキルを必要する場面との間のギャップを埋めるのに，短時間でできる瞑想の1つである3分間呼吸空間法を使います。
　はじめに，この実践を日々の生活習慣に組み込んでください。
　今週，毎日，あなたがあらかじめ選んだ時間に，**1日3回**，3分間呼吸空間法を行ってください。毎日，同じ時間に意図して行うのがベストです。

1日に1回は，呼吸空間法のガイダンスとして，付属CDトラック8（3分間呼吸空間法－標準版）を使用してください。その他の2回の実践のときには次に示す教示や，あなたの記憶に頼って自分自身をガイドしてみてください。

スマートフォンや携帯できるカードに記録して，呼吸空間法を定例の実践となるように記録をつけてみましょう。記録として，1日の終わりにRを○で囲んでください。

1日目 R R R 　　2日目 R R R 　　3日目 R R R

4日目 R R R 　　5日目 R R R 　　6日目 R R R

CD 対応 ▶ TR 8

【 3分間呼吸空間法－標準版 】

◆ 準備

座っていても立っていてもかまいません。背筋を伸ばし威厳ある姿勢をとり，始めてください。可能であれば目を閉じてください。以下の3ステップそれぞれのガイドに，約1分間の時間をとってください。

◆ ステップ1：気づく

あなたの内的体験に気づきをもたらして，次のように尋ねてみてください。
今現在，私の体験はどのようなものだろうか？

- どのような**思考**が心を通過していますか？　できるだけ言葉で表して，精神的な出来事として認めましょう。
- どのような**フィーリング**がありますか？　何であれ，何らかの感情的な心地悪い，または不快なフィーリングに注意を向けて，その存在を認めましょう。
- まさに今ここに，どのような**身体の感覚**がありますか？　こわばりや張り詰めたような感覚がないか，すばやく身体をスキャンしてもいいでしょう。

◆ ステップ2：まとめる

では，呼吸しているとき，息が出入りする身体感覚に集中するように，注意を向け直してください。

腹部の呼吸の感覚に寄り添いましょう……，空気が入ってくるにつれて腹部が膨らみ……，息が出ていくにつれて元に戻るお腹の壁の感覚を感じてください。

息が入ってくる間も，出ていく間も，最初から最後まで追跡しましょう。現在につなぎとめるアンカーとして，呼吸を用いましょう。あなたの心がさまよったなら，穏やかに呼吸に意識を戻すようにしてください。

◆ ステップ3：広げる

　気づきの範囲を呼吸の周囲にまで広げてみましょう。呼吸の感覚への気づきに加え，身体全体の感覚，姿勢や顔の表情も含むようにするのです。

　もし何らかの不快や緊張，あるいは抵抗の感覚に気づいたら，その感じた場所に気づきを向けて，その中へ息を吸い込みましょう。それらの不快な感覚を和らげて解放するようにしながら，そこから息を吐き出してみましょう。

　できるだけでかまいませんので，あなたの1日の次の瞬間にまで，この広げられた気づきを運び込みましょう。

呼吸空間法は，自動操縦状態から離れ，今この瞬間に戻る方法です。

Q　毎日，1日3回の呼吸空間法をいつするべきでしょうか？

A　あなたの日課に合わせるのがベストです。例えば呼吸空間法を，あなたにとってベストな時間――起床後すぐ，シャワーの前，または朝食や昼食や夕食の後，仕事の休憩をとるとき，もしくは仕事帰りの電車やバスの中，または寝る前に，呼吸空間法を取り入れてみてください。

標準版の3分間呼吸空間法を行う予定の時間をここに3つあげてください。

時間1 ....

時間2 ....

時間3 ....

　　　　　3分間呼吸空間法は MBCT プログラムの中で最も重要な実践の1つです。

Q どうしてステップ2の呼吸に注意をまとめることへ，まっすぐ進まないのですか。それは私たちが学んでいる重要なスキルじゃないんですか？ ステップ1とステップ3のポイントは何ですか？

A 注意を呼吸に切り換えることを学ぶと，効果的に反すう，心配，強迫的な計画などから離れることができるようになります。しかし，もし私たちが学んだことが呼吸に注意を切り換えることだけだったならば，心がどのように動いているかというよりむしろ，ただ心が取り組んでいたものを変えただけでしょう。それではおそらく，私たちはいまだに「すること」モードに留まったままなのです。ステップ1と3は，私たちが「あること」モードへとシフトするのを助けてくれます。つまり，心が何に取り組むかを変えるだけでなく，心がどのように取り組むかを変えるのも助けてくれるのです。

Q それではステップ1でどんなことが起こりますか？

A ステップ1では，私たちを自動操縦状態から離し，思考やフィーリング，身体感覚を意識の範疇へと連れていきます。私たちの内なる体験に興味を持って意図的に気づきを向けることで，たとえそれが困難で不快なものであっても接近する傾向を強め，回避傾向を弱めます。また思考やフィーリング，感覚をあたかも現実として，あるいは何かが悪いという絶対的なメッセージとしてではなく，むしろ単なる心の中を通過する出来事として見るようベストを尽くしましょう。

Q それからステップ3では？

A ステップ3では，できる限り精一杯，うまくまとめて落ち着かせてきた心で，気づきを広げていくのです。その結果，「あること」モードの範疇の中に，（呼吸のみならず）その瞬間の身体的な体験のすべてを含むことができます。そのように心の準備を行い，3分間呼吸空間法を終えたときには，生活のあらゆる体験を「あること」モードで迎え入れることができ，日々の生活と再びつながることができるのです。そして，もしつらく不快な体験がまわりにあったとしても，ステップ3において身体で体験する何らかの不快感に対して，より穏やかな態度を意識して育てることによって，寛容と受容の心で，不快な体験を受け止める準備がすでにできているのです。

呼吸空間法によって，考えることから抜け出して一息つくというよりも，むしろ，十分に現在に戻るという，今までとは異なる新しい心の枠組みで生活を迎える準備ができるのです。

4．いやな出来事日誌

　毎日，起きているいやな体験の１つに気づくようにしてみてください。

　それは何か極端なものである必要はありません。ただ，不快で，望んでいない，イライラする体験であればいいのです。それは取るに足らない，すぐに過ぎ去っていく軽い不快な体験であるかもしれません。

　先週と同様に，この実践では，注意の払い方を意識的に違ったものにするようにしてください。つまり，それは，不快な体験に意識的に**向き合うこと**（それは必ずしもいつもの反応ではない）や，体験の別の側面，すなわち，それ自体不快な，その周辺に感じ取れるフィーリング，心をよぎる思考，身体の感覚に気づけるようになることができるかどうか確認してみることです。

　このように不快な体験を個々の構成要素に分けることによって，不快な感情や状況と関わるための新しい，よりうまいやり方を学び始める重要な一歩となります。

　不快なフィーリングそれ自体と不快なものへの反応との違いに，気づけるかどうか確認してみてください。

　あなたの体験の細部に気づきを向けるために，下記の質問を使ってください。後でその気づきを書いてください。

どんな体験でしたか。	この体験の間，身体の細部にはどんな感覚がありましたか？	どのような気分やフィーリングに気づきましたか？	どのような思考があなたの心をよぎりましたか？	今記入しながら，どういった思考が心に浮かんでいますか？
例：ケーブル会社の人がやってきて，電話線を修理するのを待っているとき，重要な仕事の会議に遅れていることに気づく。	こめかみがズキズキする，首や肩が硬くなる，じっとしていられずその場を行ったり来たりする。	怒り 無力感	「これがサービスだって？」「休めない大切な会議なのに」	こんな体験は二度といやだ。

　不快な体験をどのように体験したのか，あなたの思考を逐語的に書いてみてください。あるいは，あなたの心の目に浮かんだイメージを書いてください。何らかの感覚を身体のどこで感じたのか，またそれはどのような感覚であったのかを正確に書きとめてください。あなたの心を通過する思考に気づくようになる機会として，記録をしてください。

1日目 どんな体験でしたか。	この体験の間，身体の細部にはどんな感覚がありましたか？	どのような気分やフィーリングに気づきましたか？	どのような思考があなたの心をよぎりましたか？	今記入しながら，どういった思考が心に浮かんでいますか？

▶ ▶ ▶　私たちは不快なフィーリングに対して，取り除きたいとか，抜け出したいと望むことによって，自動的に反応しがちです。この「望まないこと」や「嫌悪」それ自体が，不快に感じます。注意深く見れば，やがて不快なフィーリングと，「望まないこと」への反応や押しのけようとする反応との違いが認識できるようになるかもしれません。身体は手がかりを与えてくれる可能性があります。つまり，「望まないこと」とつながりがある身体の緊張や萎縮，抵抗感に気づくきっかけになっていたかもしれないのです。私たちそれぞれは，顔や肩，腹部，手，胸部において固有の感じ方があります。あなた特有のパターンに目配りしてください。

2日目 どんな体験？	細部の感覚は？	気分とフィーリングは？	そのときの思考は？	今の思考は？

▶▶▶　不快なフィーリングを体験することを望まないということは，つらく心地悪い体験を遠ざけたままにしてしまうことです。つまり，私たちは不快な体験を間近でしっかり見ようとしないのです。つまり，その体験はもやもやとして怖い「大きい不吉なしみ（big bad blobs）」のように見えているのでしょう。

▶▶▶　不快な体験にしっかりと注意を向けること，つまりその構成要素である身体感覚やフィーリング，思考に戻ることによって，不快な体験の「しみをぬぐい取る（de-blob）」ときに何が起きるのか，ていねいに気づいてください。

3日目 どんな体験？	細部の感覚は？	気分とフィーリングは？	そのときの思考は？	今の思考は？

第7章　第3週：現在に戻る　　107

4日目 どんな体験？	細部の感覚は？	気分とフィーリングは？	そのときの思考は？	今の思考は？

▶▶▶ しばしば，不快な体験について自らに語るストーリー（不快な体験によって引き金を引かれた思考）は，私たちが体験する苦悩を生み出し，維持します。例えば，私たちは「このように感じるなんて，私はなんて愚かで弱いのだ」と自分自身に語りかけているかもしれません。あるいは，「こんなことが起こり続けたらどうなるのだろう？」と問いかけるかもしれません。そして，気分がさらに悪化していくのです。

▶▶▶ あなたの考えていることが，不幸感を増加させる悪循環を生み出していることに気づけるかどうか確かめてみましょう。

5日目 どんな体験？	細部の感覚は？	気分とフィーリングは？	そのときの思考は？	今の思考は？

6日目 どんな体験？	細部の感覚は？	気分とフィーリングは？	そのときの思考は？	今の思考は？

週末に，あなたが体験したことを，いやな出来事日誌とともに少し時間をとって振り返ってみましょう。ここで，あなたが学び，気づいたことで，**覚えておく価値があることを1つ**書きとめてください。

第3週の日々の実践に，最善の努力と意図をもたらしてくれてありがとうございます。

1
week

2
week

3
week

4
week

5
week

6
week

7
week

8
week

第7章　第3週：現在に戻る　109

野生という安寧

　　世界に対する絶望が
　　私の中に起こり,
　　私の生活や私の子どもたちの生活とは
　　何なのだろうという恐れを抱いて
　　ほとんど音のない夜中に目を覚ますとき,
　　私は雄鴨が水の上で美しく休んでおり
　　サギが餌を食べているところへ行き,
　　横たわります。

　　私は,自分の人生に悲しい予想を
　　決して負うことのない
　　野生という安寧の中に入っていきます。
　　私は静かな水の存在の中へ
　　入っていくのです。

　　そして私は,
　　昼間は見えない星が
　　頭上に光りながら待機していることを感じます。

　　しばらくの間,
　　私は世界の安寧の中で休息し,
　　そして自由になるのです。

　　　　　　　　　　　　　　　　　　ウェンデル・ベリー

第8章

第4週

嫌悪を認めること

オリエンテーション

私たちは，不快で心地悪いフィーリングに対して様々な方法で反応しています。

> ジェイク：今朝，悲しみが湧き上がってくることに気づきました。私は歯をくいしばり，とにかく騒ぎ立てないようにもがきました。私は感じていることに対して身体全体が身構えているように感じられたのです。☐

> ローズ：不安なときは，何度も何度も起こりうる災難や困難について考えてしまい（もし～ならどうだろう？ もし～ならどうだろう？ もし～ならどうだろう？），自制を保つ方法を見つけようとしています。☐

> ヴィンス：昨日，感じていることを感じないようにしているときが多々ありました。私はいくらか目を背けているように思えたのです。☐

> マリア：落ち込んだり憂うつになり始めると，私の心は起きた出来事をあれこれ引っ張り出し，なぜそのように感じるのかと原因を解明しようとします。結局は，私は何か悪いことをした？ 何かいけないことを言ったのだろうか？ 私はこんなふうに感じる，私の何が悪かったのだろう？ と，過去を何度も何度もほじくり返して終わるだけです。☐

> ジーン：今日，バスが遅れていました。私はバス会社の不十分な体制に，本当に怒りを覚えました。それから，そのようなささいなことで動揺する自分自身に腹が立ちました。☐

> アンマリー：今日の午後，私が準備した報告書について上司は批判しました。私は本当に動揺しました。私は何かしなければという強いプレッシャーを感じていたためか，自分がしていることについてほとんど意識できていなかったのです。☐

これらのシーンはあなたに何を思い出させるでしょうか。物事がうまくいかなくなっているときや不快で困難なフィーリングが生じているときに，**あなたが何をしているか**少し振り返ってみましょう。先週のいやな出来事日誌で気づいたことに戻って考えてみるのもよいかもしれません。あなた自身の体験に同調できる 111 ページのすべてのボックスにチェックをつけてください。

　表面的には，ジェイク，ローズ，マリア，ヴィンス，アンマリー，ジーンの反応はかなり違って見えるかもしれません。しかし，深いところでは，それらはすべて不快で苦痛なフィーリングを実際に体験することを回避したいという同じ根底にあるニードによって駆り立てられているのです。

　このような深く根付いている習慣，それは私たち皆が共有しているもので，**嫌悪**と呼ばれるものです。

　　嫌悪とは，不快なものとして体験する物事を回避したり，取り除こうとしたり，感じないようにしたり，破壊しようとしたりする衝動です。
　　それは，うつや不安や怒りやストレスといったネガティブな感情に私たちを巻き込もうとする「駆り立てられ−すること」の背後にあるパワーのことです。

🍃 嫌悪の一時停止

　不快なフィーリングにどのように関わるか注意深く探求しようとすると，2つの決まったステップがあることがわかるでしょう。

　　<u>ステップ1</u>：不快なフィーリングが生じる。
　　<u>ステップ2</u>：不快なフィーリングを体験することやそのフィーリングを引き起こした物事を避けたいがために，あれこれすることによって，あなたの心は不快なフィーリングに反応する。

　これら2つの段階を，ジェイク，ローズ，マリア，ヴィンス，アンマリー，ジーンに当てはめてみましょう。

	ステップ1	ステップ2
ジェイク	悲しい	抵抗
ローズ	不安	心配
マリア	落ち込み	反すう
ヴィンス	感じていること（の多く）	目を背ける
アンマリー	非難されている感じ	"何かせねばならない"
ジーン	怒り	自己批判

112　　第Ⅱ部　マインドフルネス認知療法（MBCT）プログラム

ほとんどの場合，ステップ1とステップ2は，一緒に転がるように進んでいきます：私たちはその2つのステップを別の異なるものとして捉えてはいません。私たちはただ気分が悪いのです。

このステップ1，2のパターンをより綿密に熟知するようになると，感情的な苦痛からあなた自身を自由へと向かわす，力強い一歩を踏み出すことができるのです。

どうしてでしょうか？　たとえ，不快なフィーリングが生じるステップ1でマインドフルネスにほとんどなれなくても，ステップ2で何かしらいつも対処することが可能だからです。すなわち，**望まないフィーリングであなたを締め続けている嫌悪という留め金を外すことができるようになるからです。**

今週の実践の主たる目的は，不快な体験を回避したり，つながりを断ち切ったりする習慣を，意識して捨て始めることです。その方法とは，嫌悪がいかにして**あなたに**影響を及ぼしているのか熟知することです。

意図的に，不快なフィーリングとそれに対する自分の反応に向き合い，調べ，認識しようとすることで，不快なフィーリングを取り除く必要がなくなると断言できます。その代わりに，不快なフィーリングや自分自身の反応への気づきを保ちつつ，それが何であるか観察し，自動的反応ではなく意識的対応を伴って応じることができるのです。

Q 嫌悪とは自然なものではないのですか？　不快なことを避けたいと思ったり，取り除きたいと思ったりすることは道理にかなうことではないのですか？

A ええ，嫌悪は極めて自然なものです。私たちが出くわす危険な出来事が外側の世界（剣歯虎や人類の敵，森の火事など）に存在した，より早期の進化の過程では，嫌悪は文字通り私たちの命を救っていました。それゆえ，嫌悪は私たちの内側に組み込まれ深く根付いているのです。

問題となるのは，不快で困難な出来事が内側の世界にあるときです。つまり，「敵」が自分自身の，過酷で脅かされるような思考やフィーリング，感情，自己感であるときです。これらの内側の体験から逃げられるほど速く走ることは誰もできません。ですから私たちは，こういった内側の敵と戦ったり，破壊しようとしたりすることでは，その敵を取り除くことはできないのです。

Q しかし，私たちの内側の体験へと向かう嫌悪は，どのようにして物事を悪化させるのでしょうか。

A 第一に，嫌悪それ自体が不快に感じます。私たちが嫌悪を創り出す物事を取り除きたくなる理由はそれなのです。しかし，その物事が不快感情そのものであるとき，嫌悪はあちこちに不快を広げていくのです。つまり，より悪く感じるのであって，よりよくは感じないのです。

第二に，意志を持って努力することで不快な思考や感情を取り除こうとする

ことでは，より堅固にその状態に縛られ続けるだけです。つまり押しやろうとすればするほど，より強く押し戻されてきて，ついには自分自身を疲れさせ，さらなる不快感情を作り出すことになってしまうのです。

Q どのようにして嫌悪を認識するのでしょうか？

A 嫌悪は人により異なる形をとります。多くは，以下のことを含みます。

①「望まない」という全体的なフィーリング，すなわち，物事があるがままであることを望まない，今の体験を望まない，今の自分でいたくない等，どうにかして物事を別のものにしたいというニードがあると私たちは感じます。この願望，それ自体が不快なものだと感じるでしょう。

②身体感覚の特徴的なパターンでよくあるのは，押し出したり，萎縮したり，抵抗したり，緊張したり，突っ張ったり，張りつめたり，という感覚です。顔や額に緊張を感じる人もいます。肩が反対側に張るように感じたり，あるいはお腹や腰に収縮や緊張を感じたりする人もいます。人によっては手を握りしめるかもしれません。これらすべての感覚はそれ自体が，不快に感じるものです。

今週の実践では，先週のいやな出来事日誌で着手した，不快な体験への身体反応におけるあなた自身の固有のパターンを探求し続けるようにいざないます。

🍃 ほどほどの嫌悪とともにネガティブ思考を観ること

我々が最初にMBCTを開発したとき，主たる焦点は，過去にうつであった人々を援助するということでした。我々は，この次のエクササイズを使いました。なぜなら，その質問紙は心のうつのために開発されていたからです。しかしMBCTをより広く教える中で，人生が圧倒されているときには，ほとんどすべての人々がこういったネガティブ思考をいくらかは認識していることを発見してきました。我々は，オリジナルのままのエクササイズを説明していくつもりです。もし，あなたの主たる問題がうつでなくても，どのくらい自分とネガティブ思考が関連しているか知りたくなるかもしれません。

もし，あなたが過去に重いうつを体験してきたのなら，最もうつがひどかったころのことを思い返してください。次ページにそのようなときに生じるいくつかの思考が載っています。あなたがうつのときに体験した，それぞれの思考の隣のA列にXをつけてください。

＊　ネガティブ思考のチェックリスト　＊

	A	B	C
1.　私は世界と敵対しているように感じます。			
2.　私はよくない人間です。			
3.　なぜ私はいつも成功しないのでしょう？			
4.　誰も私のことを理解していません。			
5.　私は人々を落ち込ませてきました。			
6.　私はやっていける気がしません。			
7.　もっと良い人間だったらいいのにと思います。			
8.　私はとても弱いです。			
9.　私の人生は望むようには進んでいません。			
10.　私は自分自身に失望しています。			
11.　今後何もいいことはないように感じます。			
12.　私はもう耐えることができません。			
13.　私は何も始めることができません。			
14.　私の何が悪いのだろう。			
15.　どこか別のところに行けたらいいのに。			
16.　私は物事を整理することができません。			
17.　私は自分自身が憎いです。			
18.　私は価値のない人間です。			
19.　私なんか消えてなくなればいいのに。			
20.　私はこれでいいのだろうか。			
21.　私は敗者です。			
22.　私の人生はむちゃくちゃです。			
23.　私は失敗作です。			
24.　私は決して成功しないでしょう。			
25.　私はひどく無力に感じます。			
26.　何かが変わらなければならない。			
27.　自分には何か悪いところがあるに違いありません。			
28.　私の将来は希望がない。			
29.　まさに時間の無駄です。			
30.　私は何もやり遂げることはできません。			

1
week

2
week

3
week

4
week

5
week

6
week

7
week

8
week

次に，A列にXをつけたそれぞれの思考について振り返ってみて，**最もうつがひ
どかったころにそれをどれくらい信じていたか**を評価してください。そしてB列に0
（まったく信じていなかった）〜10（100%信じていた）の点数をつけてください。はっ
きりと思い出すのは難しいかもしれませんが，できる限りやってみてください。

そして，**うつをまったく感じていなかったころのこと**を振り返り，どのくらいそれ
ぞれの思考を信じていたか，C列に0〜10の点数をつけることで評価してください。

最後に，B列とC列につけた点数を眺めて，気づいたことやどんな感想でもいい
のでここに書きとめてください。

うつのためのMBCTクラスの参加者たちのコメントをいくつか以下に載せていま
す。

> アニャ：私はほとんど全部の思
> 考を認識していました！ うつだったと
> き，私はそれらを100%信じていました。
> しかし，今はほとんど信じていません。

> カルロス：私もです！ 私が本当に落ち
> 込んでいたときはそう思っていたのですが，ただ
> それだけのことだったのです。今までどうしてそ
> んなことすべてを信じてきたのだろうと，自分に
> 問いかけています。

> ティナ：今まで誰も，私にこれを見せてくれ
> なかったのはなぜなんでしょうか？ もし，医者
> たちがこのことを知っているなら，なぜ私に言っ
> てくれなかったのですか？ 私がどのように感じ
> ていたかを彼らは理解していたということだった
> のかもしれませんが……これは私だと思いまし

> た。つまり，私は疲れていたし，物事は私を
> 落ち込ませていました……今では私はそれがうつ
> であると理解しています。せめて少しでも早くに
> 誰かが私に伝えていてくれていれば，もっとたく
> さんの痛みから救われていたかもしれないと思い
> ました。

うつと診断された何百人もの男女に対して，このエクササイズを実施してきた体験
から，以下の2つのことがわかってきました。

1. うつを経験した人々の多くは，リスト上のネガティブな思考の，すべてでは
   ないにしろ，いくらかを有していたこと認めています。
2. 思考の中にある信念は気分とともに劇的に変化します。うつのときは，人は
   疑うことなくその思考を信じていますが，良くなった後は，ほとんど，もし
   くはまったくその思考を信じていないのです。

116　　第Ⅱ部　マインドフルネス認知療法（MBCT）プログラム

あなたは何か似たものを自分の体験の中に認めますか？

うつの診断を受けているほとんどの人がとてもよく似たネガティブな思考を持っているということは，私たちにとても重要なことを教えてくれています。それは，**これらの思考はうつ状態の特徴であり，私たちの特徴ではないということです。**

気分が落ち込んでいるとき，私たちはこれらの思考を真実のように思いがちです。しかし実際，それらはうつの症状なのです。高熱がインフルエンザの症状であるのと同じです。

そういうわけで，これらの思考の中にある信念は気分が変化するのと同じくらい変化しうるものなのです。ネガティブな思考は——私たちについての真実を正確に反映しているというよりむしろ——根底にある心のうつ状態，あるいは気分を反映しているのです。そのネガティブな思考を生み出した心の状態が現れたり消えたりするのに応じて，その思考を正しいと信じるかどうかも変わっていくのです。

うつのネガティブな思考やフィーリングをありのままに捉えるとき，つまり「私」や，「真実」というよりもむしろ症状であると捉えるとき，私たちはその思考やフィーリングを個人的なものとしてそれほど扱う必要がなくなり，そして**嫌悪を伴って反応する**ことが少なくなるのです。

Q 他の心の状態についてはどうでしょう？　つまり，不安や怒りやストレスがたまった状態ということです。

A うつについて当てはまることは，それらにも当てはまります。あなたは他者から自分のことがどう思われているかを心配している人だと想像してください。あなたは大事な発表を同僚たちにしなければなりません。発表までにまだ時間があるうちは，あなたは発表に関するネガティブな思考から脱することができます。しかし，その日が近づくにつれてあなたはどんどん不安になり，あなたの心配はどんどん確信へと変わっていきます。その日になると，あなたはきっとひどい何かが起こると確信します。発表がうまくいき，あなたは緊張から解放され，自分の心配や破滅的な予想を振り返って，「いったい全体，何だったんだろう？」と思うでしょう。

状態がとても悪かったときに戻ってネガティブな思考に焦点を当てることは，あなたを落ち込ませたり悲しくさせたりするかもしれません。もしそうなら，今が呼吸空間法を行う好機なのかもしれません。
呼吸空間法を行いましょう。

 ほどほどの嫌悪とともにネガティブな心の状態を観ること

私たちが個人的なものとして受け取り，嫌悪を伴って反応するのはネガティブな思考だけではありません。

そのような思考が湧き上がってくるネガティブな心の状態にも私たちは反応します。

もしあなたがうつになったことがあるなら，エネルギーがないために怠け者だと強く自責してきたのではないでしょうか。また，もはや友人や家族とともに過ごす時間をつくることが嫌になっていると気づいたとき，あなたは後ろめたくわがままであると感じたのではないでしょうか。自分が集中できないということやとてものろくなったように思えるという理由から，おそらくあなたは自分をバカだと分類したのではないでしょうか。

これらのことが個人的な欠点や不適格さの証しではないとしたらどうでしょうか。

それらは，実のところ，うつの症状だとしたらどうでしょうか。

世界中で精神科医や心理学者が，たくさんの中核的な特徴をうつ病の診断に使っています。これらの特徴には，疲労や無気力，自分がかつては楽しんでいた出来事や活動にもはや興味を示さないこと，そして決断したり集中したりすることが難しいときがあること（例えば，仕事の課題や家でのTV観賞）が含まれ，悲しい，無価値である，あるいは自己批判などの感情，イライラしたりすぐに怒るというフィーリングを伴います。医師はまた，体重の増減や食欲の変化や睡眠障害（入眠困難，もしくは早朝覚醒），1日の多くに気分がとても落ち込んだり興奮したりすることがあるかどうか，について調べようとします。

医者がうつ病の診断をするためにこういった数々の特徴を利用しているという事実は，極めて重要なメッセージを含んでいます。つまり，**これらのフィーリングや変化はすべてうつの症状に共通するものだということです。それは個人的な欠点や不適格さの証しではないのです**。

もし私たちが，ネガティブな心の状態を本当にあるがままに捉えるなら，それらをあまり個人的なものとして受け取ったり，嫌悪に反応したりすることが少なくなります。そして，ネガティブな状態に深くはまり込むよりはむしろ，その心の状態が過ぎ去るまでそのままにしておくやり方で振る舞える機会を得るのです。

ここまでに紹介したアイデアにあなたはどのように対応しますか？　それらはあなたにどう関連していましたか？　それらはあなた自身の体験と一致しているように思えますか？　あなたは自分の思考をメモしたくなるかもしれませんね。

日々の実践

4週目は，以下のエクササイズを，**7日間のうち6日**は実践してください。
1. 静座瞑想（もしくは1，3，5日目は静座瞑想し，2，4，6日目はマインドフル・ウォーキングかマインドフル・ムーヴメントを行ってもいいです）
2. 3分間呼吸空間法−標準版
3. 拡張版の呼吸空間法（必要に応じて）
4. マインドフル・ウォーキング

1．静座瞑想：呼吸，身体，音，思考のマインドフルネスと無選択な気づき

　今週は各日，付属CDトラック11のガイドに合わせて静座瞑想を実践してください。教示はここに記載しておきます。

CD対応 ▶ TR11

【 静座瞑想：呼吸，身体，音，思考のマインドフルネスと無選択な気づき 】

1. 呼吸と身体のマインドフルネスを，先に述べた（p. 92～93）ようにして，ほどよく落ち着いたと感じるまで，実践してください。
2. 自分の気づきの焦点を，身体感覚から**聴覚**へと移してください。注意を耳へと向けオープンにし，拡張させ，音が生じたらいつでも生じたままの音を受け入れられるようにしてください。
3. 音を探しにいったり特定の音を聴きにいこうとする必要はありません。その代わり，できる限り純粋に気づきをオープンにしてください。それは全方向から生じたままの音を受け入れるためです。近くの音，遠くの音，前，後ろ，横，上，下の音などです。はっきりした音やよりかすかな音，音の間（あいだ）に生じる間（ま），静寂に注意してください。
4. できるだけ，単に感覚として音に気づいてください。音について考えていることに気づいたら，音の意味や含蓄に注意するよりは，できる限り直接的に音の感覚的な質（音の高低のパターン，音質，音量，持続時間）に注意してください。
5. その瞬間の音に集中していないと気づいたらいつでも，心が動いていったことを優しく認め，音が生じるままに，またある瞬間から別の瞬間へと移るままに音へと注意を合わせ直しましょう。
6. 気づきを拡張し，気づきに，よりオープンで広々とした質をもたらす方法として，音のマインドフルネスはそれ自身がとても価値ある実践です。その実践より身体感覚の気づきが先立つものであれ，思考の気づきがその後に続くものであれ，です。
7. 準備ができたら音への気づきを手放し，注意を思考に焦点づけ直します。それは気づきの対象を，今度は心の中に生じる出来事としての思考とする

第8章　第4週：嫌悪を認めること　　119

ためです。音が生じ，展開し消え去ることに注意しながら，生じる音すべてに気づきを焦点づけていたのと同じように，今度は，できる限り心に浮かぶ思考に気づきを向けます。つまり，思考が生じるときに注意し，思考はあなたの心の空間をよぎり消えるのですが，その思考に気づきの焦点を当ててください。思考を促そうとしたり追いやろうとする必要はありません。ただ思考が自然に生じるがままにしておいてください。音が生じたり消えたりするのに関わるのと同じように。

8. 思考が映画館のスクリーンに投映されていると想定し，同じ方法で気づきを心の中の思考に持ってくるのがやりやすいと思う人もいます。着席し，スクリーンを見ながら，思考やイメージが生じるのを待ちます。それが起こったら，「スクリーン上に」それが映るのと同じだけの間，思考に注意を払うのです。また代わりに，広大でゆったりとした空を横切る雲や鳥，あるいは小川の上を流れに乗りながら移動する葉っぱのようにして思考を捉えることが役に立つと思う人もいるかもしれません。

9. もし，思考が快適なものであれ，不快なものであれ，強いフィーリングや感情をもたらすなら，それがいかなる思考でも，あなたはできる限り，その「情緒的負担」や強度を覚えておき，それらをすでにあるがままのようにしておきましょう。

10. 心が集中させられず散らばっていると自分で感じたり，思考やイメージの脚本を繰り返し描き続けているときはいつでも，これがどこで身体に影響しているのか気づきたくなるかもしれません。よくあるのは，起こっていることが望ましくないことの場合，顔や肩，あるいは胴体がピクピクしたり締めつけ感を覚え，思考やフィーリングを追い払いたくなる感覚を抱きます。ある強烈なフィーリングが生起したときに，こういったことがあなたに起こっているということに少しでも気づいているかどうか確認してください。そして，いったんこのことに気づいたら，呼吸や，ここで座っている全身の感覚に戻れるかどうかを確認してください。そして気づきを固定し，安定させるためにこういった焦点を利用してください。

11. 呼吸，音，思考というような，特定の注意の対象を手放せるかどうかについて考えたくなったり，心や身体に浮かぶ風景の中や，世界において生じるあらゆるものに気づきの領域を開きたくなるかもしれません。これが，「選択することのない気づき」と時折よばれるものです。瞬間瞬間に生じるあらゆるものをなんなくわかりながらも，気づきそのものの中で純粋に留まることができるか確認してください。そこには，呼吸や身体感覚や音や思考やフィーリングといったものが含まれるかもしれません。できる限り，ただ静座し，完全に覚醒してください。何も持たず何も探さず，具体化された覚醒状態以外のことすべてにおいて計画を持たない状態で，です。

12. そして，静座を終わらせる準備ができたら，おそらく数分かかりますがマ

インドフルな呼吸への気づきという基本の実践へと戻ってください。

この実践を始めるたびに，**嫌悪体験に目配りすること**を忘れないでください。

● いくらか心地悪い不快なフィーリングや感覚，あるいは思考に近づいてみて，それらに（**とりわけ身体的なことに**）あなたがどのように反応しているのか気づきましょう。
● 嫌悪の影響を認識できるようになってきたか，少しずつ確認してみてください。嫌悪はどのようなものでしょうか？　嫌悪を身体のどの部分でどのように体験しているのでしょうか？　嫌悪はあなたが考えていることにどんな影響を持つのでしょうか？
● あなた自身の〝嫌悪の兆候〟（嫌悪があることを認識させる身体感覚の特徴的なパターン）は何ですか？
● 嫌悪がわかるようになったら，嫌悪が生じたと感じたときにいつも「嫌悪がある」と実際に自分自身に言い聞かせることが役立つかどうか確認してください。
● 所定の欄に，その日その日の観察したことを書きとめておいてください。

1日目

不快な思考，感情，感覚に出くわしたときに，最も強い感覚があるのは身体のどの部分でしたか？

静座瞑想の間，他に何か気づいたことはありますか？

第8章　第4週：嫌悪を認めること　　121

Q 私は心配しているとき，身体全体に緊張を感じやすいです。特に，顔や肩が緊張します。

A すごい発見です！　身体のどこが最も強く反応するか，探索し続けてください。毎回同じかもしれないし，違うかもしれません。探究することに，優しい，関心を持った，マインドフルな気づきをもたらす行為自体が癒しなのです。

　　　ここで体験を探求することは，体験について分析的に考えるというよりもむしろ，体験それ自体への，優しい関心を持った注意をもたらすことを意味します。
**　　　探求は，明らかにすることでもあり，癒すことでもあります。**

2日目

呼吸に注意を向けたときと音に注意を向けたときとの気づきに，どんな違いがありましたか？

私はまたこんなことに気づきました：

Q 私は音に伴う雄大で開放的な感覚が大好きです！

A そうですね，それは心の中のすべてのドアと窓が開いているような感じでしょうね！　狭く注意を向ける方法（呼吸に）も，広く注意を向ける方法（音／無選択な気づきに）も，あなたは修得しています。両方ともとても役に立ちます。それは，いつどのように一方から他方に移行するかを知っていることなのです。

122　　第Ⅱ部　マインドフルネス認知療法（MBCT）プログラム

【 焦点化した注意と広がりのある注意 】

　今週の瞑想は，呼吸へ注意を焦点化することで始まります。そして注意を広げます。すなわち，より大きな身体全体の感覚，次に音や自分を取り巻く空間，さらには広がりのある無選択な気づきへ，と注意を向けていきます。

　焦点化された注意と広がりのある注意の両方が，嫌悪に働きかけるときには非常に有益です。

　焦点化した注意は，固定的であり，心を一点に集約し，不快で心地悪い体験にさらされても，あなたを**現在に留まらせること**に役立ちます。心の自動的な反応が過去や未来にあなたを連れ去ろうとするときや，気づきのない状態へとあなたを追い立てているとき，焦点化した注意を払うことによって，"**今ここ**"とあなたは**再びつながること**ができます。

　広がりのある注意は，あなたがより大きな光景に気づくことに役立ちます。つまり，不快な体験だけではなく，あなたが**どのように体験とつながっているか**ということにも気づかせてくれるのです。そして嫌悪が周囲にあるかどうか確認できます。

　広がりのある注意は，嫌悪が身体や心に及ぼす**収縮的な**影響を優しく無効化して，**広がりや包み込むような感覚**をつくり出します。

　それはまた，より**バランスのとれた観点**も提供します。嫌悪の中にいると，注意は不快なものだけに焦点を狭めます。そのときは，すべての体験が問題であるように思われるのです。身体の他の部分，もしくは体験の他の側面も含むように焦点を広げることで，問題のあるものを問題のないものと一緒に抱えられるようにします。そしてその結果，私たちは，すべてが問題だというわけではないということがわかるのです！

3日目

あなたが不快なフィーリングに抵抗するときに，何が起きていますか？　それは快と感じますか，それとも不快と感じますか。

私はまたこんなことに気づきました：

第8章　第4週：嫌悪を認めること　123

Q 私は困惑しています。悲しいと感じることについて心配したり反すうしたりするとき，私は自分の感情に焦点を合わせています。しかし反すうなどは嫌悪の形態で，それは不快なフィーリング体験を<u>避けたい</u>ことであると言われますが，きちんと教えてくれませんか？

A 反すうしたり心配したりするとき，私たちは苦痛な感情<u>について考えています</u>。つまり実際は直接的に<u>感じている</u>というわけではないのです。反すうすることや心配することは，不快で苦痛なフィーリングを<u>十分に体験すること</u>を回避する巧妙な方法なのです。考えることによって，望まない感情を取り除いたり，あるいはいかなる脅威をも減らしたりするための方法を見つけようとしているのです。

4日目

身体的に心地悪い感覚にあなたはどのように対応しましたか？

```
-------------------------------------------------------------
-------------------------------------------------------------
-------------------------------------------------------------
-------------------------------------------------------------
-------------------------------------------------------------
```

この**静座瞑想**中，他に気づいたことは何ですか？

```
-------------------------------------------------------------
-------------------------------------------------------------
-------------------------------------------------------------
-------------------------------------------------------------
-------------------------------------------------------------
```

Q 長時間，静座していたら，足が重くなり背中が痛くなることに気づきました。私はあまり動きたくないのですが，時折，あまりにも苦痛で動いてしまいます。

A あなたは，意図的に，とても優しく，身体の中の最も心地悪い部位に注意を集中させ，そこにある感覚へ適切に気づきをもたらそうとしているのかもしれません。その感覚を探索し続けてください。すると，注意を呼吸へと戻すことやマインドフルに動くことが，どんなときでもすばらしいことだとわかります。

【 身体的な心地悪さの中にある強い感覚とともに実践すること 】

　身体的な心地悪さによって，**あらゆる**類（たぐ）いの望まない体験とよりうまくつながる方法を学べるすばらしい機会を手に入れることができます。その体験には**感情的**に不快なものも含まれています。そのスキルによって，あなたはうつや不安，ストレスという罠に落ちることから自由になれるでしょう。

　身体的な心地悪さに気づけるようになったら，不快な体験が最も強く生じている身体の部位に，あなたの注意を意図的に，**適切に向けること**ができているかどうか確認してみてください。そこで一度，**優しい関心のある注意**を向けながら，より詳細な感覚のパターンを探索してください。

　正確にはその感覚はどのようなものでしょうか？　正しくはその感覚はどこにあるのでしょうか？　時間が経つとともにその感覚は変わりますか？　強い感覚のある部位が別のところへ変わることはありますか？　その目的は，感覚について考えるというより，感覚を直接的に感じ体験することなのです。そのような強い部位に気づきを持っていくために，呼吸法を用いることができます。つまり，ボディスキャンのようにその部位に「息を吸い込む」のです。

　強い部位に**向けて適切に**注意を意図的に移動させることによって，**不快な体験から立ち去る**とか，**不快な体験を回避する**という嫌悪への自動的な流れを転換することができます。また，嫌悪そのものをより明らかにする機会をもあなたは手に入れるのです。身体の痛みが本当は何なのかということがわかり始めさえするかもしれません。すなわち身体の痛みとは，万難を排して取り除くか避けなければならない「大きい悪いもの」ではなく，気づきの中で抱えられ，知られている，いつも移ったり動いたりしている身体的感覚のパターンなのです。

5日目

嫌悪に気づくようになったとき，あなたはそれにどのように対応していましたか？

他にも何か心を打った興味深いことは？

第8章　第4週：嫌悪を認めること　　125

Q 私は「望まない」という感覚を止めて押しのけようとしました。でもうまくいかなかったんです。実際，事態はより悪化したようでした。

A あなたは本当に重要なことに気がつきましたね。嫌悪が生み出す問題を見るやいなや，それを取り除こうとするのは自然なことです──しかし，それはただ嫌悪をもっと積み重ねるだけになりますが。嫌悪に対応するのに一番いい方法は，嫌悪をあるがままに認め（できたら自分自身に"嫌悪"と言ってみること），敬意を持って嫌悪を取り扱い，嫌悪が自分のペースで去っていくまでその場にいさせておき，嫌悪が自分の身体にどのように影響を及ぼしているのかを，可能な限りの優しさと柔軟さで，探索し続けることなのです。

　　　嫌悪への上手な対応は，(1) それをあるがままに認め，(2) 名づけ（「嫌悪」），(3) 敬意を持ってそれを扱い，それが過ぎ去ってしまうまで喜んでそのままにさせておき，(4) 優しくて柔軟な注意を払いながら，それが自分の身体にどのように影響を及ぼしているのかを，探索し続けることです。

6日目

通常どのように嫌悪が身体に影響しているのか見つけましょう──もしかしたら，しかめっつら，胸や胃のこわばり，肩の凝りかもしれません。これはあなたの「嫌悪の兆候」です──下の空欄に書き込んでみましょう。

私の嫌悪の兆候は，..
　　　..
　　　..
　　　..

他にどんなことに気がつきましたか？
　　　..
　　　..
　　　..
　　　..

Q その時々で多少変わりますが，私は嫌悪を，額にしわをよせたり，肩凝りや，手をぎゅっと握ることで感じることがよくあります。

A そういったことすべてを見ていくのは本当に有用です。今ではあなたは身体感覚のパターンを，嫌悪に反応しているということに気づくためのヒントとして使うことができます。次の週では，どうすればよいのかについてもっとお伝えします。

2．3分間呼吸空間法－標準版

　今週は毎日，3分間呼吸空間法を，先週と同じようにあなたがあらかじめ選んだ時間に1日3回行います。
　音声なしに，呼吸空間法に自分を導くことができるかどうか見てみましょう。もちろん，教示をはっきりと思い出すことが助けになると思うなら，必要なときに音声や102～103ページの教示を使うのはよいでしょう。

呼吸空間法－標準版（**R**EGULAR）の日々の実践を，1日の終わりに以下のRに○をつけて記録しておきましょう（スマートフォンやノートに書いておくこともできます）。

　　1日目　R　R　R　　　2日目　R　R　R　　　3日目　R　R　R
　　4日目　R　R　R　　　5日目　R　R　R　　　6日目　R　R　R

3．呼吸空間法（追加用）

　今週は毎日，計画した標準版の呼吸空間法に加えて，**毎日の生活で不快なフィーリングあるいは身体のこわばりや緊張，圧倒されバランスを失ったという感覚に気づいたときにはいつでも，呼吸空間法（追加用）を取り入れましょう。**

【 日常生活の中で呼吸空間法（追加用）を使うこと 】

　日常生活で**呼吸空間法（追加用）**を使うときには，強い感情がそこにあるということを認めて，時間を少しとって，その強い感情（思考やフィーリング，身体感覚として）に気づきをもたらします。その際に，そのことについて判断したり，追い払おうとしたり，何か問題を解決しようしたりすることなく，ただそのままにしておきます（ステップ1）。
　それからあなたはどこにいたとしても，呼吸をアンカーに（ステップ2），そしてしっかりとした広がりのある全身の気づきに（ステップ3），戻ることによって「安心できる」のです。こうすることにより，心のギアをシフトさせることで，次の瞬間にはより対応的でバランスのとれた心へと導くのです。
　呼吸空間法を行うことは，不快なフィーリングがもはや存在しなくなるということを必ずしも意味するわけではありません――重要なことは，あなたの心が今では，嫌悪を伴って不快なフィーリングに自動的に**反応する**というよりもむしろ，マインドフルに**対応する**という立ち位置にあるということなのです。

可能であればいつでも，3分間の実践をフルにやりましょう。それがフルにできない状況では，呼吸空間法（追加用）をその状況に合わせて，どのように創造的になれるか確認してみましょう——非常に忙しいときには，自分の心や身体に起きていることにただ瞬間的に気づきをもたらし，呼吸とともに今この瞬間に触れて，それから全身で感じ取れるかもしれません。

極めて重要なことは，嫌悪とともに自動的に反応するよりもむしろ，自動操縦から意図的に一歩抜け出すことによって不快な状況や困難な状況に対応するという習慣を身につけることです。

呼吸空間法はMBCTプログラムの礎石となるでしょう。

　MBCTプログラム全体の礎石は，最初の一歩として，嫌悪とともに自動的に反応するよりもむしろ，意図的に呼吸空間法を行うことによって，不快で困難な体験に対応することを学ぶことです。

呼吸空間法（追加用）の日々の実践記録を，いつも持ち歩いているカードやスマートフォンに記録しましょう。それから，1日の終わりに，実践するたびに下のXに○をつけましょう。

1日目　X X X X X X　　2日目　X X X X X X　　3日目　X X X X X X
4日目　X X X X X X　　5日目　X X X X X X　　6日目　X X X X X X

控えとして，必要な状況で呼吸空間法（追加用）を使った体験の1つをここに詳細に記述しましょう。

> ルイス：今日，私はかけたくない電話をしなければなりませんでした。そして，普段ならそのことで私の心はぐるぐる回っているはずでした。私は電話をして，そして何とか処理することができました。しかし，普段ならそのような電話のやりとりの後では，ずいぶん長いことその電話での会話のことを気にしていたことでしょう。今回は，電話した後がすばらしかったのです。私は電話のことについて考えるのをやめました。そしてそれについて考えることは続きませんでした。呼吸空間法をやってみて私は驚きました。呼吸空間法によって，午後の間ずっと心をかき乱す恐れのある心配事を，私から取り去ってくれたように思いました。

呼吸空間法はあなたに毎日の生活での嫌悪に精通し，それに賢く対応する機会を次から次へと提供します。

どうすれば，嫌悪のせいで不快な体験がより悪いものになるということを覚えておけるでしょうか。

多くの人々は次のイメージを発見しています。それは 2500 年前から使われている，有用なリマインダーです。

＊2 本の矢＊

もし 1 本の矢で撃たれたら，私たちは皆，身体的な痛みと心地悪さとを感じるでしょう。

しかし私たちのほとんどが，この最初の矢に続いて，2 本目の矢——嫌悪——に撃たれたとしたら，その苦しみは怒り，恐怖，悲嘆あるいは苦悩から生じてきて，最初の矢による痛みに心地悪さが付け加えられることでしょう。

より強い不幸感を私たちに引き起こすのは，この 2 本目の矢なのです。このイメージによる重要なメッセージによって，この 2 本目の矢がもたらす苦しみから解放される方法を学べます。

なぜでしょうか？　なぜなら私たちはそれを自分自身で放っているからなのです！

4．マインドフル・ウォーキング

嫌悪は強い影響力を持っており，あなたを一瞬一瞬，今を生きるということから引き離していきます。

瞬間瞬間ごと，自分の身体の中にマインドフルでいるということを確立すること——今ここに十分に在ること——は嫌悪が持つ危険性から心を守るための最も強力な方法の 1 つなのです。

落ち着いた，まとまりのある，安定した心は嫌悪の嵐に捕えられにくいのです。

身体に心が根付いた状態で，「地に足をしっかりつけて」いれば，あなたはある種の強さ，安定性，そしてあらゆる激しい悪天候に耐える不動の山のような威厳を持っていられることでしょう。

第 8 章　第 4 週：嫌悪を認めること　　129

おそらく毎日，あなたにも歩いている時間があるでしょう。例えば，駐車場あるいはバス停から職場へ，あるいは，職場や家にいてある場所から別の場所へと。これらの時間はマインドフルな存在とつながるために身体を使う貴重な機会を与えてくれます。いずれにせよあなたは歩いています——それをマインドフルにすることができるでしょうか？

　あなたはマインドフル・ウォーキングの実践を歩行瞑想のフォーマルな実践とともに，日常生活の中で始めることができます。教示は付属CDトラック7（マインドフル・ウォーキング）にあります。また，以下で要約しています。

 CD 対応 ▶ TR 7

【 マインドフル・ウォーキング 】

1. 人に見られたり邪魔されたりしないような，歩いて行ったり来たりできる場所を見つけましょう。屋内でも屋外でもよいでしょう——そして歩く長さはまちまちかもしれません。だいたい5〜10歩ぐらいがよいでしょう。

2. 一方の端に立ち，両足を平行に保ち約10〜15cm離して，ひざは穏やかに曲げられるようにゆるめておきます。身体の横側か正面にゆるく両手を保っておきます。

3. 気づきの焦点を足の裏に当て，足が地面についている身体的感覚と，身体の重みが両脚を通じて両足へ，そして地面へ伝わっていく感覚とを直接的に感じます。脚や足の明確な感覚を得るために，ひざを何度かわずかに曲げるのは役に立つかもしれません。

4. 準備ができたら，左脚が「空いて」右脚が残りの身体を支えるのを引き継ぐときの両脚や両足の身体的感覚のパターンの変化に注意を向けながら，身体の重さを右脚に移しましょう。

5. 左脚を「空け」，左かかとをゆっくりと床から離し，そうしているときのふくらはぎの筋肉の感覚に注意を向けながら，そして続けて，足先だけが床についている状態になるまで左足全体を優しく持ち上げます。両脚と両足の感覚に気をつけて，ゆっくりと左足を動かし，注意深く前に出し，左脚と左足が空中を動いているのを感じてください。そしてかかとを床に着けましょう。左脚と左足に体重を移しながら左足の裏の残りを床につけてください。左脚と左足に身体感覚が増してくるのと右脚が「空いてきて」右かかとが床から離れるのに集中してください。

6. 体重をすべて左脚にあずけ，右足の残りを持ち上げゆっくりと前に動かし，そうしている間の足と脚の身体感覚の変化に意識を向けてください。右かかとに注意を集中しつつ地面につけ，右脚を優しく地面につけながらそこに体重を移していきます。両脚と両足の身体感覚の移り変わりを意識してください。

7. この方法で，ゆっくりと端から端へと歩いていき，それからゆっくりと足

とかかとの底が地面に接するときの感覚と脚が前に振り出されるときの筋肉の感覚を特に意識してください。

8. 歩き終わるときにしばらく立ち止まり，それからゆっくりと振り返り，身体が向きを変えるときの動きの複雑なパターンに気づきを向け，それを味わいましょう。そして歩くのを続けましょう。

9. この方法で歩いて行ったり来たりし，できる限り脚や足とそれらが床につくときの身体感覚に気づきを向けましょう。視線はゆるやかに前方に向けておきましょう。

10. 歩く感覚への注意がそれてしまったと感じたら，両足と両脚の感覚へ気づきの焦点を優しく引き戻しましょう。特に，今の瞬間に再びつながるための「アンカー」として，静座瞑想で息を使ったように，足が床につく感覚を利用しましょう。もし心が一定していないと気がついたら，歩くのを再開する前に，少しの間静かに立って注意の焦点を集めるのが役に立つかもしれません。

11. 10 〜 15 分，もししたければもっと長く，歩き続けましょう。

12. 手始めとして，歩いているときの感覚に十分に意識を向けるためのよりよい機会を得るために，普段よりもゆっくりしたペースで歩きましょう。注意を保ちながらゆっくりと歩くのを心地よく感じたら，通常の歩くスピードよりも速くなるまでスピードを上げていきながら歩くこともできます。もし焦っているような感じがしたら，速く歩き始め，注意を保って，落ち着いたら自然にスピードを落とすことが役に立つかもしれません。

13. できるだけ頻繁に，歩行瞑想で養ったのと同じ類いの気づきを，普段，毎日歩いているときに使ってみましょう。

　今週は，このフォーマルな実践を毎日行う必要はありません（ただし，あなたがそれを行うこと自体は大歓迎です）。歩いているとき，身体の中にマインドフルで在り続けられるシンプルなパワーに波長を合わせられるぐらい頻繁に実践しましょう。

　今週，日常生活の中で，ある場所から別の場所へ歩いて移動する際，あなたが思い出すたびに，今日の実践と同じマインドフルであるという感覚とつながることができます。そして，多くの人たちがこの実践を愛するようになります。

> スザンヌ：私は歩行瞑想が好きです。なぜなら仕事を離れたときにそのことを意識できるからです。私は子どもたちを迎えに行かなければなりませんし，時々，学校に着くまで，ツカツカ歩いていくときもあります。しばしば，脚を踏み鳴らしてツカツカ歩いていることに気づきます。というのも急いでいて，少しだけイライラしているからです。
>
> 今では時々，そのことに気づけるようになりましたし，もっとゆっくり歩くでしょう。もう承知の通り，歩みとともに呼吸をしているでしょう。坂道の一番上で待っている子どもたちのところに実際に着くころには，私は落ち着いています。
>
> もし私がペースを落としたら，他のすべてのものもペースを落とし，そして私は今起きていることにもっと気がつくでしょう。そして頂上に着くのに 10 秒くらいかかっていたのが 30 秒か 40 秒になるでしょうが，そのほうがとても価値があります。
>
> たとえ少しくらい遅れたとしても問題ではありません。もし時間に気づけるようになると，あなたが望むときには，1 分がとてもとても長い時間になると私は思います。

マインドフル・ウォーキングでは，あなたは自分が歩いているということを知り，歩いていることを感じ，1 歩ごとに十分に存在しながら，歩くことだけのために，いっさいの目的地を抜きにして歩きます。焦点は，瞬間瞬間のあなたの動きに伴う感覚への気づきを保ち続けることにあります。感覚自体に関する思考あるいはフィーリングは手放しましょう。

4 週目の実践がうまくいきますように。

野生のガンの群れ

あなたは立派である必要はありません。
後悔しながら，跪(ひざまず)いて，
砂漠を 100 マイルも歩く必要なんてありません。
必要なことは，
ただあなたの身体の中にある静かなる野生の本能が
愛するものをそのまま愛させるだけです。
絶望について語ってください，あなたの。
それから私の絶望もお話しましょう。
その一方で，世界は回り続けているでしょう。
その一方で，太陽と澄みきった雨粒も，
草原や深い木々，山々や川を越え，
いくつもの風景を横切っていきます。
その間，野生の雁の群れは，澄んだ青空を高く，
再び故郷へと舞い戻っていくでしょう。
あなたが誰であろうと，
どれだけ孤独であろうと，
世界はあなたの想像の中にその姿を現すでしょう。
野生の雁の群れのように荒々しく，
そして生き生きとあなたに告げるでしょう。
——何度も何度も，
生きとし生けるものたちの中にある，あなたの居場所を。

メアリー・オリバー

第9章

第5週
物事をあるがままに受け入れること

オリエンテーション

　不快なフィーリングは生きる上で不可欠なものです。それら自身は，とてもやっかいなものかもしれません。そのフィーリングがさらなる問題を引き起こすかどうかは，それらにどう対応するかにかかっています。

　もし嫌悪を持って不快なフィーリングに反応したならば，それらはますますエスカレートし，すぐにまた不幸感やストレス，うつの中で身動きがとれなくなるでしょう。

　MBCTのコースでは，他の可能性を開拓することへといざないます。つまり，気づきとともに，人生における困難で不快なものに対応する，別のよりうまいやり方を見つけられるでしょう。それはまさに，もっと大きな自由へと私たちを導いてくれる方法なのです。

・・

順番待ち

　ヨシはスーパーマーケットにいました。1週間分の買い物を終え，会計待ちのレジの長い列を見渡していました。いつも，彼は会計が早く済むレジを見つけるのが得意でした。今日もレジ前の列は長いですが，1人あたりの買物量が少ない列を選んで並びました。ヨシは，今日もうまくいったと微笑みました。

　列に並んでいたはじめの2人の会計はすぐに終わり，ヨシの順番まであと2人だけでした。次の番の女性が，かごに入れた商品の中の1つを，気が変わったので別のものに交換したいとレジ係に申し出ました。彼女が言ったものを取って戻ってくるまでの数分間，レジ係の姿が見えなくなりました。ヨシはイライラ感がますます増大してくるのを感じました。

　そして次の客は，レジ係と昨晩の野球の試合について長い議論を交わしていました。ヨシは，フラストレーションと怒りの高まりを感じていました。

　ついに，前に並んでいる客がいなくなり，ヨシの順番が回ってきました。レジ係は彼に向い，微笑んで「申し訳ありません，すぐに他の者が参ります，少しお待たせいたし

ます」と言ってサッと立ち去りました。ヨシは抑えられない激怒の感情が押し寄せるのを感じました。そして新たなレジ係の到着を待ちながら，高まる怒りとともに何としてもスーパーの責任者に抗議と不満を言おうとリハーサルしていました。

　そのときです。彼は身体の中に漠然とした緊張感と不快感があることに気づきました。これは最近，参加したマインドフルネスのクラスで出会ったアイデア，そう，嫌悪のサインであることを思い出したのでした。彼はすぐにボディスキャンをし，上半身が緊張で締めつけられて，胸の中央に強い痛みがあることがわかりました。彼は気づきをまさにその中に移動させて，激しくて強い身体感覚やそれらに対する抵抗感と直接的なコンタクトをとりながら，その感覚があるところに息を吸い込んだり，そこから息を吐き出したりしました。

　すると，驚くべきことにその緊張感や怒り，フラストレーションはたちどころに離れていったのです。びっくりするほど簡単に。ヨシは驚きのあまり言葉を失いました。そして新しいレジ係が来て彼の買った商品を袋に詰めるのを，ただ微笑んで眺めました。

●●●

　ヨシが**身体の中で**体験した苦痛な感情と嫌悪に意識を意図的に**向けた**とき，それらはまるで奇跡が起きたかのように消え去ったのです。

　ここで起こったことを，私たちはどのように理解したらよいのでしょうか。まず，その状況がフラストレーションを引き起こしたということを理解するのはたやすいでしょう。次に，フラストレーションに対する嫌悪が生じ，ヨシの心と身体はフィードバックループ，つまり"嫌悪を増幅させる輪"にはまり込んでしまったのです。フラストレーション → 怒り → 嫌悪 → 怒り → 嫌悪，というように。

　嫌悪と**回避**に根差したこれらのループは，実は怒りを維持する働きをしているのです。ヨシはシンプルですが基本的な**接近**行動をとり，身体のフィーリングに対してマインドフルに波長を合わせたのです。それによって，自己永続的なこれらのループを一挙に断ち切ることができました。その結果，即時の安らぎを得たのです。

　そのような体験は，MBCTにおける中心的なメッセージを大いに強化します。**重要なのは，苦しみで身動きできない状態にさせている困難で不快なものと私たちの関係性であって，不快なフィーリングや感覚自体ではないのです。**

　しかし，ヨシの場合のような劇的な変化が必ず起こるとは限りません。単に困難に向かって波長を合わせることで嫌悪が弱まることはよくあることですが，いくらかの不快なフィーリングはまだそこにあります。つまり，さらなる嫌悪を引き起こす可能性はあるのです。

　それでは，そのようなとき，私たちはどのようにすればよいのでしょうか？

　ここで，私たちはそのままでいることを身につけることです。

136　　第II部　マインドフルネス認知療法（MBCT）プログラム

🌿 そのままでいること

困難なフィーリング，思考，感覚，内的体験を認めることは，それらが変化することや別のものになることを求めずに，それらを快く意識の中にとどめることを意味しています。

人生について異議を唱えるというよりむしろ，そこにすでにある私たちの体験を認めることなのです。

Q それは，忍従するということと同じことでしょうか？

A まったく違います。忍従しているときは，自分がそのときに体験していることを，体験したくないけれどもなすすべがなく受動的に耐えているのです。そのままでいることは，すすんで体験を受容し，それに対して寛容でいるという，積極的な態度を含んでいます。それは意識的な関与とエネルギーを必要とする作業です。そのままでいることにおいては，嫌悪に対して自動的で習慣的に反応するような犠牲者のままでいるのではなく，どのように反応するのかを自ら<u>選択</u>しているのです。

　何かを気づきの中で穏やかに抱えるということができれば，その何かに向き合い，名づけて，それに働きかけることができるのです。

そのままでいることは，私たちの多くが慣れていないことです。困難な体験に対して，このように根本的なところから関わり方を変えることは決して簡単なことではありません。

13世紀の詩人であるルーミーが著した「ゲストハウス（The Guest House）」という詩があります。この詩は，私たちに求められている大きな態度の転換を豊かな表現で力強く伝えてくれています。

　「ゲストハウス」

　　人はゲストハウス
　　毎朝，新しい訪問者がある

　　喜び，落ち込み，卑しさ，
　　思いがけない来客に気づく瞬間もある
　　みんな歓迎しましょう！
　　たとえそれが
　　すべてを一掃してしまう
　　悲しみの群れであったとしても

第9章　第5週：物事をあるがままに受け入れること　　137

それでも，来客それぞれを立派にもてなすのです
来るべき喜びのために
清めてくれているのかもしれません

暗い考えや，恥，恨み
みんな笑顔で迎え入れましょう

誰が来ようとも感謝するのです
彼らは彼方からの使者として
送られてきているのですから

ルーミー

この詩で，何が一番印象的でしたか？　通して読んでみて，特に注意が引きつけられた言葉や行にアンダーラインを引いてみましょう。感じたことや考えを以下に書きとめてみましょう。

Q これはとても非現実的です！　私には無理な気がします。

A 詩では，あえて大げさに招き受け入れる態度で表現していますが，困難な体験に対して私たちが新しい関係性を養い，実践し始めることは，実際にできることです。今週，今すぐにでも実践することで，自分自身で確認することができます。

Q どうすれば，うつや恥，劣等感を好きと思えるのでしょうか。

A この点をはっきりさせることはとても重要なことです。私たちは実のところ，不快な考えやフィーリングを<u>好き</u>でいる必要はないのです。宿屋の主人が，訪れてくるすべての宿泊客を好きであるということはおそらくないでしょう。しかし，その一方で，門前払いで宿泊を拒否するということもおそらくないでしょう。それぞれの客を立派にもてなし，迎え入れ，客が希望する限り滞在させます。そして出発するときにはお見送りしてくれます。私たちは同じように，心に訪れる来客をもてなすことができるでしょうか。

Q それでは，どのようにすれば心への来客を<u>立派にもてなせる</u>でしょうか。

A できるだけ，すべての体験を尊敬と配慮を持って，もてなしてください。すべての体験につながりと関わりを持とうとしてください。それがどんな嫌な体験であっても，意識の中にとどめてください。今，この瞬間に在るものとは違うものを必要としたり，要求したりすることなく，そのままにしておくのです。

Q まさに今，私に対してたくさんの災いをもたらしている人がいます。……私と私の子どもたちを罵倒したり冷酷な態度をとったりするのです。どうすれば私はこのことを許せることができるでしょうか。

A 私たちが話題にしているのは自分のフィーリングをそのままにしておくことであり，他者から受けた不当な扱いを許すということではないと理解しておくことがとても重要です。そのままにしておくことへの第一のステップは，<u>実際に起きていることを明瞭に観ることなのです</u>。ある関係の中でひどく不当な扱いを受けたならば，行動を起こす必要があるのかもしれません。実際に起きていることをあえて観ないために（実際は観えているのですが），多くの人はいろんなことをとても長く我慢しているのです。その人が変わろうとする意志や力がないときは，自分自身を責めたり，誰かを変えることができるという考えの罠に陥っているのかもしれません。あなたの<u>フィーリング</u>がここに在ることを認め，思いやりと慈悲の心でそれらを受け入れることで，より明瞭にこの先の道を観ることができるのです。

1 week
2 week
3 week
4 week
5 week
6 week
7 week
8 week

第9章　第5週：物事をあるがままに受け入れること　　139

そのままでいることを養うことがなぜ大切なのでしょうか

不快なフィーリングや感覚，思考を体験するたびに，私たちは人生の岐路に立っているのです。

私たちがする選択は，その直後とその先にある道での幸せに影響するのです。

選択1：嫌悪に自動的に反応する——ネガティブなフィーリングや身体感覚，思考を追い出す必要があるため。

▶▶▶ この反応で，心／身体は反応の最初の鎖の輪を作り上げるので，その結果，望まない苦痛な感情状態から抜け出せなくさせるのです。

選択2：たとえ，自分にとって好ましくないものであっても，できる限り，ネガティブなフィーリングや感覚，思考がそこに在ることを認め，意図的に心を1つにまとめていく。

▶▶▶ この道を進めば，私たちは新たな方向へ心を向かせる意義深く，力強い一歩を踏み出すことになるでしょう。つまり，"望まないもの"から"開かれたもの"へと，基本的な心構えをシフトさせるのです。

この選択によって習慣的になっている自動的な反応の連鎖を，初期の段階で断ち切れるようになります。そのとき，体験は新たな方向へと広がり，自責による落ち込み，不安に対する恐怖，怒りのもやもや感，ストレスによる疲労感に陥ることが減るかもしれません。

気づきの中で，瞬時に嫌悪に対して反応をせず，不快な体験のままでいることが，そのときその場ですぐに取り除こうともがくことで生じる苦しみを解消するのです。

 "望まない"という態度から"寛容な"態度へと，体験への基本的な態度をシフトすることで，習慣になっている自動的な反応の連鎖を初期段階で断ち切ることができるのです。

そのようなシフトによって，生活上の困難な体験の1つ1つに当てはまるといわれている伝統的な瞑想における2つの"真理（truths）"を自分自身で探索する機会を得ることができるのです。

- すべての不快なフィーリングは，無理に追い出そうとしなければ，ひとりでに**通り過ぎていきます**。
- 不快なフィーリングがあるときでさえ，私たちはある種の平穏と安らぎを体験します。

日々の実践

> 5週目は，7日間のうち6日，これらのエクササイズを練習してみましょう。
> 1. 静座瞑想：困難に働きかける
> 2. 3分間呼吸空間法－標準版
> 3. 3分間呼吸空間法（対処用：追加の教示と一緒に）

1. 静座瞑想：困難に働きかける

 くつろいで，物事を変えようともがき苦しむことから自分を解放しましょう。

困難で望まない体験に直面したときに，そのままでいることを養うための3つのステップがあります。

▶ステップ1
不快な体験と関連した最も強い感覚が身体の中のどこにあろうと，ていねいにそして意図的に，気づきを向けていきます。その困難の最もはっきりとした特徴がネガティブな思考やフィーリングであったとしても，注意深く観察すれば多くの場合は身体の中のどこかにその場所を見つけることができます。そこでは体験とのつながりを感じ取れる感覚があります。

▶ステップ2
身体の中であなたがどのようにその体験に関わっているか，つまり萎縮しているとか，押しやるとか，望まないとかという感覚に対して，**穏やかで優しい気づきをもた**らしましょう。身体の中の嫌悪反応を感じることができますか？

▶ステップ3
できるだけでかまいませんので，困難な体験とそれに対する**嫌悪がここにあることを許しながら**，それらと結びついた身体感覚に**関心のある，友好的な気づきを向け続け**ましょう。あなたが気づきの中で感覚を抱えながら，穏やかな好奇心を持って，その感覚を**探求**してみましょう。つまり，ここでの体験をそのままにして，その体験とつながったままでいましょう。

第1，3，5日目は，「困難に働きかける瞑想」を実践します（付属CDトラック12）。次ページに要約を載せておきます。

第2，4，6日目は，第4週（p. 119～121）に行った静座瞑想を実践します。今回は，オーディオのガイダンスなしで，静かに，できるだけ，自然に湧き起こってくるあらゆる困難なものに対して，うまく対応することを忘れないようにしましょう。

CD 対応 ▶ TR12

【 困難に働きかける瞑想
　　——困難を迎え入れ，身体を通して困難に働きかける 】

1. まず，ある程度落ち着くまでこれまで紹介してきた（p. 89 〜 93）呼吸と身体のマインドフルネスを練習しましょう。そして，準備ができればこの追加の教示にできるだけ従ってやってみましょう。

2. これまでは，座っていて心が苦痛な思考や感情に引きつけられていることに気づいたとき，教示はシンプルなものでした。心がどこに行ったのかを知り，穏やかにそしてしっかりと注意を呼吸や身体，もしくは焦点づけようとするものに戻しましょうというものでした。

3. 今，あなたは今までと違う対応の仕方を開拓することができます。苦痛な思考やフィーリングから注意を戻す代わりに，今度はその思考やフィーリングが心の中にあるままにしておいてください。その後，注意を身体の中に移し，思考や感情と一緒に現れる身体感覚に気づくかどうか観察してみてください。

4. そして，そのような感覚を確認したら，慎重に，その感覚を最も強く感じる部分に注意を移動させて焦点を合わせてください。おそらく，息を吸うときにこの部分に**"息を送り込み"**，息を吐くときに**"息を送り出す"**とイメージすることができるでしょう。そう，ボディスキャンで練習したのと同じように，感覚を変化させようとするのではなく，それらを調べ，はっきりと観察するのです。

5. もしそのときに困難や心配事が表れてこず，なおかつこの新しい関わり方を開拓したいと思うなら，意図的にその瞬間にあなたの生活で続いている困難を思い浮かべることをしてもいいかもしれません。少しの間なら付き合ってもいいと思えるものがよいでしょう。非常に重要だったり危機的なことであったりする必要はありません。自分で少し不快だと気づいているようなもの，未解決なものであればいいでしょう。おそらく対立や意見の相違，そのことで怒りや後悔，罪悪感を感じるようなものが登場するのではないでしょうか。もし何も思い浮かばなければ，最近のことでもはるか昔のことでも，扱いにくさを感じた体験を選んでもいいかもしれません。

6. ここで，心配や激しい感情などの困難な考えや状態に，注意や気持ちを集中させながら，困難とそれに対する反応を引き起こしている身体感覚に波長を合わせることに時間をとってみてください。

7. どんな感情が身体の中で起こっているのか，心の中で書きとめ，近づき，そして調べることができるでしょうか。喜んで応じ，迎え入れる態度を持って，それらの身体感覚にマインドフルになり，その感覚が最も強い場所に注意の焦点を慎重に合わせましょう。

8. 息を吸い込むときに身体のその部分に息を送り込み，吐くときにそこから息を送り出すこと，感覚を探究すること，ある瞬間から次の瞬間で感覚の強さが強くなったり弱くなったりすることを観察することも行いましょう。

9. いったん意識が身体感覚上に落ち着き，その身体感覚が意識の範囲内に鮮明に存在するようになったら，不快かもしれませんが，体験しているすべての感覚に対して受容的でオープンな態度を深めましょう。時々こんなふうに自分に語りかけましょう：「今ここにある。それに対してオープンになっていいんだ。それが何であっても，ここにすでにあったんだ。さあ，オープンになろう」。気づいていく感覚に対して優しくオープンになり，意図的に緊張や身構えを手放しましょう。「優しくなっている」「オープンになっている」と，息を送り出すたびに自分に語りかけましょう。

10. その後，気づきとともにそこに留まってみましょう。身体感覚と，それに対してどんな関わりを持っているかを感じながら，ともに呼吸し，受け入れ，その存在をあるがままにし，あるがままであることを認めることができるかやってみましょう。

11. "すでにここにあったのだ"もしくは"それでいいんだ"と心の中で唱え，決して特定の状況を判断しているわけではなく，すべてうまくいっていると言っているわけでもないということを心に留めておいてください。ちょうど今ここで，身体の中の感覚にオープンであり続けるように心を手助けしているにすぎないことを覚えておきましょう。

12. これらの感情を，好きになる必要はありません。自分の近くにあってほしくないと感じるのは自然なことなのですから。「それらの感情を望まないこと自体は変えなくてもいいのだ。ここにすでにあったのだ。それらに対してオープンでいよう」と言って，自分に手助けをしてもいいかもしれません。

13. こんなことをやってみてもいいかもしれません。一瞬一瞬の感覚と**ともに呼吸をし**ながら，身体感覚と呼気の出入りの感じの両方を気づきの中に留めておく実験をしてみるのです。

14. 身体感覚が，もはや前のような強さであなたの注意を引きつけなくなったと気づいたら，はじめに注意を向けたように，ただ座って呼吸していることに注意を戻してください。

15. もし強い身体感覚が発生しなければ，あなたが気づいたどんな身体感覚に対してでも自由にこのエクササイズを試してみていいでしょう。感情的な高ぶりが伴わないときでもかまいません。

1 week

2 week

3 week

4 week

5 week

6 week

7 week

8 week

第9章 第5週：物事をあるがままに受け入れること 143

体験をそのままにしておくことは，別のある状態をつくり出すということはなく，起きているどんなことに対しても，シンプルに受け入れるためのスペースをつくることを意味します。

毎日，静座瞑想の後に，体験したことを2～3さっとメモしておきましょう。

1日目（オーディオで）

あなたは身体のどの部位で，(1) 何らかの困難，(2) 何らかの嫌悪，望まないこと，抵抗を感じましたか？　もし感じ取れたならば，その困難や嫌悪に何が起きていたのでしょうか。

他に何かありましたか？

Q 私はいやな気分になりました。なぜかというと，困難を心に招き入れることができなかったからです。

A 問題ありません。このことがあなたに，その瞬間における真の"困難"，つまり，自分が望むような実践をできていないという不快なフィーリングとともにいる，という機会を与えてくれるのです。

 この実践であなたが活用する困難は，ほんのささいなものでかまいません。少し不安を感じるもので十分です。

2日目（オーディオなしで）

あなたは身体のどの部位で，(1) 何らかの困難，(2) 何らかの嫌悪，望まないこと，抵抗を感じましたか？　もし感じ取れたならば，その困難や嫌悪に何が起きていたのでしょうか。

他に何かありましたか？

Q うまくいかなかったです。不快なフィーリングは，まったく消え失せてくれませんでした。

A それでまったくいいのです。おかしなことのように聞こえるかもしれませんが，実際には，フィーリングそれ自体を変えようとしていないのだと覚えておけばよいでしょう。その意図は，気づきの中でのフィーリングの抱え方を和らげることなのです。フィーリングに対する嫌悪との関係性をゆるめることなのです。その関係性は私たちを感情的苦痛でがんじがらめにしていたものです。時に，フィーリングそれ自体が変化します（たいていは変化しないですが）。

> ジェイラ：心に困難を招き入れたとき，喉のちょうどこのあたりにそれを感じました。窮屈で，締めつけられて，まるで首に何か巻きついたような感じでした。息ができなくなるんじゃないかというくらいでした。本当に嫌でした。この事態を解決しようといろんなことを試みました。ほら，わかりますよね，息を吹き込んだり，リラックスしたり，他にも全部試してみました。でも決して離れていきませんでした。少しパニックになり始めました……このままだったらどうしよう？　そのとき，CDからの声は，身体の中の感覚とどのように関連しているか気づくように語りかけてきました。それまでは，これが何を意味しているか理解していませんでした。このとき私はわかったのです！　それは喉のところにあるフィーリングのことだけを言っているのではなく，これらのフィーリングがあることを望んでいない！！　という事実のことを言っているのだと。今ここにあるけれど見えていないものはあるか？　……感じていないものはあるか？　と心の中で呟きました。再びボディスキャンをしました。この"望まないこと"それ自体が身体感覚を持っていることを発見しました。喉にではなく，腹部のほうにありました。私はすぐに，穏やかに，この部位に，注意を向け始めました。するとすぐに，腹部と喉にあったフィーリングが消えていったのです。そうなるとは期待していませんでした。振り返ってみると，物事を変化させようとしなかったことがよかったのだと思います。私は本当に驚き，感動したことをはっきりと覚えています。

1
week

2
week

3
week

4
week

5
week

6
week

7
week

8
week

第9章　第5週：物事をあるがままに受け入れること　　145

ジェイラのように,時には実践に伴って,困難とそれに対する嫌悪の違いを身体で非常にはっきり感じ取ることができるかもしれません。そして困難そのものに対してはなすすべがなくても,それに対する嫌悪は和らげられることがわかるでしょう。

3日目(オーディオで)

あなたは身体のどの部位で,(1) 何らかの困難,(2) 何らかの嫌悪,望まないこと,抵抗を感じましたか? もし感じ取れたならば,その困難や嫌悪に何が起きていたのでしょうか。

　　　　　　　　　　　　　　　　　　　　　　　　　
　　　　　　　　　　　　　　　　　　　　　　　　　
　　　　　　　　　　　　　　　　　　　　　　　　　
　　　　　　　　　　　　　　　　　　　　　　　　　
　　　　　　　　　　　　　　　　　　　　　　　　　

他に何かありましたか?

　　　　　　　　　　　　　　　　　　　　　　　　　
　　　　　　　　　　　　　　　　　　　　　　　　　
　　　　　　　　　　　　　　　　　　　　　　　　　

4日目(オーディオなしで)

あなたは身体のどの部位で,(1) 何らかの困難,(2) 何らかの嫌悪,望まないこと,抵抗を感じましたか? もし感じ取れたならば,その困難や嫌悪に何が起きていたのでしょうか。

　　　　　　　　　　　　　　　　　　　　　　　　　
　　　　　　　　　　　　　　　　　　　　　　　　　
　　　　　　　　　　　　　　　　　　　　　　　　　
　　　　　　　　　　　　　　　　　　　　　　　　　
　　　　　　　　　　　　　　　　　　　　　　　　　

他に何かありましたか?

Q ずいぶんと昔の，なじみのある困難が現れました。私はそのせいで起こったすべての苦しみに非常に怒りを感じました。そしてその困難を解決できなかった自分にも怒りを感じていました。

A そういうときには，思いやりがMBCTの基礎にあるということを思い出してみてください。

自分自身に思いやりを持つということは，優しくあることを意味します。「こんなフィーリングを好きにならなくても大丈夫。そのフィーリングと一緒にいたくなくても大丈夫」と自分に語りかけることなのです。瞬間瞬間に湧き起こってくるものへの思いやりとは，「大丈夫，君はここにいるんだね。私は君を好きでないけれど，ここにいても大丈夫」と伝えることです。私たちは近づいていき，恐れているものに対してゲストハウスを開き，迎え入れるためのレッドカーペットを敷くのです。

私たちはすべての体験に対して意図的に，基本的な思いやりの感覚をもたらすことで，嫌悪から力を奪うのです。そして，判断せず，違ったものにしようとせず，体験をあるがままにしておくのです。

このことがはっきりわかると，私たちはむしろ何を変えるべきなのか，選択することができます。

> **5日目（オーディオで）**

あなたは身体のどの部位で，(1) 何らかの困難, (2) 何らかの嫌悪, 望まないこと, 抵抗を感じましたか？　もし感じ取れたならば，その困難や嫌悪に何が起きていたのでしょうか。

....
....
....
....

他に何かありましたか？

....
....
....

Q 私はガンを患っている友達のことを考えていました。そのことに対してどうして「大丈夫だよ」と言えるのでしょうか。だって大丈夫ではないじゃないですか！

A 「大丈夫だよ」というのは，あなたの友達がガンを患っているという事実に対して言っているのではありません。その言葉は，その特定の瞬間においてのみ，ただ役に立つということなのです。その状況ですでにあなたが感じていた恐怖や怒り，罪悪感とともにいることを助け，そして苦悩や嫌悪を弱めてくれます。すでにあるものと戦う代わりに，ただ感じるように，あなたを穏やかに勇気づけるのです。ここでの「大丈夫だよ」というのはそういう意味なのです。

マリア：心に困難を招き入れると，身体全体が本当に窮屈で締めつけられるような感じになりました。そのとき，身体に息を吹き込むと，突然とても大きな空間のようなものを感じました……空気が出たり入ったりする感覚とともに。ほら，休暇から戻ってきて，すべてのドアや窓を開け放つと，空気がそこに入り込んでくる……そんな感じでした……困難に対する緊張はまだそこにありましたが。でも私は思ったのです，"ああ，まだそこにいるのね，でも気にしないでいいわ，窓は開いて風は通っているし，それでいいのよ"と。困難のための空間がより広くなり，多少なりとも困難を見つめることができたのです。

身体のフィーリングはまだ少し窮屈でしたが，先ほどの感覚よりはずいぶんと楽になり，いくぶん空気があたりを流れていました。はじめは，それがすべてでした。なぜなら，わかるかと思いますが，それほど窮屈だったので，それ以外何もなかったのです。頑丈な岩の塊のようでした。それは巨大なものでした。あまりにも頑丈で避けて通ることもできないくらいだったのですが，そのときには縮んで小さな石になりました。それは石のままではありましたが，小さいものでした。

本当によかったです。なぜなら，私は多分，問題を押しのけようとして，その上に座っていたようなもので，問題が表面化しないようにしていました。単に，前からそこに存在していたことさえも認めていなかったのです。私を打ちのめすかもしれないと思っていたのです。今は問題とただ一緒にそこにいる，ということができることがわかってきました。

 そのままでいることは，嫌悪にとらわれることから私たちを自由にしてくれます。より優しく，もがくことなく困難を抱えておくことのできるスペースを与えてくれます。

たいていの場合，そのままでいることが，もともとあった不快なフィーリングを直接的に取り除くことはないでしょう。

6日目（オーディオなしで）

あなたは身体のどの部位で，(1) 何らかの困難，(2) 何らかの嫌悪，望まないこと，抵抗を感じましたか？　もし感じ取れたならば，その困難や嫌悪に何が起きていたのでしょうか。

他に何かありましたか？

2．3分間呼吸空間法－標準版

　先週と同様，**今週は毎日**1日3回，前もって決めた時間に3分間呼吸空間法を行います。付属CDの音声案内なしでできるかどうか，やってみてください。

　実践の経過を追うために，あなたが行った呼吸空間法について，1日の終わりに下の記録表（実践3回）のRに○をつけましょう。

3．3分間呼吸空間法（対処用，追加の教示と一緒に）

　今週は毎日，標準版のものに加えて，**不快なフィーリングや緊張，抵抗感，あるいはまた，物事があるがままでいることを望まないという感覚に気づいたならば**，いつでもけっこうですので，呼吸空間法を行ってみましょう。

　ほんの短時間でも対処として呼吸空間法を行い，そのときに（スマートフォンや持ち歩いている紙に）メモをするようにすることで，意図的にこの実践を継続することができます。1日の終わりに，とっさの対処法として行った呼吸空間法については，表のXに○をつけましょう。

日	標準版　呼吸空間法			対処用　呼吸空間法									
1日目	R	R	R	X	X	X	X	X	X	X	X	X	X
2日目	R	R	R	X	X	X	X	X	X	X	X	X	X
3日目	R	R	R	X	X	X	X	X	X	X	X	X	X
4日目	R	R	R	X	X	X	X	X	X	X	X	X	X
5日目	R	R	R	X	X	X	X	X	X	X	X	X	X
6日目	R	R	R	X	X	X	X	X	X	X	X	X	X
7日目	R	R	R	X	X	X	X	X	X	X	X	X	X

第9章　第5週：物事をあるがままに受け入れること

拡張した教示を使った，下記の呼吸空間法を使って探索することもできます。（付属 CD トラック 9，3 分間呼吸空間法－拡張版）

【3 分間呼吸空間法－拡張版】

　これまで，標準版の呼吸空間法を 1 日に 3 回，そして，必要なときはいつでも練習してきました。身体や心に問題を感じたときはいつでも，まずは呼吸空間法を使ってみることを提案しました。そのときに役立つであろう追加の教示を紹介します。

1．気づき

　これまで，気づきの焦点を内的な経験に向け，考えや感情，身体感覚において何が起こっているかに気づく練習を重ねてきました。

　ここで，生じていることを説明し明らかにすること，体験を言葉にすることが役に立つかもしれません。（"怒りのフィーリングが起こっている" または "自己批判をする考えがある" などと心の中で言うように）。

2．注意を向け直す

　これまで，呼吸にすべての注意を優しく向け直し，息の出入りをずっと追いかけることを練習してきました。

　それに加え，頭の片隅で「吸って」「吐いて」と唱えたり，1 から 5 まで呼吸を数え，そのときに「吸って，1……吐いて，1；吸って，2……」と数えたりするのもいいかもしれません。

3．注意を広げる

　これまで，全身に注意を広げ，姿勢や表情に気づき，身体の中のすべての感覚をあるがままに持ち続けるように練習してきました。

　ここで，あなたが望むならこのステップに踏み出すこともできます。特に不快感，緊張，抵抗といった感覚に対して行います。これらの感覚が存在したら，吸う息でそれらの感覚に "呼吸を送り込み"，吐く息でそれらの感覚から "呼吸を送り出し" てゆるめ，オープンになるのです。そして「大丈夫，何があっても。もともとそこにあったのだから，感じていよう」と自分に語りかけるのです。

　できるだけ，この広げられた気づきを次の瞬間へと向けましょう。

Q 「怒りのフィーリングが起こっている」と言うのはおかしいように思います。単に「私は怒っている」と言えばいいのではないですか？

A 「Xという感情がここにある」と言うことはその瞬間の体験を端的に記述しているだけです。「私はXだ」と言うのは、その感情と自分を同一視してしまうクセを強化します。「それは私だ」は、自らに言い聞かせるすべてのストーリーの始まりであり、反すうと心配で身動きをとれなくさせるのです。自分自身への語りかけ方を変えることは、物事と自分自身との結び付きを弱めるシンプルな方法なのです。

Q 対処用の呼吸空間法は、単に物事を立て直すための、別の巧みな方法ではないのですか？

A 体験をその瞬間のあるがままとして単に認める方法として呼吸空間法を使うことと、不快なフィーリングを取り除くよう"機能する"ことを願って呼吸空間法を使うこととの間には明らかな違いがあります。極めて重要なことは意図なのです。つまり、望まないフィーリングを取り除こうという隠された思惑を持ってどんなに対処しても、簡単に裏目に出てしまいます。問題は自分に正直であること、そしてできる限り、思いやりの行為として本当に"そのままでいること"の可能性を探索することなのです。

今週のいつでもいいので、対処用の3分間呼吸空間法が役に立ったと感じた場面を1つあげて、以下のことついて書きとめておきましょう。
困難はどんなものでしたか？　どう反応しましたか？　どんな効果がありましたか？

1
week

2
week

3
week

4
week

5
week

6
week

7
week

8
week

第9章　第5週：物事をあるがままに受け入れること　　151

チャオ：先週の月曜日，私は入院中の父のもとを訪れることになっていました。そこに着いたときに，何を見つけるかはわからないですよね。……だって，あまりにたくさんの一貫しないメッセージを受け取ることになるのですから。日曜日の早朝，怖れとパニックを感じながら目覚めました。それで，私は，"不快な出来事，不快な出来事，不快な出来事"と考えたのです。その考えたことは，実のところ経験したことがないことでした。"今，本当は何を感じているのだろう？"と思いました。

本当は喜んでいました。なぜならば，"胃がむかむかしている，こぶしを握り締めている，私は呼吸とともに困難を抱えている"と考えていたからです。

……そして私は呼吸法を始めました。……困難は増進しませんでした。……そう，増進しなかったのです。すべてのことがコントロールできないわけではないと感じ，私は本当にうれしかったです。結局のところ，すぐにすべてが解決するわけではありませんでした——まだそこにありました——。しかし，それはとてもとても役に立ちました。

　この章では，望まない**感情的な**苦痛に対してそのままでいることという，関係性をいかに身につけるかということに焦点が置かれていました。章の終わりに，MBCTによって**身体的な**苦痛との関係性が変化したレキシーの話を紹介しましょう。

レキシー：2007 年に，私は交通事故に遭い，背中に深刻なけがを負いました。このことで私は消耗し，ひどい痛みのために大学に復帰するまでに 1 年間休学しました。

結局，研究のために大学に戻りましたが，痛みをやり過ごすためにたくさんの薬を飲み続けなければなりませんでした。

この春，私は 8 週間のマインドフルネスプログラムに参加し，人生が変わりました。身体全体への気づきを身につけ，さらにその気づきを通して痛みへの対処がよりうまくできるようになったのです。それは痛みを無視せずにその存在を受け入れることを私に教えてくれました。それにより痛みが，思考，フィーリング，行動にそれほど影響を与えなくなったのです。私は痛みに対し，今までと違った関係性を持ち始め，新しいやり方で痛みを眺めるようになりました。それはまた，私の姿勢を改善するのにも役立ちました。

プログラムの最後のほうになって，初めて，痛み止めの薬を手放すことができると感じたのです。そして，学んできたこの基本的な瞑想の実践や技法が取って代わりました。それは日常生活に簡単に組み込めるものでした。

プレリュード

　もし，より思いやりのある，より今を大事にする，より愛情がある，
あるいはより賢い人間に自分を変える必要などないとしたら
どうでしょう？

　それは，あなたが「より良く」なろうと際限なく努力している，
あなたの人生の様々な場所において
どのような影響を与えることになるでしょうか？

　もし，あなたがなすべきこととは，
ただ単に，すでに優しく，思いやりがあり，
精一杯生きることができ，情熱を持って今この瞬間に存在している
あなたの本質を開花させ，露わにすることであるとしたら
どうでしょう？

　もし，尋ねるべき質問が
「なぜ私は，『本当はこうなりたい』と思っている自分に稀にしかな
れない人間なのか」ではなく，
「なぜ私は，稀にしか，『本当の自分になりたい』と思わないのか」
であるとしたらどうなるでしょう？

　学ばなくてはと思っていることをそれはどう変えるでしょうか？

　もし，真の自分になることとは，努力によって達成されるのではなく，
自己の内にあるものの姿を表すために必要な励ましを与えてくれる
人々，場所，実践を認識し受け入れることにより達成されるとしたら
どうでしょう？

　それは，今日１日をどのように過ごすかという選択を
どのように形作るでしょうか？

　世界の中に美しいものを作るために動こうとする衝動は，
あなたが単に注意を払い待つことで自己の奥深くから生じ，
あなたを導くのだということを，もしあなたが知っていたとすれば
どうでしょう？

　それは，あなたの静寂，あなたの動き，
この衝動に進んで従おうとするあなたの気持ち，
すべてを解き放ち踊ろうとするあなたを
どのように形作るでしょうか？

オライア・マウンテン・ドリーマー

第10章

第6週

思考を思考として観る

オリエンテーション

　　　ジョンは学校に向かう途中でした。
　　　彼は数学の授業のことを心配していました。
　　　今日もクラスをうまくまとめる自信がありませんでした。
　　　それは用務員の職務ではありませんでした。

読み進める前に，少し時間をとって，あなたがどのようにこの文章を理解したのか，書きとめてください。

> ルー：最初，私は数学の授業を心配し学校に向かう小さな男の子のことだと思っていました。すると，ハッと，男の子ではなく教師のことなんだと思いました。そ れから，最後の行を見て，それは教師のことではなく，用務員の話であると理解するのに，別の心のスイッチに切り替えなくてはなりませんでした。

このちょっとしたエクササイズでの，いくつかの非常に重要なポイントを以下に示します。

- 私たちの心は絶えず，感覚を通じて得たものに"意味を与えよう"としています。
- これらの意味づけはたいてい，情報のほんの一部分に基づいています。つまり，私たちがいつも作りたがる意味はありのままの事実をはるかに超えたものなのです。
- その結果，私たちが創造する意味づけは，実際に起きている真の姿を反映していません。なぜならば，先のエクササイズのように，私たちは新しい情報と照らし合わせ，自分の物事の捉え方を繰り返し更新しているからです。
- 私たちは絶えず，受け取った情報に余分なものを加え，誰かが現れて，私たちに一杯食わせてくれない限り（この章の冒頭のように），強引に意味づけしているのが自分自身であることに気づけないのです。つまり，私たちはあるがままに，物事を見ているのだと考えてしまうのです。

* *
オフィスで

少し時間をとって，次の場面をできるだけはっきりと想像してみてください。

あなたは職場で同僚と口論をし，気分が落ち込んでいます。ほどなく，廊下で別の同僚に出くわし，その人は「今はちょっと……」と言い，急いで去っていきました。

あなたの心をよぎった思考をここに書いてください。

----
* *

今度は，次の場面をイメージしてください。

　　あなたと同僚は良い仕事をしたと賞賛され，あなたは幸せな気分です。ほど
　　なく，廊下で別の同僚に出くわし，その人は「今はちょっと……」と言い，急
　　いで去っていきました。

あなたの心をよぎった思考をここに書いてください。

さあ，2つのシナリオに対して，あなたが書いた回答を振り返ってみましょう。
2つの状況における，あなたの思考に関して気づいたことを何でも書きとめてく
ださい。

第10章　第6週：思考を思考として見る　　157

Q ルー：最初のシナリオでは，彼女が私に敵意を感じていたか，私に関する悪口を聞いたので，同僚は急いで去っていったと考えたのでしょう。私は心の中で何度も繰り返していたのです。「なぜ彼女は私に話しかけてくれなかったの？」と。

2番目のシナリオでは，彼女は行かなければならない会議があるのだと考えました。彼女は私を妬んでいたのかもしれないと，一瞬思いましたが，そこは深く考えませんでした。

A これって興味深くないですか？　私たちは，「同僚が"今はちょっと……"と言い，急いで去っていきました」というまったく同じ客観的状況をみました。しかし，2つのまったく異なる解釈は，まったく異なるフィーリングを導きました。一方は混乱と心配を，もう一方は気にならないというフィーリングを。心が付け加えてしまう"余分なもの"は，私たちが体験してきた心の枠組みに応じて，異なってくるでしょう。とりわけ私たちの心の枠組みは，まさに今私たちに起こっていたことを，別の何かに変えて映し出します。異なる解釈は，異なる心の枠組みを現しているのです。口論は，自己批判の心の枠組みを作り出し，賞賛はよりポジティブな枠組みをつくり出します。

　　　　心の枠組み　→　解釈　→　フィーリング

　出来事についての私たちの解釈は，実際にそこにあるものと同じ程度か，もしくはそれ以上のものを映し出します。
思考は事実ではありません。（思考がそうであると言ったとしても！）。

気分やフィーリングは，私たちの心の枠組み（それは私たちが世界を見るレンズです）を形成する上で大いに影響します。心の枠組みは，次々に，私たちの思考パターンを形成していきます。気分次第で，思考パターンはそれらを形作ったフィーリングと似たテーマを，しばしば呼び起こします。例えば，絶望的なフィーリングは絶望的な思考を導き，優しいフィーリングは慈悲深い思考を導くといったように。

　フィーリングは，関連した思考パターンを生み出します。

フィーリングと思考のテーマがこのように絡み合うとき，それらの思考パターンはまずそれらを形作るフィーリングを再創造します。フィーリングを維持するだけでなく，さらにフィーリングと思考の緊密な関連は，思考を事実のように思わせます。

　思考と気分が絡み合うとき，思考は強い説得力を持ち，思考を思考として観ることがとても難しくなります。

このように，苦痛な感情が維持され，悪循環に陥るのです。

Q OK，私がこのことを理解するならば，その後どうなりますか？　何をしなければなりませんか？

A どちらにしても，私たちはがんじがらめにしているフィーリングや心の枠組みから自分自身を解放しなければなりません。しばしば，私たちの思考は良い起点となります。思考のテーマを認めることで，心の深いところで何が起こっているのか，知る手がかりを得ることができます。

Q そして，自分のまわりにある思考を認めた後は？

A 重要なのは思考との新しい関係性を学ぶことです。つまり，思考を，"実際に起きている"かのような事実としてではなく，心の中で現れて，過ぎ去っていく精神的な出来事として関係づけることです。
そうすることで，あなたを感情的苦痛に追い込む思考－フィーリングのしがらみループから心身を自由にすることができます。
関係性におけるシフトは，今週の日々の実践の焦点となります。

日々の実践

第6週では，**7日間のうち6日**はこれらの各エクササイズを実践してください。
　1．静座瞑想：思考を精神的な出来事として関係づけることに焦点を当てながら
　2．3分間呼吸空間法－標準版
　3．3分間呼吸空間法（対処用：思考に焦点を当てながら）
加えて：
　4．早期警告システムをセットアップする

1．静座瞑想：思考を精神的な出来事として関係づけることに焦点を当てながら

毎日，少なくとも40～45分はガイドに従って静座瞑想を実践しましょう（付属CDの次のトラックから選んでください：10分間静座瞑想（トラック4），20分間静座瞑想（トラック10），ストレッチと呼吸瞑想（トラック6），困難に働きかける瞑想（トラック12））。あなたは，20分の瞑想を2回，あるいは，20分の瞑想と10分の瞑想を2回組み合わせて，40～45分の瞑想を行ってもいいですし，1回40分の瞑想を行うこともできます。日々，様々な組み合わせを試してみてください。
　たとえどんな瞑想を使っても，思考を思考として，つまり"あなた"でも"真実"でもない，通り過ぎる精神的な出来事，として関わることができるということを心に留めておいてください。

第10章　第6週：思考を思考として見る　　159

【 思考を精神的な出来事として観る 3 つの実践方法 】

オプション 1：あなたの注意が，意図して焦点を当てていたところ（呼吸，身体，音など）から徐々に漂い出していることに気づいたら，あたりにあるすべての思考やイメージ，記憶を認識するのに十分な**合間をとってください**。それから，思考を思考としてみるリマインダーとして，**あなた自身に"考えている"とすぐさま言ってみてください**。そして，できる限り穏やかに優しく，呼吸，身体，音など，意図したところに注意を戻してください。

オプション 2：**思考それ自体を，注意の主要な焦点にします**。例えば音であればどんな音が生じても意識を集中させると気づきが生まれ，発展し，過ぎ去っていくように，今，できる限り，同じように心の中に生じる思考に対して気づきをもたらしましょう。

　次のイメージやメタファーが，思考に対する気づきをもたらす上で助けになるでしょう。

- あたかも思考が，映画館のスクリーンに映し出されているように。あなたは座って，スクリーンを見ながら，思考やイメージが出てくるのを待ちます。そして，それが「スクリーン上」にある限り，あなたはそれに注意を払い，それが過ぎ去っていくままにしておきます。
- あたかも思考が，誰もいないステージに登場して，反対側へと出ていくように。
- あたかも心が広大な空のように，そして，まるで思考が空を通り抜ける雲のように。
- あたかも思考が，小川の流れに乗って動いている葉っぱのように。

　まずはじめは，わずか 3〜4 分の間，注意を向ける主要な対象として，思考を用いた実践に狙いを定めましょう。誰も，このように直接的に思考に注意を向けることが簡単だとは思わないでしょう。他のイメージやメタファーを自由に探索してください。

オプション 3：思考に強い感情的負荷があり，侵入的で持続的であるようだと気づいた場合，あなたは思い出すかもしれません。つまり，感情は身体感覚やフィーリング，そしてそれに関連した思考の「パッケージ」であるということを（p. 81, 158）。手短に言えば，その思考を思考として認めましょう。それから，**思考によって"生み出された"感情の微細な感覚を体内で探索するために，思考の下に"もぐり込んでみましょう"**。まさにあなたが先週，困難に働きかける実践の中でやったのとちょうど同じように，これらの感覚が最も強烈な身体領域にまで気づきの光を向けましょう。

1日目

呼吸に戻る前に，合間をとって「考えている」と言うことで，思考を思考として認識するということを思い出してもらいましたが，そうすることでどんな効果がありましたか？

他に何か気づいたことはありましたか？

Q 私は，ほとんど意識することなく「呼吸に戻れている」ことがわかりました。合間をとって，よりはっきりと物事を見つめる時間をとり，意識的に思考を手放すことは，気分がよかったです。

A よいですね！　シンプルであること（しかし，それはいつも簡単なことではないですが），何度も何度も繰り返し，立ち止まることや認めること，ラベルを貼ること，思考を手放すことは，思考と異なる関係を築き上げるとても強力な方法なのです。

＊連想の列車＊

　私たちは，思考と戦い，争う必要はありません。それどころか，思考が現れたことに気づけば，思考に従わないという選択も容易になります。

　私たちが思考に埋没するとき，思考を現実と同一視する傾向は強いです。思考は心をさらい，押し流し，一瞬の間に私たちを遠くまで連れ去ります。目的地を知るよしもないまま，気づかぬうちに連想の列車に飛び乗るのです。道中のどこかで目が覚めて，考えていたことや列車に乗っていたことを自覚するかもしれません。そして，列車から降りるときは，飛び乗ったときとはまったく異なる精神状態であるかもしれないのです。

　エクササイズとして，あなたは目を閉じて，映画館で椅子に座り，何も映っていないスクリーンを観ている自分自身を想像してみてもいいでしょう。ただ思考が現れるのを待ってください。それらは正確には何でしょうか？　それらに何が起こりますか？　思考は魔法のかかった展示物のようであり，私たちはその中で迷子になっているときはそれが現実のように見えますが，注意深く観るとそれは消えます。

　しかし，私たちに影響を与えるような強力な思考ならどうでしょうか？　私たちは何度も何度もそれをじっと見ています。それから突然，ひゅーと音を立てて移動します！　私たちはどこかに行ってしまい，思考の中で迷子になります。それはどういうことなのでしょうか？　そういった心の状態や何度も何度も私たちを捕まえる特定の思考というのはどういうものなのでしょうか？　それらはただ通り過ぎ去るだけの空の現象（empty phenomena）であることを私たちは忘れているのですが。

　私たちが持つ何種類かの思考は，人生に影響を与え，私たちの物事の理解を左右するものです。もし，思考が現れて過ぎ去っていくのを，明瞭で力強い空間の中で，はっきりと観ることができるならば，どのような考えが心の中に現れてもさほど問題ではありません。つまり，あるがままに通り過ぎ去るショーとして思考を観ることができるのです。

　行動は思考に由来します。あらゆる種類の結果は行動に由来します。私たちはどんな思考に投資するのでしょうか？　私たちがなすべき大きな仕事は，それらの思考を明瞭に観ることです。その結果，思考に従って行動するのか，思考をただそのままにしておくのか，選択できるようになるのです。

ジョセフ・ゴールドスタイン

2 日目

思考そのものにあなたの注意を向けたとき，何が起こりましたか？　何らかのイメージやメタファーは役に立ちましたか？

他には？

Q はじめに私が思考に焦点を当てようとしたとき，思考はすっかり消え去りました！　そして，映画を観るように思考に焦点を合わせると，引きずり込まれる前に，いくつかの思考に対してはただ"観客"としていられたのです。普段の自分に戻って考え始めたら，私はこのようなことはきっとできないでしょう。

A こういったことはとても一般的な体験です。実践の中に，実践についての思考（例えば，「私は，このようなことはきっとできないでしょう」のような）を含ませておくことはとても役に立つでしょう。つまり，実践に関する思考も，通過していく精神的な出来事として見るためにです。そうすれば思考があなたを混乱させたり，落ち込ませたりすることはないでしょう。あなたは，映画館の後ろの席から聞こえてくる声と同じように思考と関われるかもしれません。

Q それは先週に起こったことを思い出させてくれます。私は瞑想するのに本当に苦労しました。私の心は仕事中に起きていることで取り乱していました。私は自分自身に言い聞かせ続けました——「呼吸に戻れ！　呼吸に戻れ！　呼吸に戻れ！」と。それでも，私は少しも良くなっていないと思いました。おそらく，より悪い状態になっていました。それから何かが起きました。私は，「少しも良くなっていない」というのが，もう1つの思考であるということに気づきました。狡猾な，隠された思考です。そう，「それがより私を悪化させている」ものでした。私はステージ上での思考を探していましたが，こういった思考はまったくステージ上には現れなかったのです。あなたが言ったように，それらはまったく別のところからやってきたのです。しかし，ひとたびこういった思考を見つけたら，びっくりするぐらい，絶望感は解消されたのです。仕事についてはまだ考えていましたが，それは前に感じたほど重い感覚ではありませんでした。このことをもっと早い段階でわかるようになるにはどうすればよいのかについて，本当に好奇心を持つにいたったのです。なので，そう簡単には私は騙されません。

A まったくその通りです……。これらの思考の一部は姿を変えて近づいてくるので，あなたが意識しても，忍び寄る思考に気づくことさえできないのです。思考はフィーリングの後ろのほうにあまりにもうまくカモフラージュされていますし，こういったフィーリングを"抱きたくない"という反応を捕まえるのです。すると，事態は困難になりますよね，なりませんか？ 少し時間をかけて，「あなたの後ろからの声」に耳を傾け，注意を身体に移し，どんな感情がこういった捕えにくい思考を生み出す元となっているのかを見つけるのです。

3日目

何か感情的な負荷がかかった，侵入的で，しつこい思考に対して，どのように対応しましたか。何が起きましたか。

他には？

Q 上司との明日のミーティングについての心配は，私の心に強制的に突き刺さり続けました。私はその心配事に「思考」とラベルをつけて，呼吸に戻ろうとしましたが，それでもまだ突き刺さり続けました。

A しつこく続く思考に対して，よくやりましたね。感情的な負荷がかかった思考は，多くの感情"パッケージ"のうちのほんの氷山の一角であると覚えておくとよいかもしれません。氷山の大部分，つまり身体感覚とフィーリングというのは，埋もれているものなのです。多くの人々は，次の原則が役に立つことがわかります：<u>感情に関連した思考が周辺にあるときは，思考を認め，そして，その思考を身体に落とし込み，思考を生み出している感覚とフィーリングに気づきを向けてください</u>。

マインドフルネスでは，思考を一塊のパッケージの一部として見ることができるように私たちを導いてくれます。思考そのものに巻き込まれずに，思考を生み出すフィーリングに直接的に焦点を当てるのです。マインドフルに，穏やかに，探索してみましょう。
「この瞬間，私は何を感じているのだろうか」と。

第10章 第6週：思考を思考として見る 163

> ルイーズ：つらく感じる週が何度か
> あり，非常に落ち込んでいました。私は
> いつもならば，ひどいうつのスパイラル
> に陥っていてもおかしくない場面が何
> 度かありました。私は子どもたちの1
> 人を診療室につれていき，そのために仕
> 事を休まなければならないプレッ
> シャーを感じていました。私の心の半分
> は，"ボスは，何というだろう？"と考え，
> 残り半分は"なぜ，私はここにいてはい
> けないのか？　ここにいて当然でしょ
> う"みたいなことを考えていました。私
> はそれほどバカではないと自身に問
> いかけたときに，以前とは違うやり
> 方で，今，起こっていることに気づき
> ました。かえって，時間がかかってし
> まいましたが。私は，感じているもの
> を認めました。それは怒りや疲れ，混乱，
> そして自分の娘のことを非常に心配し
> ているということでした。そのとき，私
> は視界が広がったように感じました。そ
> して，私はこのように感じてOKなん
> だと自分に言うことができました。必
> 死で追い払おうとしないで，そういっ
> たフィーリングがただそこにあると認
> めると，それらは消え去ったのです。

4日目

生じた思考に対してあなたがとった態度はどのようなものでしたか。その思考に
対して，落ち着かなかったり，イライラしたり，それがなかったらいいなあと思っ
たり，あるいは受け入れようとしたり，関心を持ったり，あるいはまた中立でい
ようとしたりしましたか。

他には？

Q 私は自分自身に驚きました。いつも通り，絶え間なく続く心配と自己批判の
思考が，私の心を駆けめぐっていました。しかし，私は心の片隅では，思考
を観ることができるのを思い出したのです。そして，私は思考と闘って一掃
するのではなく，むしろ思考に関心を持てるようになりました。

A すばらしい！　それこそが，実践が要求している重要な視点のシフトなので
す。マインドフルネスは私たちに別の立ち位置を与えてくれます。思考や
フィーリングが激しい急流のように思えて，その水の力で投げ落とされそう
に感じたとき，私たちは滝の後ろに行くために移動するのです。思考とフィー
リングが滝のように流れ過ぎるのを眺めるのです。思考やフィーリングは，
あなたのすぐ近くにあります。それらは強力に感じますが，それらはあなた
自身でないのです。

164　　第Ⅱ部　マインドフルネス認知療法（MBCT）プログラム

いつものように、思いやりは熟達した実践への基礎となります。

思考への思いやりとは、思考が敵ではないということを、穏やかに思い出すことであり、思考がここに在るのを認め、親しみと好奇心を伴った気づきの中で思考を抱えることです。

あなた自身に対する思いやりとは、自分がこの瞬間にすでにいることをただ認めることなのです。

5日目

あなたにとって、昔からなじみのある思考のクセをいくつか書きとめてください。その思考は、あなたにどんな影響を及ぼしましたか。

他には？

Q 昔からの思考のクセの多くは、「私は力不足だ」「私にはこんなことできない」「どうなるんだろう」などかな。すべてが疑わしきものです！

A ユーモアは、ここでは重要な協力者となります。実際、そこにある思考の古いクセを見つけることができるならば、そのクセに苦笑いを浮かべて、わずかながらでも招き入れてみましょう。このようにして、あなたをコントロールし、動揺させてきた力を奪い取るのです。

第10章 第6週：思考を思考として見る

＊＊＊＊＊＊＊＊＊＊＊＊＊＊＊＊＊＊＊＊＊＊＊＊＊＊＊＊＊＊＊＊＊

あなたの心の役に立たない思考「トップ 10」

　あなたは心を十分に見渡して，同じ古い思考が何度も何度も湧き起こってくるのを観たとき，最後にはその誘惑に乗らなくなっていることがわかるでしょう。
　あなたのなじみの思考パターンに名前をつけることは，その思考パターンが始動したときにそれらを認識するのに役立つでしょう。そしてこう言うことができます。「ああ，私はこのプログラムを知っています。これは，"私は，上司に耐えられない"または"誰も，私が一生懸命に働いていることを認めない"という名前の私のプログラムです」。現在の思考パターンを認識することで，あなたと思考との間にスペースをつくり出します。最後に，あなたはこれらをなじみのあるパターンとはっきり観られるようになることで，もはや始動ボタンを押さなくなるでしょう。

あなた自身の役に立たない思考パターンやプログラムトップ 10 を特定してください。
ここに「日頃から疑わしいもの」を記録してください。

プログラム 1

プログラム 2

プログラム 3

プログラム 4

プログラム 5

プログラム 6

プログラム 7

プログラム 8

プログラム 9

プログラム 10

これを今後数週間にわたる継続プロジェクトにするのはすばらしいことです。必ずしも 10 個見つける必要はありません。（このフォームは www.guilford.com/teasdale-materials のウェブサイトから自由にコピーしたリダウンロードできます。）

The Mindful Way Workbook. Copyright 2014 by Guilford Press より

＊＊＊＊＊＊＊＊＊＊＊＊＊＊＊＊＊＊＊＊＊＊＊＊＊＊＊＊＊＊＊＊＊

6日目

あなたの思考はどんな形ですか？　それは言葉ですか，イメージですか，映像ですか，あるいは言葉にならない，イメージのない「意味」として体験しているものですか？　もし，言葉だとしたら，どのような声の調子でしょうか？

他には？

Q 私は入り混じったものを体験しているようでした。思考のいくつかは，しばしば口やかましく，私の頭の中にはっきりと言葉として現れてきました。イメージとして現れたときもありました。拒絶されているように感じたときは，私抜きで友人たちが集まって笑って，おしゃべりしているイメージを見ました。

A 主に言葉で考える人もいれば，映像で捉える人もいます。時には，言葉やイメージがなくて意味だけを感じる場合があります。同じ感情が心に浮かび続けているときには，そのフィーリングの本質を結晶化させるように思えるイメージをチェックしてみることは，どんなときでも価値があります。つまり，イメージは単に感情を動かし続けているものかもしれないのです。

　招かれざる思考，例えば「こうしろ，そう言え，忘れるな，計画しろ，気にしろ，判断せよ」という思考に，私たちが知らず知らずのうちにどれほどのパワーを与えているのか観てみると驚きます。これらの思考は，私たちをとてもイライラさせる可能性を秘めており，実際にしばしばイライラさせます。

ジョセフ・ゴールドスタイン

2．3分間呼吸空間法－標準版

　今週は毎日，先週のように，あなたが前もって決めていた時間に3回，呼吸空間法を行ってください。

　各日の終わりに，実践の経過を記録するために，あなたが計画した呼吸空間法を行った場合には，次ページの表のRの部分を○で囲んでください。

第10章　第6週：思考を思考として見る　　167

3．3分間呼吸空間法（対処用：思考に焦点を当てて）

今週は毎日，基本的な呼吸空間法に加え，何か不快なフィーリングや，**あなたの思考が優勢になっていると気づいたときには**，いつでも呼吸空間法を行ってみてください。

対処用の呼吸空間法を行ったときに，下の表のXに○をつけることは，この実践の意図を心に留めておくのに役立ちます。

日	標準版　呼吸空間法	対処用　呼吸空間法
1日目	R　R　R	X X X X X X X X X X
2日目	R　R　R	X X X X X X X X X X
3日目	R　R　R	X X X X X X X X X X
4日目	R　R　R	X X X X X X X X X X
5日目	R　R　R	X X X X X X X X X X
6日目	R　R　R	X X X X X X X X X X
7日目	R　R　R	X X X X X X X X X X

 思考が圧倒するぐらい**脅**かしてくる場合は，呼吸空間法（どんなに短くてもいいので）を行うことは，どんなときも最初の1歩となるのです。

呼吸空間法を行った後でも，ネガティブな思考がまだ周辺に残っているなら，次にやれるオプションがいくつかあります。

オプション1：呼吸空間法をすることで，ほんの少しでもシフトした思考への態度を伴って，毎日の生活の流れに**再突入**することができます。

オプション2：**身体**の中で感情がどのように体験されているのかに注意を向けながら，思考の燃料となっている感情に対してマインドフルであり続けることができます。先週，紹介したステップ（3．注意を広げる）の教示に従うことが役に立つでしょう（p. 150）。

オプション3：ネガティブな**思考**それ自体に焦点を当てることができます。その場合，次ページのボックス内に記載されている1つ以上の方略を探索してみてください。

【 呼吸空間法：思考を異なる目で観る方法 】

1. 思考に従わなければならないと思わずに，気づきの中で思考が行ったり来たりするのをただ観察しましょう。
2. ネガティブな思考を，事実というよりも精神的な出来事として眺めることを思い出しましょう。
3. 紙にあなたの思考を書きとめてください。この方法は，あまり感情的にならず，また圧倒されずに思考を観るのに役立ちます。
4. その浮かんできた思考パターンが，あなたの役に立たない思考「トップ10」のうちの1つに入っているかどうか確かめてください。
5. 思考を生み出すフィーリングに，思いやりと慈悲を持って注意を向けてください。そして，「どんなフィーリングが今ここにあるのだろうか」「これらのフィーリングを**身体の中で**どのように体験しているのだろうか」と自分自身に問いかけてみましょう。

Q 私は，いろんな種類の呼吸空間法があることに，少し戸惑っています。どのようにすれば，そのすべてを覚えられますか。また，どうすれば，特定の機会にどれを使うべきかわかるのでしょうか？

A <u>あらゆる困難な状況において，最初のステップでは必ず基本的な呼吸空間法を行います</u>。そのステップには，たくさんのドアがあって，そこから外に抜け出せるホールへとあなたを連れていくものとして考えられます。あなたはそのドアの1つを通り抜けて，ホールから出発するのです。各々のドアは，次のステップに向けて，異なる可能性をあなたに提供します。すなわち，<u>再突入</u>，<u>身体</u>，<u>思考</u>（次週はもう1つのドアを紹介します）です。
我々は，あなたが時間をかけてすべてのドアを探索するのをお勧めします。そうすることによって，自分にとって，様々な状況における最もうまい対応を見つけることができます。原則として，そのときの身体内部の感覚に焦点を合わせることがたいてい役に立ちます。時間とともに，自分流の呼吸空間法の使い方を見つけることになり，その結果，あなたにとって忠実な友人となるのです。

第10章　第6週：思考を思考として見る　　169

今週，時々，困難な思考に対して，対処用の呼吸空間法が役に立つと気づいた出来事を1つ，手早く書きとめてください。
そのときの思考は，どんなものでしたか？　あなたのとった対応は？　その影響は？

> チャン：私は突然，2週間前に誰かが言っていた何かについて考え出しました。きっと，彼女はこれこれしかじかと言いたかったのだと。なぜ，彼女はそんなことを言ったのか，そして，私の心はただ目まぐるしく動きまわります。
> しかしそのとき，私は，「思考は事実でない」という格言を思い浮かべました。その格言は私にとって本当にしっくりきました。「思考は事実ではない」。そしてこの格言が示してくれたもう1つのことがあって，それは，これは事実だとささやきかけるような思考でさえも事実ではないということです。なぜなら，そのようなことが頭の中を駆けめぐっていても，「またそんなことを言って，だまされないよ。それは現実ではないのだ，これが現実なのだ。自分はこの部屋の中にいて，まわりにある良いものすべてに目を向けているのだ」ということができるからです。そうすると次に，「いや，しかし，彼女は実際にそう言ったのだ。あれは実際に起きたことなのだ」というような，もう1つの考えが再び心に浮かぶのでした。そのとき私は，次のフレーズに気づくことができました。すなわち，「これが事実だとささやきかけるような思考でさえも，事実ではないのだ」というフレーズです（笑）。そこで呼吸空間法を行うと，たいていそれが心から離れていってしまったことに気づくのです。

4. 早期警告システムの設定

　　MBCTプログラムはもともと，再びひどいうつ病に陥るのを予防するための行動がとれるように，うつ病になった人をエンパワーできるスキルと理解を促進するために開発されたものです。次の章は，主にそのような人たちを念頭に置いて書かれています。

　　しかしながら，私たちはまた，燃え尽き症候群や過剰ストレス，過剰不安の状態を示す初期症状を認識する上で，MBCTが役立つことがわかってきました。ですから，うつ病があなたの主な問題ではないとしても，この章は役に立つことでしょう。

　気分が悪化しているサインにいち早く対応できるなら，あなたの行動はもっと効果的になるでしょう。

それで，早期警告システムを備えるために，まずあなたがすべきことは，**早期警告サイン**（しばしばそれは，**再発の徴候**と呼ばれているもの）を特定することです。つまり，気分がそのように急降下し始めていることを知らせる徴候のパターンは，もしそれがチェックされないままでいたならば，再びあなたをうつや他の苦痛な感情に巻き込むことでしょう。

以前，MBCT の参加者が見出した気分の落ち込みのシグナルのいくつかを，次にあげておきます。あなたに当てはまるものもあれば，当てはまらないものもあるかもしれません。あなた自身の体験を反映していると思われるもののいくつかに✓をつけてください。

- □ 不眠や過眠，いつもと違う時間に目覚める，寝つきが悪い。
- □ すぐに疲れる。
- □ 仕事に関することをしたくない（メールを見たり，請求書の支払い等）。
- □ ネガティブな思考やフィーリングが根付いている——それがやっかいで，解放されにくいことに気づいている。
- □ エクササイズをあきらめる。
- □ 人に会いたくない。
- □ 過食や食欲不振，食べ物に興味を持てない。
- □ 自分や他人にイライラする。
- □ 物事を先送りする，締め切りを先に伸ばす。

うつ（または，他の望まない気分状態）が，再びあなたを支配する恐れがあると思うあなた自身のシグナルは何でしょうか？　過去の体験を改めて振り返り，あなたの気分を悪化させていく早期警告パターンをできる限り思い出してください。ガイドとして，172 ～ 174 ページの質問を利用してください。（URL から自由にダウンロードしてください。）

あなたが自分のシグナルを記録する前に，他の人があなたの変化に気づいていることがよくあります。早期警告サインに**反応するのではなく，そのことに気づいて対応するには，協働的な活動に，あなたが信頼している人で，あなたをよく知っている人，あなたがいつも会っている人**を含めましょう。

＊　うつの早期警告システム　＊

感情的苦痛やうつの引き金になっているのは何ですか？

・引き金は，外的な場合（あなたに降りかかる物事）もあれば，内的な場合（例えば，思考，フィーリング，感情，記憶，心配）もあります。
・大きな引き金だけでなく小さな引き金についてもよく考えてみてください。時に，取るに足らないささいなことが気分を落ち込ませることがあります。

気分が落ち込んだり，フィーリングが暴走していると最初に感じるときに，あなたの心をよぎる思考はどんなものですか？

さらに，あなたは他のどんな感情に気づきますか？

The Mindful Way Workbook. Copyright 2014 by The Guilford Press.

どんなことが身体に起きていますか？

あなたはどうしたいですか。どうしたい気持ちになりますか？

知らないうちにあなたを苦痛な気分のままにする古い思考や行動の習慣は，どんなものですか？（例えば，反すうすること，苦痛な思考やフィーリングを抑え込んだり追い払おうとしたりすること，それらの思考やフィーリングを認めて探索するのではなく闘おうとすること）

1
week

2
week

3
week

4
week

5
week

6
week

7
week

8
week

第10章　第6週：思考を思考として見る　　173

過去において，警告サインやシグナルに気づいたり，注意を向けたりするのを妨げているものは何でしょうか？（例えば，押しのけること，否認，気そらし，絶望感，飲酒すること，言い争い，家族や同僚を非難すること）

どうすれば，早期警告システムに友人や家族を含められるのでしょうか？

このように過去を振り返ることで，今，いくぶんか悲しいフィーリングを呼び起こしたかもしれません。もし，このことがあなたにとって真実ならば，今が好機かもしれません。
さあ，3分間呼吸空間法を行いましょう。

あなたが早期警告サインを見つけたときに，実際に何ができるのか，次週お知らせします。
　差し当たり，あなたの**早期警告サイン**（再発サイン）に記載された**最も重要な5つのシグナル**を含めることで，警告シグナルの実行サマリーを作ってはいかがでしょうか？（www.guilford.com/teasdale-materials のウェブサイトから次ページのフォームが無料でコピーやダウンロードできます。）

＊＊＊＊＊＊＊＊＊＊＊＊＊＊＊＊＊＊＊＊＊＊＊＊＊＊＊＊＊＊＊＊

私の早期警告サイン（再発サイン）

生活が制御不能になるか，もしくはうつが再発する可能性がある5つの鍵となる
サインをあげてみてください。

1　--
　　--
　　--
　　--

2　--
　　--
　　--
　　--

3　--
　　--
　　--
　　--

4　--
　　--
　　--
　　--

5　--
　　--
　　--
　　--

The Mindful Way Workbook. Copyright 2014 by The Guilford Press. より

＊＊＊＊＊＊＊＊＊＊＊＊＊＊＊＊＊＊＊＊＊＊＊＊＊＊＊＊＊＊＊＊

思考から離れること

　驚くべきことですが，思考は単なる思考であって，"あなた"でも"現実"でもないとわかるのは，どれほど解放的かということです。例えばもしあなたが，多くの物事を今日中に片づけなければならないと考えて，そのことを1つの思考として認識せず，あたかもそれが"真実"であるかのように行動するならば，その瞬間にあなたはその物事を今日すべて片づけなければならないという現実を創り出しているのです。

　ある患者ピーターは，一度心臓発作を起こしたことがあり，二度と発作に見舞われたくないと思っていました。彼は夜の10時に街灯の下で洗車している自分に気づいたとき，この一夜で劇的な理解にいたりました。

　こんなことをする必要はないことに彼は思いいたったのです。彼がその日のうちにすべきだと考えていることをすべてすれば，こうなるのは当然の結果でした。彼は自分がしていたことを理解し，すべて今日中にすべきと考えてしまうことに異議を唱えることができなかったと気づきました。すでにそれを信じることにすっかりはまっていたのです。

　もし，あなたが同じようなやり方で行動しているなら，ピーターのように，あなたも，その理由がわからないままに駆り立てられ，緊張し，不安になることでしょう。ですから，もし瞑想をしているときにその日のうちにやらなければならないことがたくさんあるという思考が浮かんできたら，1つの思考としてそれにしっかりと注意を向けるべきでしょう。そうでなければ1つの思考が心を通り過ぎたというだけで，静座をやめると決めたのだと気づかないで，立ち上がって何かしているかもしれません。

　一方で，そのような思考が1つ浮かんだときにその思考から離れて明瞭にそれを観ることができるなら，本当にすべきことについて優先順位をつけ，賢明な決断をすることができるでしょう。その日のうちに，いつ切り上げるべきかわかるようになるでしょう。思考を思考として認識するというシンプルな行為によって，思考がしばしば創り上げる歪められた現実からあなたを解放し，人生をより明瞭に観られるようになり，もっとマネジメントできると感じられるようになるのです。

　考える心の専制からの解放は，瞑想実践そのものから直接的に生じます。毎日，一定の時間を，何もしないで呼吸の流れや心身の活動に巻き込まれずにそれらを観察しているとき，私たちは平静心とマインドフルネスを一緒に涵養しているのです。心が安定し，思考の内容へのとらわれが少なくなることで，集中力や落ち着きといった心の能力を強めるのです。思考が現れてくるたびにいつも，その思考を思考として認識し，その思考内容を記録するのです。私たちを縛りつける強さやその内容の正確さを見極め，そして思考を手放し，自分の呼吸や身体の感覚に戻るたびに，マインドフルネスを強化しているのです。私たちはより自分自身を理解するようになり，私たちが望む自分ではなく，現実にそうある自分をより受容するようになるのです。

ジョン・カバットジン

第11章

第7週
活動の中の思いやり

オリエンテーション

　少し時間をとって，あなたの日頃の1週間の過ごし方を思い出してみましょう。

下記の空欄に，家や職場での日常生活における活動を10個書き出してください。1つの例をあげておきます。
"仕事"や"家事"のような大きな活動を，"同僚に話しかける""Eメール""食事を用意する""洗濯をする"といったように，小さく分割することができるどうか，確かめてみましょう。

活動1：シャワーを浴びる

活動2：_____

活動3：_____

活動4：_____

活動5：_____

活動6：_____

活動7：_____

活動8：_____

活動9：_____

活動10：_____

それでは，順番にこれらの活動を思い浮かべて，次の2つの質問に答えてみてください。

1. この活動は，私の気分を上向きにしてくれるだろうか，活力を与えてくれるだろうか，栄養を与えてくれるだろうか，生きているという感覚をより感じさせてくれるだろうか？ もし答えが「はい」ならば，その活動の隣に「N」（N：nourishing，栄養を与える）の文字を記入してください。
2. この活動は，私の気分を下げるだろうか，活力を奪うだろうか，生きているという感覚をより感じなくさせるだろうか？ もし答えが「はい」ならば，その活動の隣に「D」（D：deplenting，激減させる；draining，疲れさせる）の文字を記入してください。

おそらく，いくつかの活動の横にはNの文字かDの文字が記入されていることでしょう。あるいは，いずれの文字も記入されていない活動があるかもしれません。

とてもシンプルなことなのですが，このエクササイズはとても重要なことを思い出させてくれます。

 あなたの行動は，あなたの感じ方に影響を与えます。最も重要なポイントは，「あなたは，行動を変えることによって，感じ方を変えることができる」ということです。

 私はこれまで，うつを克服するための活動を試みてきました。しかし，活動することは効果的とは思えませんでした。

A あなただけではありませんよ。それはすぐにはわからないことなのです。

1. <u>活動の種類</u>が，大きな違いをもたらす可能性があります。いくつかの活動はそれほど効果的ではありません。一方，他のいくつかの活動はより効果的です。それを事前に知ることは，難しいことが時にあります。
2. 活動の背後にある<u>意図</u>が重要です——これについては後ほど触れます。
3. <u>ネガティブに考えること</u>は，本当に活動を弱体化させるものです。次のような内なる声があるときには，状況をとても困難なものにします。「意味がない——何をしても変化は起きない」「私はそういうことをするのに値しない人間だ」「私はかつてのような喜びを感じない，どうして悩まないといけないのか？」

MBCTはこれらの潜在的な問題に取り組んでいきます。ぜひ読み進めてください！

178　第Ⅱ部　マインドフルネス認知療法（MBCT）プログラム

とっておきの話があります。もし，あなたが今の瞬間にただ存在し，マインドフルでいることができたならば，あなたにとって本当に必要としていることがわかるのです。

気分を上向きにし，幸福感を高めるために，あなたは活動をシンプルかつパワフルな方法に変えることができるのです。

活動をうまく利用できれば，それ自体うつに対する効果的な治療になりうることが，研究によって明らかになっています。

1. 役に立つ活動：Mastery と Pleasure

人が落ち込み，疲れ果て，活力がなくなっているとき，気分を上向きにするためには，2種類の活動が特に効果的であることが明らかになっています。

1. **Pleasure** 活動：楽しさや喜びの感覚をもたらす活動のことです。——例えば，おしゃべりするために友人に電話をかける，温かいお湯にゆっくり浸かる，散歩に出かける，などです。
2. **Mastery** 活動：達成感や満足感，コントロール感をもたらす活動のことです。——例えば，手紙を書く，芝を刈る，先延ばししてきたことをやる，などです。

Mastery 活動は，それ自体は楽しいものではないかもしれません。しかし，それを行った後には，必ず何かが変わっています。

Mastery 活動や Pleasure 活動と，気分の落ち込みの間には，**双方向の関係性**があるということを知っておくべきです。

これらの活動は気分を上向きにしてくれます。**しかし**，一方で，あなたの気分が沈めば沈むほど，これらの活動が楽しみにくくなります。おそらく，気分のバランスがとれていたころと比べると，満足感が得られにくくなっているのでしょう。

そうすると，これらの活動から得られるものはほとんどない，と考えがちです。しかし，次のポイントが重要なのです。

あなたが落ち込んでいるときでも，あなたは気分と，M 活動や P 活動との間のつながりを活用することができます。注意深く，双方向の関係性のバランスに目配りすることができれば，これらの活動は気分を改善してくれるでしょう。

あなたは，どのようにこれを行いますか？

　まず**初めのステップ**では，あなたの日々の体験を振り返って，**すでに**生活の中にあるMastery活動とPleasure活動を発見します。
　これらのツールを**事前に準備しておくこと**は，落ち込みへの対処として活動が必要となったとき，いつもすぐそばにツールがあるという状態であることを意味します。

　ここまで来れば，今，あなた自身の経験を振り返り，10個のPleasure活動（P）と，10個のMastery活動（M）のリストを作成したくなってきていることでしょう。それには，このページと次ページのリストを使用してください。
　先ほどのエクササイズで，あなたがNourishing（栄養を与える：N）と分類した活動を使うのもよいでしょう。大切なことは，スタートを切ることです（最初から必ずしも10個すべての活動を記入する必要はありません！）。

＊＊＊＊＊＊＊＊＊＊＊＊＊＊＊＊＊＊＊＊＊＊＊＊＊＊＊＊＊＊＊＊

Pleasure（P）活動のリスト

　例：友人を訪ねる／何か面白い，または，気分を高揚させるようなテレビ番組を観る／音楽を聴く／温かい，気持ちよいお風呂に入る／自分のために好きな食べ物を買う

P活動1：...

P活動2：...

P活動3：...

P活動4：...

P活動5：...

P活動6：...

P活動7：...

P活動8：...

P活動9：...

P活動10：..

The Mindful Way Workbook. Copyright 2014 by The Guilford Press. より

＊＊＊＊＊＊＊＊＊＊＊＊＊＊＊＊＊＊＊＊＊＊＊＊＊＊＊＊＊＊＊＊

＊＊＊＊＊＊＊＊＊＊＊＊＊＊＊＊＊＊＊＊＊＊＊＊＊＊＊＊＊＊＊＊＊

Mastery（M）活動のリスト

例：引き出しを整頓する／支払いを済ませる／Ｅメールの返信を済ませる／車を洗う／先延ばしにしてきたことをする（それがどんなにささいな，取るに足らないことに思えたとしても）

M 活動 1： ....
M 活動 2： ....
M 活動 3： ....
M 活動 4： ....
M 活動 5： ....
M 活動 6： ....
M 活動 7： ....
M 活動 8： ....
M 活動 9： ....
M 活動 10： ....

The Mindful Way Workbook. Copyright 2014 by The Guilford Press. より

＊＊＊＊＊＊＊＊＊＊＊＊＊＊＊＊＊＊＊＊＊＊＊＊＊＊＊＊＊＊＊＊＊

　あなたのＭ活動とＰ活動が特定できたので，**次のステップ**では，気分が比較的よいときに，それらの活動を現在の生活の中に取り込みます。

　あなたがストレスで押しつぶされ，疲弊し，落ち込んでしまう前に，Ｍ活動とＰ活動をあなたの生活に組み込むというのは，次のことを意味しています。

1. 活動は，あなたのすぐそばにあり，気分の落ち込みに気づくやいなや，気分を上向きにしてくれます。それらの活動がすでに利用できるようになっていることで，「どうしてそんなことで悩んでしまうのか」といったネガティブな考えに直面したときに，検討し，活動とともにやり通すことがもっとできるようになるのです。
2. あなたの毎日の生活はもっと幸せに，もっと満足したものになるのです。

　リストを自由にコピーして，作成したリストを持っておいてください（または，www.guilford.com/teasdale-materials からダウンロードしてください）。

第 11 章　第 7 週：活動の中の思いやり　　181

> ＊M活動とP活動をあなたの毎日の生活に
> 取り入れるための2つの方法＊
>
> 戦略1：毎日，または毎週のスケジュールに活動を組み込む
> 　　例えば，あなたの心身の健康をケアする上で，とてもシンプルで，効果が明らかにされているのは，毎日の運動です。ちょっとした運動として，1日1回，早足での10分間ウォーキングがあります（あなたは，それをマインドフルにできるでしょう！）。
> 　　また，可能ならば，マインドフル・ストレッチやヨガ，水泳，ジョギングといった，他のタイプの運動も行いましょう。ひとたび，運動がルーティンになってしまえば，気分が落ち込んでも，次のことに目を向けることができるのです。
> 戦略2：M活動とP活動を対処用の3分間呼吸空間法につなぐこと
> 　　呼吸空間法は，不快なフィーリングに対処するために，活動を利用することを思い出させてくれるのです。この戦略については，「日々の実践」で後述します。

2. 意図が鍵です

　うつや活力の低下にうまく対応するために，活動を利用していくという体験を積み重ねていくことで，意図についての2つの側面が重要であることがわかります。
　これから意図について詳しく説明します。あなたの体験の中に同じパターンがあるかどうか確認できるでしょう。

▶うつのときには，モチベーションは後から働く

　　うつのときには，物事がどのように違うのでしょうか。

1. うつでないときは，何かを実際にする前，本当にそれをやりたい気持ちになるまで，待つことができます。
　うつのときには，やる気になるのを待つのではなく，何かをするべきです。

　　[ヒント]　あなたにすべきことがあるなら，何かをしたい気持ちになるのを待たないほうがいいです。その代わりに，可能な限り，とにかくまず何か行ってみて，何が発見できるか確認してみましょう。

2. うつでないときは，もし疲れていれば，休息はあなたをリフレッシュさせます。
　うつのときに休息することは，実のところ，疲労を増大させます。

　　[ヒント]　あなたが疲れを感じたときには，休息のために活動をあきらめないのが一番です。もし，あなたの気分や思考が"NO"と言っているように感じても，活動をあきらめずに，もし可能ならば，"試合に出続けること"——活動を継続し，むしろ多少とも活動を増大させること——ができるかどうか，試してみましょう。

182　第Ⅱ部　マインドフルネス認知療法（MBCT）プログラム

> ジョシュア：これは私が MBCT の
> コースで学んだ最も重要なことです。
> 気分が落ち込んだとき，私は，「うつ
> のとき，物事は後から働く」という
> 言葉を思い出します。
>
> その他，私が今使っている言葉は，
> 「私はそれを好きになる必要はない。
> 私はただそれをする必要があるだけ
> だ。」「物事を片付けていくのに，気
> 分が良くなるまで待っていても仕方
> ない。待つことはそんなふうにうま
> くはいかない。」
>
> もしうまくいくならば，幼稚園で
> 使われるモチベーションを高めるテ
> クニックでさえ，私にとっては役に
> 立ちます。私は，仕事上のパート
>
> ナーに，私が 1 週間で 30 時間，
> あるプロジェクトに取り組んだら，金
> 星を表につけてもらうことをお願い
> して，その大きなプロジェクトを終え
> ることができました（私はそのとき，
> 他のプロジェクトでもパートタイム
> で働いていました）。ちょっとしたこ
> とですが，とても役に立ちました。
>
> これまで，そのようなテクニックを
> 使うことは馬鹿げていると考えてい
> ました。
>
> それから私は誰かが違う文脈で，こ
> んなことを言っていたのを思い出し
> ました。「もし，それが馬鹿げたもの
> でもうまくいくのであれば，それはも
> はや馬鹿げたものではない。」

　カタリーナは熱狂的な映画ファンでした。しかし，うつになってから，彼女は映画を観に行かなくなりました。

　"何だか興味がわかない"とか，"ぶざまで一人ぼっちに感じる"とか，"外に出るのが楽しく感じられるようになるまで，待っておくほうがよい"と考えるようになってから，彼女は外出できるほどのモチベーションがなくなりました。

　マインドフルネスの実践を通して，カタリーナは，瞬間瞬間の体験と，自分の思考の意味することとの間に違いがあることを理解できるようになってきました。このことは，彼女が肩の痛みの感覚に働きかけるときに，はっきりとしたのです。彼女の思考は，痛みは耐え難いものだと語りかけてきました——しかし，彼女は，その痛みに対して，息を吸い込んだり，吐き出したりすることによって，その感覚に何とか耐えられることがわかりました。

　このことから，彼女は自分の信念を棚上げにして，映画を観に行くことにしました。最初，すこし不安になりましたが，映画のストーリーに次第に引き込まれ，かつての心地良い日常に戻ることができてよかったと思いました。

　映画はカタリーナの気分にすぐには影響を与えませんでしたが，確かに，彼女が期待していた以上に引きつけるものでした。結果として，彼女はモチベーションにかかわらず，週の活動スケジュールを立て，それをぼちぼちやり通そうとし始めました。うつのときは，モチベーションは後から働くという考えを抱いたまま，進んで体験することによって，活動が彼女のモチベーションを立て直し，生き生きとした生活をゆっくりと取り戻すのに役立ちました。

▶思いやりは癒す：嫌悪は妨げる

次の 2 つのシナリオを見てください。

‥‥‥‥‥‥‥‥‥‥‥‥‥‥‥‥‥‥‥‥‥‥‥‥‥‥‥‥‥‥‥‥‥‥

シナリオ 1

トム：昨晩，家に着き，そして，扉を開けて，誰もいない部屋に入ったとき，悲しみと疲労の波が私を襲いました。私は，気分が急速に沈んでいくのがわかりました。それから，私は，活動することがうつを取り除いてくれる方法であることを思い出しました。私は，M活動とP活動のリストに思いをめぐらし，気分を一番変えてくれそうな方法として，好きな音楽を聴くことを選びました。私は，再生ボタンを押し，椅子に腰を掛けて聴きました。しかし，耳を傾けていると，ふと疑問がわいてきました。「この方法は，本当に効くのだろうか？　悲しさは過ぎ去っていくのだろうか？」　そして，私は音楽よりもむしろ自分の気分に注意を向けていることに気づきました。私は，音楽に注意を戻し続けなければなりませんでしたが，そうすると，私は自分自身にイライラし，音楽を聴くことに効き目がないことに不満を感じました。結局，私は止めざるを得なかったのです。──それどころか，良くなっているのではなく悪くなっていると感じていましたし，一晩中，不満足感が残っていたからです。私はベッドに向かい，もうそのことを考えないようにしました。

‥‥‥‥‥‥‥‥‥‥‥‥‥‥‥‥‥‥‥‥‥‥‥‥‥‥‥‥‥‥‥‥‥‥

‥‥‥‥‥‥‥‥‥‥‥‥‥‥‥‥‥‥‥‥‥‥‥‥‥‥‥‥‥‥‥‥‥‥

シナリオ 2

ジム：昨晩，家に着き，そして，扉を開けて，誰もいない部屋に入ったとき，悲しみと疲労の波が私を襲いました。私は，気分が急速に沈んでいくのがわかりました。それから，活動することが自分自身をケアする方法であることを思い出しました。M活動とP活動のリストに思いをめぐらし，自分自身に，こう問いかけました。「どのようにすれば，今の自分をもっと大切にすることができるだろうか？」　その瞬間の私自身を優しくもてなし，少しの安らぎをもたらす方法として，私の好きな音楽を聴くことを選びました。再生ボタンを押し，快適に感じるようにして，腰掛けて音楽を聴きました。私の心は刻々とさまよいました。しかし，できる限り私自身を優しくもてなしました。私は心と身体が優しい注意を得られているのを感知するにつれて，安らぎを感じることができたのです。その晩，楽になれそうな他の思考が，心に浮かんできました。音楽が終わったとき，悲しみと疲労が少し和らいでいるのに気がつきました。私はその晩，のんびりと過ごし，とても満足した気持ちで就寝しました。

‥‥‥‥‥‥‥‥‥‥‥‥‥‥‥‥‥‥‥‥‥‥‥‥‥‥‥‥‥‥‥‥‥‥

　これらの2つのシナリオでは，"好きな音楽を聞くこと"という同じ活動を取り上げましたが，別々の意図によって，まったく異なる結果となっています。

　ネガティブな嫌悪の意図（トムは，悲しさや気分が沈んでいくのを**取り除く**目的で音楽を使用しました。このことは，自分の気分が改善したかどうかをチェックし続けるという彼のやり方に表れています）は，ただ，さらなる嫌悪や不満足な気持ちを増大させただけでした。

　ポジティブな思いやりの意図（ジムは，悲しみや気分の沈みを感じているときに，自分自身を**ケアする**方法として音楽を使用しました）は，癒しを可能にしました。

Ｍ活動やＰ活動をどのように使うか（つまり，活動の背景にある精神や意図）は，あなたが何をするかよりも，もっと重要なことです。
　あなた自身への思いやりのある活動として，Ｍ活動やＰ活動に取り組めるかどうか，可能な限りやってみましょう。

　もし，あなたのエネルギーが減ったり，無くなったりすることで，気分が落ち込んだり疲れたりするときには，ちょっと時間をとって，自分自身にたずねてみましょう：「どのようにすれば，今の自分に対して最善なケアを提供することができるだろうか？」

3．立ちふさがる思考

> 人生には，"仕事に行く"といった，選択する余地のない物事があります。

> 他者や自身の仕事に対する義務を果たしたときだけ，自分に何か良いことが起こります。

> 私は，自分のために時間をとるように育てられなかった。

> 私は，母親でもあり，キャリアウーマンでもあり，妻でもあり，家政婦でもあり，いつもそのバランスをとっています。どこに，私自身の時間を見つけることができるでしょうか？

> 私の親は年老いていて，介護を必要としています。私自身のことを第一に考えるのは，間違っています。

　ここにあげられたような思考は，絶望のテーマ（"それはあまりにも難しすぎる"）と関連があり，自分自身のためにより時間を割くことが罪悪感と結びついており，健康増進に効果がある活動に取り組もうとするモチベーションを低下させる可能性があります。
　それでは，あなたができることは何でしょうか？

　ジャッキーは，忙しい病院の看護師で，彼女が言うには，「次から次にやることがあり，足を止められてしまう」とのことでした。一見すると，彼女にはリラックスする時間がなく，ましてや座って瞑想する時間などないように思えました。しかし，彼女は忙しい最中に，いつもより多くの注意を向け始めました。彼女は，猛烈に忙しい時間の中にも，わずかな時間があることに気がつきました。例えば，

彼女は，患者の検査結果の確認のために，病院の他の部署のスタッフに電話を
かけなければならないことがあったと言います。数回電話しても，誰も出ませ
んでした。たくさんの仕事を抱えながら，他の部署のスタッフが電話に出るの
を待つのは，最もストレスがたまる仕事のうちの1つでした。彼女は怒り，そ
して，こんなに簡単にイライラすることについて，自分自身を責め始めました。
　そこで彼女は立ち止まって考えました。ここに，走り回る必要がない時間が
30秒ありました。つまり，1日の喧噪の中で，今までは意識できていなかった
静寂の瞬間があったのです。彼女は相手が電話に出ないこのときを，一歩離れ
て観るために，呼吸空間法の機会として活用し始めました。次第に彼女は，他
にも，一歩離れて観ることのできる時間があることに気づき始めました。例えば，
医療用カートが廊下を通り，動きがとりづらいとき，また，患者の家族に会う
ために，病棟の向こう端まで歩いていくときなど。これまで，彼女は，瞑想を
実践するには，昼休憩をとっているときか，化粧室に向かっているときが最も
良いと考えていました。今では，彼女は1日を通して，合間を見つけることが
でき，その日の活動の合間で，思考やフィーリング，行動を変容させました。

マインドフルネスの実践は，ジャッキーにとって以下の点で役立ちました。

1. 体験から逃避や回避するのではなく，体験と"向き合う"ようになりました。
2. 思考を思考として観ることができるようなりました。つまり，イライラする
　のは愚かだからだ，という思考を額面通り受け取らないようになりました。

　まとめると，物事にアプローチするときのやり方で，非常に重要となるこの2つの
シフトによって，ジャッキーは状況に創造的に取り組むことが可能になりました。つ
まり，猛烈に忙しく，多くの要求に応えなければならない生活の中でも，自分のため
に時間をとることができるようになりました。
　対処用の3分間呼吸空間法は，あなたの生活の中にも，まさに同じものを提供して
くれます。それは，今週の日々の実践の眼目です。

日々の実践

　第7週目では，**7日間のうち6日**は，以下のことを実践しましょう。
　　1. 継続可能なマインドフルネス実践
　　2. 3分間呼吸空間法－標準版
　　3. 3分間呼吸空間法（対処用：マインドフルな行動のドア）
　加えて：
　　4. アクション・プランの準備

1．継続可能なマインドフルネス実践

これまで探究してきた様々な形のフォーマルなマインドフルネス実践（ボディスキャン，様々な長さやタイプの静座瞑想，マインドフル・ストレッチ，マインドフル・ムーヴメント，マインドフル・ウォーキング，3分間呼吸空間法−標準版）から，8週間のプログラムが終了した後，あなたが**現実的に継続可能な**実践パターンを決められるか確かめてみましょう。平日と週末で異なる実践をするのもよいでしょう。肝心なのは，毎日の重要な栄養源としてのマインドフルネスを実践していく上で，時間が現実的に制約を受けることを認めておくことです。

できるだけ，あなたが快適に感じる実践パターンを見つけましょう。——継続できないような，英雄的な努力をあなたに課す必要はありません。計画が多すぎるよりは（結局，途中で中断してしまいます），少し物足りないぐらいがよいでしょう（後で追加できるのですから！）。

各実践で，あなたが意図したことや実際に行ったこと，その実践の有効性についてわかったことを書きとめましょう。週末には，これから長期的にあなたが行う実践パターンを完成させる機会があるでしょう。

その週の私の実践

1日目
実践で意図したこと：

実際に行ったこと：

わかったこと：

2日目
実践で意図したこと：

実際に行ったこと：

わかったこと：

第11章　第7週：活動の中の思いやり　　187

3 日目

実践で意図したこと：

実際に行ったこと：

わかったこと：

----

4 日目

実践で意図したこと：

実際に行ったこと：

わかったこと：

----

5 日目

実践で意図したこと：

実際に行ったこと：

わかったこと：

----

6 日目

実践で意図したこと：

実際に行ったこと：

わかったこと：

週末には，少し時間をとって，それぞれの日にあなたが書きとめたことにざっと目を通して，振り返ってみましょう。それから，今後，継続予定のフォーマルな実践パターンを書き出せるか確かめてみましょう。下の点線ボックスには，あなたが平日と週末に行ういろいろなパターンを書きとめるための空欄を設けています。しかし，もし，平日も週末も同じパターンを使うほうが楽に感じるなら，それでもよいでしょう。あなたが望むならば，後々の使用のことを考えて，フォームを複写してもよいですし，または，www.guilford. com/teasdale-materials からダウンロードすることもできます。私たちは対処用の呼吸空間法をリマインダーとしてすでに紹介しています。このリマインダーは**いつも**困難や不快なフィーリングへの気づきに対する最初の対応であるべきと勧めてきました。

```
* 日々の実践パターン *

平日
    1.    対処用の呼吸空間法

    2.    -------------------------------------------------

    3.    -------------------------------------------------

週末
    1.    対処用の呼吸空間法

    2.    -------------------------------------------------

    3.    -------------------------------------------------

                The Mindful Way Workbook. Copyright 2014 by The Guilford Press. より
```

2．3分間呼吸空間法－標準版

　今週は毎日，先週と同じように，前もって決めた時間に，1日3回，3分間呼吸空間法を行いましょう。
　実践の記録を残すために，1日の終わりに，あなたが実施した呼吸空間法の分だけ，次の表の **R** に○をつけましょう。

1日目	R R R	4日目	R R R
2日目	R R R	5日目	R R R
3日目	R R R	6日目	R R R

第11章　第7週：活動の中の思いやり　　189

3．3分間呼吸空間法（対処用：マインドフルな行動のドア）

　先週，対処用の呼吸空間法のイメージとして，3つのドア——**再突入**，**身体**，**思考**——のあるホールに私たちを連れていき，私たちが次にすべきことについて異なる選択肢があることを紹介しました。
　今週は，もう1つのドア——マインドフルな行動のドア——を紹介します。

【呼吸空間法：マインドフルな行動のドア】

　対処用の呼吸空間法が終わりに近づくにつれて，ステップ3で広げた気づきと再びつながった後，何かしら**熟慮した上での行動**が妥当であったと感じるかもしれません。
　自分自身にたずねてみてください：**自分のために，今何を必要としているだろうか？　どのようにしたら，今，自分自身を最もよくケアすることができるだろうか？**
　抑うつ気分に対応するのに，以下の活動は特に役に立ちます。

1. 楽しいと感じられることをしましょう。
　　P（pleasure）活動（p.180）のリストから，または，身近にある，あるいは，適切だと思われる他のP活動から選びましょう。

2．あなたに，有能感，満足感，達成感，統制感を感じさせるようなことをしましょう。
　　M（mastery）活動（p.181）のリストから，または，身近にある，あるいは，適切だと思われる他のM活動から選びましょう。次のことを覚えておきましょう。
　（a）課題をより小さなステップや塊に分割し，一度に取り組むのは，1つのステップだけにすること。
　（b）あなたが課題のすべて，あるいは，一部を終えたときにはいつも，あなたの努力を褒める時間をとること。

3．マインドフルに行動しましょう
　　（p.192，「現在に留まる」を読みましょう）。
　　できる限り，あなたが今行っていることにだけ，あなたの注意を向けるようにしましょう。特にあなたの身体の感覚に注意を向けて，あなたの心を，今，この瞬間において，休ませてあげましょう。あなたは，心の中で，自分のとった行動をつぶやくことが役に立つと理解するかもしれません（例えば，「私は今，階段を降りていて……私は今，手の下に手すりを感じていて……私は今，キッチンに足を踏み入れて……私は今，照明のスイッチをつけている……」）。あなたが他のことを行うときには，呼吸に気づきを向けておきましょう。歩くときには，足が床に触れていることに気づきましょう。

< 留意点 >

1. できる限り，実験として行動してみましょう。達成した後，あなたはどう感じているのか，前もって判断しないようにしましょう。そうすることが多少なりとも役立つのかどうかについて，オープンな心でいましょう。

2. 多くの活動に目を向け，お気に入りの活動だけに限定しないようにしましょう。時に新しい行動を試すことは，それ自体が興味深いものになります。"探究心"や"知的好奇心"は，"撤退"や"避難"に抗うものです。

3. 奇跡を期待しないでいましょう。できる限り，計画したことを遂行しましょう。劇的に変化することを期待して，自分自身に，余計なプレッシャーをかけることは，現実的ではありません。むしろ活動は，気分がシフトする際に，全般的なコントロール感を身につけていくのに役に立ちます。

4. 活動する気になるまで待つ必要はありません──とにかくやってみましょう！

　今週は，毎日，計画しているいつもの呼吸空間法に加えて，**あなたが何らかの不快なフィーリングに気づいたときはすぐに呼吸空間法を行いましょう**。また，**最低でも1日1回**，190ページの呼吸空間法を参考に，**行動のドアを利用して探索してみましょう**。

毎日，この新しいドア（**状況は？　何をした？　何が起こった？**）についての体験の記録を書きとめましょう。

1日目

状況：

活動：

結果：

Q 午後半ばの職場で，私はだんだん疲れてきて，身体が重くなるのを感じてきました。私は，それについて，何ができるだろうと思いめぐらしましたが，私の抱いた考え──"ショッピングに行く""友達に会う"──は，非現実的なものでした。それで，私は呼吸空間法を行い──まるまる3分間ではなく，せいぜい1分ぐらい──，私自身に問いかけました。「どのようにすれば，今，自分を最もよくケアできるだろうか？」と。そして，ある1つの答えが浮かび上がってきました。"マインドフル・コーヒー"です。私は，自分自身に，思いやりのある行動として5分間を"プレゼント"し，本当に一杯のコーヒーを飲む体験に集中しました。レーズンを食べることに少し似ています。そして，私は，ほんの少しの安らぎと，心の中の広がりと，リフレッシュした気持ちで，仕事に戻ることができました。

第11章　第7週：活動の中の思いやり　　191

A すばらしい！　たいていの場合，気分がわずかでもシフトすれば，違う場所から"再出発"するのに十分でしょう。そうすれば，同じ古い溝にはまることなく，人生を新しい別の方法で展開させることができます。

> ### ＊ 現在に留まる ＊
>
> 　身体を気づきのために使うことを覚えておいてください。姿勢にマインドフルでいることと，同じぐらいシンプルなことでしょう。あなたは，おそらくこれを読みながら，座っているかもしれません。この瞬間，身体感覚は，どのような感じでしょうか？　本を読み終えて立ち上がるときには，立つ動きを，それから次の活動へと歩いていくときの動きを，そして１日の終わりには，横になる際の動きを感じてみましょう。動くとき，何かに手を伸ばすとき，向きを変えるとき，あなたの身体の中に留まりましょう。そのぐらいシンプルなことなのです。
>
> 　そこにあるものを感じる実践を，ただ忍耐強く行ってください。身体はいつもそこにあります。ちょっとした動きでさえも，自然に意図せずわかるようになるまで。何かに手を伸ばしているなら，とにかくそれをしているのです。それ以外にすべきことはありません。手を伸ばしていることにただ気づくのです。あなたの身体は動いています。そこに留まって，それを感じ取れるよう，訓練することができるでしょうか？
>
> 　それは，とてもシンプルなことなのです。何度も注意を身体に戻す実践をしてください。この基本的な取り組みは，逆説的ですが，ゆったりとこの瞬間に戻ることなのです。それによって，フォーマルな瞑想から，マインドフルに日常を過ごすことへの気づきを広げるための鍵を手に入れることができます。１日を通して，ちょっとした身体の動きを感じることから，得られる力を過少評価しないようにしましょう。
>
> 　　　　　　　　　　　　　　　　　　　　　　ジョセフ・ゴールドスタイン

2日目

状況：

活動：

結果：

Q 私は，やらなければならない，すべてのことに負担を感じ，疲れていました。それで，MやP（達成感や満足感）を得るために何かを行うというアイデアは，私の"すべき"リストの中では別のもののように思えました。しかし，私は，とにかく呼吸空間法を行い，私自身に問いかけました。「今，自分は何を必要

としているのだろうか？」私は，しばらくの時間，休息や安らぎを必要としているという，はっきりとした感覚を得ました。しかし，私は，ただソファに横たわるだけでは，同じことを繰り返すだけだとわかっていたので，身体のシンプルな動きの中で"休息"することを選びました。私は，ただマインドフルに，とてもゆっくりと，穏やかに，歩いて行ったり来たりすることにしました——それはとても安らぎをもたらし，十分な休息になりました。変化のために自分をケアをすることは，良いことであると感じました。

A これは，開かれた心で呼吸空間法を用いる良い例ですね——あなたが期待していなかったことを行って，結果的に，まさにそれが，あなたが必要としていたことになりましたね。すばらしい！

3日目

状況：

活動：

結果：

Q 私は呼吸空間法を行い，行動のドアを開け，"M活動：芝を刈る"を行うことに決めました。それは，これまで先延ばしにしてきたことでした。その仕事を管理可能なものにするため，私は，2つの芝生のうち狭いほうを刈ることにしました。それには，長い時間はかかりませんでした。そして，私は，芝刈りを完了したことに喜びを感じました。それから，私の頭の中で小言が聞こえ始めました：「これでは十分でない。広い芝生も一緒にやるべきじゃないの？」私は少しため息をつき，肩をすくめ，そして，またそれを始めようとしていたとき，次のことを思い出しました。これは，そもそも，自分をケアするために始めたことだった。それで，私は優しくいられました。私は芝刈り機を遠ざけ，その場を離れ，足を投げ出してくつろぎました。それは，小さな勝利のように感じられました。

A あなたが行ったことは，とても重要なことですね！　あなたが，"すべき"や"義務である""せねばならない"に直面した際に，自分に優しくいられるときにはいつも，あなたは，新しい在り方の種を蒔いているのです。

あなたが課題の全部あるいは一部を終えたときには，**あなた自身に「よくやった」と言うこと**を覚えておきましょう。

活動を，より小さな，より管理可能なステップに分割することは本当に役立ちます。

あなたは，時間（何かを数分間だけ行い，それから途中で中断する許可を自分に与えること）**や活動**（大きな活動の一部だけ行うこと，例えば，机の上のすべてを片づけるのではなく，一部だけ片付けること）**のどちらでも分割できるのです。**それらのステップの後，あなたがしてきたことを改めて認めてあげましょう。

4日目

状況：
―――――――――――――――――――――――――――――――――――――

活動：
―――――――――――――――――――――――――――――――――――――

結果：
―――――――――――――――――――――――――――――――――――――

 Q なぜ呼吸空間法を最初に行う必要があるのか，いまだに，よくわかりません。もっとシンプルに，直ちにM活動やP活動に取り組んではいけないのでしょうか？

 A この点については，自分自身で試しに，呼吸空間法を用いた場合と用いなかった場合の行動を確かめてみてください。私たちはいつも呼吸空間法から始めることを推奨しています。なぜならば，そうすることで，あなたの行動は，「すること」モードからではなく，「あること」モードから生まれるからです。つまり，行動が，嫌悪からよりも思いやりから生じる可能性を高め，より創造的で，より俯瞰的に熟慮することができるのです。そして，あなたは妨害している思考を思考として，捉えることがもっとできるようになるでしょう。言うまでもなく，あなたは呼吸空間法の後に，異なるドアをすっかり開けて，行動のドアは別の機会にとっておくことがより適切であることを発見するかもしれません。

呼吸空間法は有効なものです。それは，プログラムのより広い側面とリンクしているからです――つまり，"あなたの友達全員をパーティに連れてくる"ようなものです（あなたがこれまでに学んだことのすべてに関するリマインダーの形をしています）。

5日目

状況：

活動：

結果：

Q 私はしばらくの間，気持ちが沈んでいて，友人に会わないようになってしまっていました――友達と会うことが，大きな努力を要するものと感じられ，会っても楽しむこともできないだろうし，友人たちは私のことを退屈な奴と思うだろう，と考えてしまいました。それから，友人のうちの何名かが，私を食事に誘ってくれました。いつもの思考が，私の心をよぎりました。そして，いくつかの言い訳を考え始めたとき，私は，"今日は何か違ったことをしよう！"という明るいオレンジのロゴがあるスーパーマーケットのトラックを見かけました。それで，私は呼吸空間法を行い，思考のドアを開けて，"思考は事実ではない"ことを思い出し，続いて，行動のドアを開きました。私は，友人の誘いに応じました――それは，簡単なことではありませんでしたが，彼らは私に会えたことを喜んでくれました。頑張った甲斐があり，本当にうれしかったです。

A 行動を起こすことが，最も大切であるという瞬間があります。あまりやる気が起きないことを，あえて行う勇気を持つというシンプルなことが，あなたの身体と心が最も必要としていることなのかもしれません。

6日目

状況：

活動：

結果：

Q それは，週末のことでした。私は一人ぼっちで，外は寒く，雨が降っていました。惨めな気持ちでした。私は何か役に立ちそうなものはないかといろいろと考えていました。しかし，すべてが大きな努力を必要とするように思えたのです。それで，私はソファで休むことにしたのですが，それはまったく助けになりませんでした。ようやく，私は，呼吸空間法にたどり着き，行動のドアを選ぶことにしました。私は自分の身体を動かす必要を感じましたが，雨の中を歩くというアイデアには気乗りしませんでした。しかし，どこからか，

1
week

2
week

3
week

4
week

5
week

6
week

7
week

8
week

第11章　第7週：活動の中の思いやり　　195

リマインダーが現れたのです："うつのとき，モチベーションは後から働く——ただ行うだけ！"それで私は行動しました。そして，実際には，私はそれを楽しんだのでした——私の髪をなでる風や肌に当たる雨は私を目覚めさせ，歩くことで私の心をクリアにしてくれました。私は，30分ほど歩いて，それから友人に電話をし，会うことにしました。

 気分の落ち込みは，考えやフィーリングだけでなく，身体にも影響を与えることを覚えておくとよいでしょう——身体的なエクササイズは，気分を上昇させるのに，驚くほど強力な効果を持つことがあります。

 身体をアクティブにすることは，抑うつ気分による疲労や無気力を一変させることができます。

4. アクション・プランを準備すること

先週，あなたは，早期警告サインを特定しました——それは，物事が悪くなり始め，建設的な行動を始めるべきときであると，あなたに（そしてあなたの周辺の人に）知らせてくれる信号のパターンです。

今週の目的は，実際にあなたが何を行っていくか，はっきりとした具体的な計画を立てることです。

 あなたのアクションプランを練り，必要なときに実践するために，一緒に取り組んでいけるように，友人や家族を巻き込めるかどうか確認してください。

あなたが，早期警告サインに気づいたとき，どのようにすれば，もっとうまく対応できるでしょうか？

このワークブックに書き込んだことを見返すだけでなく，ここ数年間のあなた自身の体験を振り返ってみることも，役に立つことでしょう。その両方とも，とても良いやり方で，あなたがしてきたことや発見してきたことの中で，とても有益なものを思い出させてくれるのです。

過去において，気分が悪くなり始めたときに，何があなたを助けてくれたのでしょうか？

精神的苦痛や，気分の落ち込みに対してうまく対応できたのはどんなものだったでしょうか？　あなたは，思考やフィーリングの混乱に対して，それ以上悪化させることなく，どのようにもっとうまく対応できるでしょうか？（本書であなたが学んだことも含めて）

第 11 章　第 7 週：活動の中の思いやり　　197

あなたは，困難で苦痛なときに，どうすればあなた自身を最も良くケアできるでしょうか？　（例えば，あなたを落ち着かせてくれるもの，あなたに栄養を与えてくれる活動，あなたが連絡をとれる人々，あなたの苦悩に賢明に対応できるささいなこと）

過去に，物事が手に負えなくなりそうになったとき，あなたの助けとなる有用な対策を練る上で，妨げとなった障害はどんなものだったでしょうか？　もし，将来，そういった障害に出くわしたなら，あなたはこれらの障害にどう対処しますか？

200ページでは，先週の早期警告サインの記録だけでなく，あなたがこれらの記録から学んできたことをまとめ，アクション・プランのための具体的な形にしていきます——**アクション・プラン**は，ひとたびあなた，または友人や家族が早期警告サインに気づいたとき，対処のための枠組みとして利用することができます。

　このことについて，思いやりにあふれた手紙を自分に書くことが役立つとわかるでしょう。まるで，あなたが，困っている親しい友達に手紙を書くように——この精神の下，冒頭部分を次のように書くことを提案してきました："おそらく，あなたがこのアイデアに関心がないことをわかっています。あなたが……することは，とても重要だと私は思っています。"

　あなたは，この仕組みが役立つことに気づくでしょう。

　　ステップ1：いつも**呼吸空間法**から始めましょう——あなたのために，これを記載しておきました。

　　ステップ2：**できる限り勇気を奮い起こし**，過去に役立ったと思えた実践を選びましょう（例えば，マインドフル・ムーヴメント，ボディスキャン，静座瞑想；本書の中で学んだことで，そのとき，役に立ったことを思い出しましょう；思考を振り返るために，頻繁に呼吸空間法を行いましょう；あなたとより賢明な心を再びつなげてくれるようなものを読みましょう）。

　　ステップ3：たとえ，そうすることが無駄であるように思えても，**楽しさ**と**達成**の感覚をもたらすような，**いくつかの活動を行いましょう**（例えば，あなたのP活動とM活動のリストから選びましょう）。活動を小さく分割しましょう（例えば，課題のほんの一部だけを行ったり，ほんの短い間，容易に管理できる時間だけ行いましょう）。

　困難なときにあなたが必要としていることは，このMBCTコースを通じて，これまでに何度も実践してきたことと，何ら違いはありません。

第11章　第7週：活動の中の思いやり

＊ 私のアクション・プラン ＊

Dear_____

　おそらくあなたはこのアイデアに関心がないことをわかっています。しかし，物事が収拾つかなくなりつつあることをあなたに知らせてくれる以下のようなサインに，あなたや周囲の人々が気づいたとき，すぐにあなたが行動を起こすことはとても重要だと私は思っています。

1. ───

2. ───

3. ───

4. ───

5. ───

私は，次のような活動を推奨します。

ステップ 1：呼吸空間法から始めましょう。
ステップ 2：できる限り，自分自身に集中するため，以下の活動を利用しましょう。
ステップ 3：pleasure と mastery をもたらすような活動を行いましょう。

───

───

建設的な行動を妨げる，以下にあげる障害にも**マインドフル**でいましょう。

───

───

　あなたが今，必要としていることは，MBCT コースを通して，これまでに何度も実践してきたことと，何ら違いはありません。

グッド・ラック！

署名欄：_____　　　日付：_____

このプランをコピーし，友人や家族と共有するほうがよければ，遠慮なくそうしてください。未使用のフォームは，www.guilford.com/teasdale-materials で見つけることができます。

▶フィーリングに圧倒されそうに感じたときは

たいていの場合，フィーリングがすごい勢いであなたを圧倒し，その結果，何かを行うことが不可能と感じるときが必ず訪れます。

こんなときでさえも，あなたにできることが何かあると覚えておくことが非常に重要なのです——最も大切なことは，ほんの少しでも，コントロール感を取り戻すことです。

もし，この瞬間に1％，気分を改善することができれば，あなたはとても重要な変化を起こしたことになります：この瞬間の質は，次の瞬間に影響します。それが，また次に影響し，また次に……。

1つの小さな変化は，最終的には大きな変化になり得ます。

> スティーブ：私は，仕事でのストレスとうつのため，何度も，休みをとらなければなりませんでした。数年前には，1年の終わりの半年間を丸々休んだこともありました。私は，瞑想，認知療法，MBCT——特にボディスキャンなど，うつの治療のために可能な限りあらゆる治療法を利用してきました。実際，気分が悪いとき，私は，とても役立たずな人間に感じます——そして，その状態が永遠に続くように思えます。うつ状態になったとき，役に立たなかったやり方の1つは，物事を終わらせるために，定時の仕事が終わった後でも長く職場にいようと考えたことでした。それはうまくはいきませんでした。最もうつ的にさせる環境の中で，仕事に時間を費やせば費やすほど，ますます物事が終わりませんでした。
>
> そんなとき，"すべての物事を終わらせる"ことができるような包括的な戦略を生み出すこともできるわけでもなく，もし，戦略を考え，あらゆることを書き出したとしてもおそらくそれをする気にならなかったと思います。
>
> こんなとき，私の戦略は次のようなものです。"スティーブ，何でもいいから，とにかく行いなさい。" わずかでも口火を切るような，私が少し気持ちよく感じるのに役立つ何かを見つけることです。それは，とても小さなことであるかもしれませんが，何かを行うことはとても重要なことなのです。そして，もし可能なら，私は，親しくて信頼できる同僚にも関わってもらいます。ほんのちょっと前までは，私は二度と有益な何かをすることなんてできないだろうと考えていたかもしれません。しかし，それから，私がもし何かを行えば——それが，ただ3つの古い新聞を捨てるというささいなことであったとしても——，全体として，破壊的信念が事実でないことを証明したことになります。

ある夏の日

誰が世界を作ったのか？
誰が白鳥を，黒い熊を作ったのか？
誰がバッタを作ったのか？
このバッタ，つまり……
草の中から彼女自身を飛び立たせ，
私の手から砂糖を食べ，
あごを，上に，下にではなく，
前に，後ろに動かし，
巨大で複雑な目で，
周囲を見つめる，このバッタ。

今，彼女は，青白い前足を持ち上げ，
孤独に顔を徹底的に洗う。
今，彼女は，羽を広げて，飛んでいく。

私は，祈りがどのようなものか，完全には知らない。
私が知っているのは，どのように注意を払うのか，
どのように草に寝ころぶのか，
どのように草にひざまづくのか，
どのように何もしないでいるのか，
また，祝福されるのか，
どのように草原を散歩するのか，
つまり，私が1日中行っていること。

教えてください，
その他に，私が何をなし得たでしょうか？
すべてのものは，最後には，
それもごく近いうちに，死んでしまうのではないでしょうか？
教えてください，
あなたが何をしようと計画しているのか，
あなたの，たった1回（1つ）の，
ありのままの，
貴重な（かけがえのない）命あるうちに。

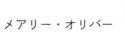

第12章
第8週
これからどうする？

オリエンテーション

活気に満ちた尊い人生を送るための計画とはどのようなものでしょうか？

メアリー・オリバーが自身の詩（p. 202）の中で提示した重要な問いかけに，あなたはどのように答えるでしょうか？

より幸福で，より一体感があり，より満足し，より健康でありたいという，自分の心の奥深くにある願いをかなえるのに，MBCT のプログラムはどのような助けになったでしょうか？

MBCT のどこに最大の価値を見出すかは，本当に人それぞれです。以前の参加者たちが述べていたことを，いくつか紹介します。

> 私は，18歳の娘といても，喧嘩になったり，怒ったりすることが少なくなっています。私は彼女に対して以前よりも前向きに関わることができています。

> 今は，暗い気分やうつを感じ始めたとき，それに対処する戦術を持っています。

> 何かを引き受けても，失敗するだろうといつも恐れる代わりに，リソースを持っているんだと感じています。「私は何とかやっていけるんじゃないか」と考えられるようになってきています。

> これまで，私がうつや不安について感じてきた恥ずかしさを取り除き，さらなる自己受容へといたっています。

> 長年にわたって抑圧されてきた感情がありました。自分の人生を本当に生きるために，私はそれらを感じるべきなのです。私の人生の見方全体が変化してきています。

> 私は，内なる強さを発見しました。

よくあることですが，実践で投資してきた時間と努力によって得たことの多くは，現時点において明らかでないかもしれません。

　第8週の中で，プログラムでの自身の体験を振り返る機会を設けています。それは，**あなたは何を体験してきたのか？　あなたは何を学んできたのか？　あなたは何に最も価値を見出してきたのか？**　ということを振り返る機会です。

　あなたのこの数週間の忍耐と粘り強さの成果を残りの人生に持っていく方法を考えるとき，発見してきたことを実際に言葉にすることによって，あなたは思い出し何度も元気づけられるのです。

　第8週は，プログラムが終わり，これからも長きにわたって続く，マインドフルな発見の旅の始まりなのです。

> 第8週の本質は，私たちの残りの人生のことである。
> by　ジョン・カバットジン

　我々がMBCTを教えるとき，第8週目でははじめに戻って，第1週目に行った長めの実践であるボディスキャンを行います。

　もし，クラスに参加していないなら，プログラム体験を全体的に振り返る前に，今，同じことを行って，再び「あること」モードになっておくといいでしょう。本書に付属しているCDかダウンロード版のガイド音声の使用については，ご自由にしてください。

あなたは何に気づくでしょうか？　第1週目の体験と同じでしょうか？　または違うのでしょうか？　どのように体験されたでしょうか？（第1週目のときに記入したことを振り返ってみてはどうでしょう。）以下に，どのような類似点や相違点があるのか記入してください。

そして，今，一歩下がると，プログラム全体の体験をより広範囲に振り返るために，以下に示す2つの関連し合っている包括的な目的を心に留めておくことが役に立つとわかるでしょう。

　　目的1：感情的な苦痛を生み出したり，持続する感情的な苦悩に巻き込んだりする習慣的な心のパターンをより早く察知し，より上手に対応する助けになること。
　　目的2：新しい在り方を養いはぐくむこと。
　　　　・心が砕かれるような習慣的パターンを引き起こしにくい在り方。
　　　　・より大きな，より幸福に，より安心して，より満足に生涯を過ごせるような在り方。
　　　　・感情的な混乱をくぐり抜けられるように，優しくあなたを導いてくれる心の内なる叡智を信頼する心構えがよりできている在り方。

　他の人たちは，いったい何がMBCTで最も役立つと思っているのでしょうか？以下には，参加者がよく話してくれるテーマをあげています。
　これらは，あなたにとってどれくらい重要なことでしょうか？

1～10の得点をつけてみましょう。1はまったく重要ではない，10はとても重要であるということを意味しています。

テーマ	スコア (1-10)
気分を下げるものを知ることと，早期警告サインを認識すること	
ネガティブな思考やフィーリングのパターンから離れるための新しい方法を学ぶこと	
ネガティブな思考やフィーリングを，「私」ではなく，感情の一部として，別の方法で観ること	
望まない感情に直面するときに，そんなに無力ではないと感じること	
そんなに孤独でないと感じること――多くの人が抑うつやその他の困難な感情を体験していることや，そんな体験をしているのは「私だけではない」ということがわかること	
自分に対して，もっと優しく，あまり批難しないこと	
もっと自分を尊重すること――自分のニーズを認識し，応じること	

第12章　第8週：これからどうする？　　205

他に自分の体験を振り返る方法は，心の「あること」モードの中核的な特徴（p. 22 ～ 25）を思い出すことです。そして，各々の特徴が今の自分にとってどれだけ重要かを評価することです。同じく，1 ～ 10 のスケールを使います。

気づきと意識的な選択とともに生きること （対　"自動操縦"）	
感覚を通して，直接的に体験を知ること （対　思考を通して）	
この瞬間，今ここにいること （対　過去や未来に留まること）	
関心を持ってすべての体験に接近すること （対　不快を回避すること）	
物事をあるがままに受け入れること （対　物事を違ってほしいと望むこと）	
思考を精神的な出来事として観ること （対　思考を必ず真実や事実として観ること）	
親切や思いやりを持って自分をケアすること （対　自分や他者を犠牲にしてでも目標を 達成することに重点を置くこと）	

これまで，あなたが MBCT で恩恵を受けたと感じる重要なものをいくつか書きとめてください。（たとえ十分でなくても重要な変化をもたらすわずかなヒントになるものも含めてください。）

> ジョアンヌ：私に与えてくれたマインドフルネスな体験に心から感謝しています。マインドフルネスは，静かで深大な影響を私にもたらしています。それは表面下で，静かに働いていると私は思います。
> 　私は子どもといる時間を大切にし，その日の仕事のことを考えるよりもむしろ，子どもと一緒に何かをしていることに没頭できていることに気づきました。私は子どもたちを観察して，ペースに合わしていると，退屈やイライラに気づきます。それは，瞑想の中で，自分の心がさまようのと同じように考えることができます。大人としての役割やプレッシャーに私の心が動きます。そして，子どもたちとともにあることに十分に注意を向けられなくなるのです。
> 　時々，感情や思考，まわりの音に注意を向けることが，ある強烈なフィーリングを思い出させてくれたのです。子ども時代の顔にあたる風の感覚や，帰宅したときの家の向こうにある雲のことを久しぶりに思い出すことができるのです。さらに若々しい楽観主義や喜びのエネルギー，大いなる可能性のエネルギー，そして発見されるべき1つの世界のエネルギーを，私は再び身体と感情で感じることができるのです。これは私が待ち望んでいたサプライズだったのです。

　マインドフルネス実践から得られた恩恵を振り返ることで，これからの実践を支える，良い意図の種を蒔くのです。

🍃 展望

ここで，検討してほしい2つの大切な問いがあります。

　①**どんな理由**で，私はマインドフルネス実践を続けたいと思えたのでしょうか？
　②**どんな形**で，私は実践をしてきたのでしょうか？

まず，①の理由について考えてみましょう。

▶どうして，実践を続けるのでしょうか？

Q 私は本当に続ける必要がありますか？
私は8週間にわたってたくさんの時間をかけて，努力してきました。私はそれを望んでいました！

A それはとても理解できます——そして，よくあることですが，あなたがしてきたことがフォーマルなマインドフルネス実践から程遠いものだったとしても，あなたの生活は変化し，よりよいものになっているでしょう。しかし，あらゆるエビデンスでは，MBCTから最も恩恵を受ける人は，なんであれマインドフルネス実践を——たとえそれが1日にたったの数分間であるとしても——継続する人たちが示唆されています。投資した時間と努力から十分な恩恵を享受するためには，新しい言語を学ぶように，<u>少しの実践によって，</u>

第12章　第8週：これからどうする？　　207

新しいスキルを生き生きと有効に利用し続けられる，ということを覚えておくことは役に立ちます。

Q 私は，時々，気分がのらないのに，どうして実践したり，またはマインドフルであるべきなのかがわかりません。学んだことが1つあるとすれば，「すべき」というのは「すること」モードの一部であるということです。

A 他者とともにしてきた我々の経験では，間違いなく「すべき」というモードは，実践を長続きさせないことを示唆しています。別のうまいやり方は，あなたの実践を支えるのに役立つポジティブな理由を特定すること，すなわちやりたい気分であろうがなかろうが，実践するモチベーションを高めることです。あなたがすでに深く関心を抱いているものと，実践することを続ける意図とリンクさせることが可能なのです。

 あなたが深く関心を抱いていることとリンクさせ，マインドフルネス実践を支えるポジティブな理由を持つことは，とてもエンパワメントすることになるのです。

【 マインドフルネス実践を支えるために，
　　心からの意図を特定すること 】

次のエクササイズが役立つかもしれません。
　心地良く，リラックスできるように座ってください。心を束ねるためにマインドフルな呼吸を少ししてみましょう。心地良く感じるようでしたら目を閉じてもらってもかまいません。
　次の問いがあなたの心の中に優しく降りていき，気づきの中で穏やかであり続けることを認めましょう。

　　　　"この実践で，人生に役立つ，最も大切で価値があるものは何だろう？"

　その問いがあなたの心の中に降りていくことを受け入れましょう。1つのつるつるした丸い小石が深い井戸に落ちていく，ゆっくりと，より深くより深く，湖の，冷たくて，澄んだ水を通って……小石が落ちていくにつれて，気づきとともにその質問を繰り返しましょう……ある答えがあなたの心に湧き上がってくるかもしれませんし，湧き上がってこないかもしれません。
　その小石が底まで落ちたなら，しばらくの間そのままでいて，さらなる何らかの反応に対してオープンになり，気づきへと向かっていきましょう。
　その問いについて考えたり，答えを出そうとしたり，すぐに回答を求める必要

もありません。その代わりに，気づきに任せられるかどうか確かめてみましょう。

あなたの奥深いところで，日頃の思考以上にその問いを処理するのを認めましょう。

あなたが最初に，その問いについて沈思しているとき，何ら答えは湧き上がってこないでしょうし，あるいは湧き上がってくる答えは，ある意味"まったく正しくない"と感じるでしょう。そういうことはよくあることです。

あなたはいつでも元に戻れることを覚えておいてください。

もし準備ができているなら，少し深い呼吸をして，優しく目を開けてください。

あなたがマインドフルネス実践を継続する理由を見つけられたならば，下の欄に記入しておきましょう。その理由とは，あなたが深く関心を抱いているものとつながっているものです。記入しておけば，必要なときにいつでもあなたは思い出し，再び元気づけられ，実践する心からの理由と再びつながることができるのです。

私はできる限り，実践を続けていくつもりです。その理由は，

ジョアンヌ：私は毎日，何らかのマインドフルネス実践を続けていくつもりです。なぜなら，マインドフルネスは自分の子どもとの親密さをより感じさせてくれるからです。それは，私がとても深く関心を抱いていることです。クラスがあった週は，子どもとの時間を多く持てているように思えましたし，子どもと話をする時間も多く持てました。そして子どもたちと一緒にいることをもっと楽しめました。

おかしいですよね。というのも私は最初，日々の実践に費やす時間が，子どもや夫から私を引き離すことになるだろうと心配していたからです。しかし，実際は反対でした。時間があるときよりも，今，子どもたちや夫により親しみを感じています。

ケアリー：私は自然のままにいること（being）に価値を置いています。木の上の葉を見る感覚や髪に当たる風の感覚を感じています。私は以前はよく犬を散歩に連れていったものですが，そのときは自分のまわりの物事に決して気づくことはありませんでした。散歩させることは済ますべき1つの課題になっていたのです。しかし，今ではとても楽しく感じられるようになり，大切にしていることなのです。

モー：私は身体的・精神的健康に価値を置いています。私には，そういった健康とマインドフルネスの間のつながりがわかります。つまり，そのつながりによって，ヨガや歩行瞑想をすることや私に栄養を与えてくれるものと私を消耗させるものをチェックすることを，思い出させてくれるのです。

明確な意図があってこそ，私たちは最後までやり通すことができるのです。その結果，私たちはやりたい気分であろうがなかろうが，自らを強制するのではなく，本当に価値を置いていることを思い出すことによって実践するようになるのです。

　実際，私たちは皆，実践を支え，苦痛な感情が生じたときに行動を起こすように自分をサポートする，深く根付いたモチベーションをすでに持っているのです。
　自分自身を含め，人々を大切にするということは，私たちが皆，共有しているシンプルで価値のある，生まれながらに持つ権利なのです。
　もちろん，これまでうつになっていたり，今，うつであるならば，**自分自身**を大切にするという意図を認め尊重するのは，とても難しいことです。自分は大切にされるに値しないと感じるかもしれませんし，人と違って，この大切にするという生来の能力を持っていないと思うかもしれません。
　このような場合は，まさに，あなたが MBCT で探求してきた，他のすべてと同じように，大切にするあるいは親切であるという意図は，実践によって涵養され，強められることを思い出すことがとても重要です。
　では，どうやって？　あなたの体験に対して，できる範囲までマインドフルで，許容的で，関心ある気づきをもたらすことによってです。どれくらいできたかは関係ありません。その行動自体が，ケアや善意，親切心を強力に示しているのです。

 真にマインドフルであるときはいつも，自分自身や他の人々をケアする尊い意図を養っているのです。

　もちろん，実践への最善な意図があったときでさえ，おそらく，壁にぶつかることもあると思います。しかし，それは，こういった障害があなたをずっと身動きできなくさせるということではありません。

過去の体験から，あなたがマインドフルネス実践を継続する上で，予想される最も大きな障害はなんでしょう？

210　　第Ⅱ部　マインドフルネス認知療法（MBCT）プログラム

過去の体験から，あなたがこれらの障害に打ち勝つには，どんな方法が考えられるでしょうか？

実践を続けていくこととは何か？：日々の実践

あなたが日々，深いマインドフルな生活を送れるような様々な方法を記しておきます。
1. 日々のフォーマルなマインドフルネス実践
2. 毎日のインフォーマルなマインドフルネス実践
3. 3分間呼吸空間法（対処用）

1. 日々のフォーマルなマインドフルネス実践

できるだけたくさん，あなたが先週に決めた，継続可能な日々のフォーマルな実践パターンを続けることです（p. 189）。

たぶん，あなたは，これからの体験に応じてそのパターンを少しずつ変化させていくことが必要とわかるでしょう。それはすばらしいことです。つまり，そのパターンが日々，長期間にわたり継続可能なものであるということが重要なのです。

必要に応じてそのパターンを調整すべく，3か月かそれ以上ごとに，毎日の実践を振り返ってみるとよいでしょう。スケジュール帳に，今からおおむね3か月ごとをめどに，振り返りの予定を書いておくと，役に立つリマインダーになります。

レクシー：MBCT のクラスの終わりごろに，私は毎日の生活にマインドフルネスを組み込むことについて気になっていました。私はマインドフルエクササイズの時間を捻出するために，少し時間をとって，日記をつけることにしました。

最初，私は時間を頑なに守ろうとしました。しかしながら，時が経つにつれ，エクササイズが自然と日々のルーティンになっていることがわかりました。私は通常，1日の始まりに10〜15分，ボディスキャンか静座瞑想を行います。通常だと，通勤中に，ほとんど毎日，呼吸空間法をやっています。特に日中，ストレスフルなときには役立ちます。長いこと瞑想実践を行っていると，だんだんCDに頼ることも少なくなってきます。

毎日のマインドフルネスというのはすばらしいコンセプトだと思います。私はただ，いつものように日々の自分の仕事や活動を行っているだけですが，それらをマインドフルにすることを選択しています。

MBCT のクラスは，すばらしいものです。そこでは，多種多様なマインドフルネスのテクニックを教えてくれ，そして，あなたの生活に最も合ったマインドフルネステクニックの選択肢を与えてくれるのです。

私は今まで約2年間マインドフルネスを実践し，いくつかのポジティブな変化に気づいています。状況に反応するよりむしろ，その瞬間，地に足をつけることができるのです。私は自分が身体的にまたは感情的にどう感じているか，触れ合えるようになったと思います。マインドフルネスは全般的に，非常に穏やかな影響をもたらし，私の人生観を変えました。

1 week
2 week
3 week
4 week
5 week
6 week
7 week
8 week

第 12 章　第 8 週：これからどうする？　211

＊他の参加者が見つけた
フォーマルなマインドフルネス実践を毎日続けるための役立つヒント＊

●**どんなに短くてもいいので，毎日何らかの実践をしましょう。**

　　実践を「毎日行うこと」は，あなたがマインドフルネスを一番必要とするときはいつでも，マインドフルネスをフレッシュに利用できるよう，準備を整えておく手段として，とても重要なのです。なぜならば，あなたはいつマインドフルネスが必要となるのかわからないからです。

　　国際的に評価の高い瞑想の先生であるジョセフ・ゴールドステインは，生徒に毎日座って瞑想を行うことを推奨しています。そして，**それはたった 10 秒でも**です。経験から言えば，ほとんどの場合，たった 10 秒でも，もっと長く座れるようになれるのです。

●**もし可能であるなら，同じ時間，同じ場所で実践しましょう。**

　　このように行えば，マインドフルネスはまさにあなたの日々のルーティンとなるでしょう。それは歯磨きとまったく同じように，それをするかしないか思案する必要がなくなるでしょう。つまりそれは，ルーティンという観点からすれば，いつも行っていることになります。

●**植物の世話をするように，実践を眺めましょう。**

　　毎月，バケツ一杯の水を与えるというよりも，毎日ほんの少しの水を与えてください！　それはまさに植物を育てるようなもので，一貫した世話と注意を持って実践を育てる（養う）ことで，成長し，自然と愛らしさへと可能性が広がることでしょう。

●**「To do」リストにあるもう 1 つの別のものというよりも，自分を養うための方法として実践を観ましょう。**

　　実践はいつも養っていると感じられるのではないと覚えておきましょう。できる限り，実践は実践のままにして，実践がどうあるべきか，とか，実践を自己改革の「プロジェクト」の一環とみなすような考えを手放しましょう。

●**自分自身が何度も実践する気にさせる方法を探索してみましょう。**

　　このワークブックを時々読み返してください。関係する他の本を読んだり，インターネットでトークや誘導瞑想を聞いてください（巻末のリソース参照）。

●**他の人たちに実践方法を聞いてみてください。**

　　いわゆる「静座瞑想グループ」にいる他の人たちと定期的に実践することは，実践を生き生きしたものに保つための最も強力な方法の 1 となります。もしあなたが，グループで MBCT を学んでいたなら，その仲間たちと実践する機会をつくりましょう。体験を分かち合うマインドフルネス「仲間」を見つけ，時には実践を一緒に行うことによって，誰もが恩恵を得ることができるのです。そんな仲間がたった 1 人だとしても，他者とともに実践し体験を分かち合うことが，極めて驚くべき支援となるのです。

●**いつでも再開できるということを覚えておいてください。**

　　マインドフルネス実践の本質は，（すでにあなたは何度も何度も心がさまよったときに呼吸に戻るという実践をしたように）過去を手放し，新しいそれぞれの瞬間でもう一度最初から始めることなのです。同様に，しばらく実践していないと気づいたときは，自分を批判したり，「なぜ？」と反すうするのではなく，3 分間呼吸空間法を行って，一からやり直しましょう。

212　　第 II 部　マインドフルネス認知療法（MBCT）プログラム

2. 毎日のインフォーマルなマインドフルネス実践

> レクシー：毎日のマインドフルネスというのはすばらしいコンセプトだと思います。私はただ，いつものように日々の自分の仕事や活動を行っているだけですが，それらをマインドフルにすることを選択しています。

> 本来，マインドフルネスは難しくありません。——毎日の生活における課題は，**忘れずに**マインドフルな状態でいることです。

Q では，刻々と日々，忘れずにマインドフルな状態でいるにはどのようにしたらいいのでしょうか？

A 「しなければならない」もう1つのことというよりもむしろ，できる限りでいいので，少しばかりマインドフルでいようとすることです。
　　自分で気づきやすい適当な場所（電話の上のような場所）に「リマインダー」となるような赤い点やメモを貼り付けることや，あなたが今ここに再びつながるために，コンピュータやスマートフォンに，ダウンロードしたマインドフルネスベルを日中鳴るようにすること，あるいは，一呼吸を置くことなど（巻末のリソース参照）は，役立つと思います。
　　瞑想の先生であるラリー・ローゼンバーグは，1日中マインドフルネスを実践するためのリマインダーを5つ提唱しています。

　　1. できれば，一度にただ1つのことだけやりなさい。
　　2. 自分がしていることに十分な注意を払っていなさい。
　　3. 何かをしていて心がさまよったら，していることに戻るようにしなさい。
　　4. 3番のステップを何十億回と繰り返しなさい。
　　5. あなたの気をそらせるものを探究しなさい。

　　毎日のインフォーマルなマインドフルネスのためのリマインダーとして，時々，以下のような実践をもう一度やってみるのもよいでしょう。

・**習慣となっている活動に気づきをもたらすこと**
　　　　　　　　　　　　　　▶▶▶▶▶▶▶▶▶▶▶▶▶▶▶第1週，57～59ページ，
　　　　　　　　　　　　　　　　　　　　　第2週，79～80ページ
・**うれしい出来事日誌** ▶▶▶▶▶▶▶▶▶▶▶▶▶▶▶80～84ページ
・**いやな出来事日誌** ▶▶▶▶▶▶▶▶▶▶▶▶▶▶105～109ページ
・**現在に留まること** ▶▶▶▶▶▶▶▶▶▶▶▶▶▶192ページ
・**マインドフル・ウォーキング** ▶▶▶▶▶▶▶▶▶▶129～132ページ

＊　毎日のマインドフルネスのためのいくつかのヒント　＊

- 朝，目覚めたらまず，ベッドから出る前に，自分の呼吸に注意を向けてください。マインドフルな呼吸を 5 回観察しましょう。
- 自分の姿勢の変化に気づきを向けましょう。横になった状態から座った状態，立った状態，そして歩いている状態へと動くときに，身体と心がどのように感じるか気づきをもたらしましょう。
- 1 つの姿勢から別の姿勢に移行するたびに気づきを向けましょう。
- 電話が鳴ったり，鳥がさえずったり，電車が通過したり，笑い声や車のクラクションの音，風の音，ドアを閉める音など，どんな音でも聞いたら，それらの音をマインドフルネスベルのように使いましょう。本当に聞いて，現在に存在し，目覚めていましょう。
- 1 日を通して，ほんのわずかの時間，自分の呼吸に注意を向けましょう。マインドフルな呼吸を 5 回観察しましょう。
- 何かを飲んだり，食べたりするときはいつでも，少し時間をとって呼吸をしましょう。食物を見て，その成長には栄養を与えてくれているものと食物とが結びついているということを実感してください。その食物の中に日の光，雨，地球，農家，トラックを観ることができますか。食べるときも注意を払ってみてください。身体の健康のために，この食物を意識して食べてみましょう。食物を見ること，その匂いをかぐこと，味わうこと，噛むこと，飲み込むことに気づきをもたらしましょう。
- 歩いている間や立っている間，身体に気づきを向けましょう。少し時間をとって，あなたの姿勢に気づきましょう。地面と足の接触面に注意を払いましょう。歩くときに，顔・腕・足にかかる空気を感じましょう。急かしていませんか？
- 聴くことと話すことに気づきをもたらしましょう。意見が合う，合わないとか，好きかそうでないかとか，自分の番になったときに何と言おうかと計画することなく，聴くことはできますか？　話しているときに誇張したり，控えめにしたりしないで，言うべきことだけ話せていますか？　自分の心と身体がどのように感じているか，気づきを向けることができますか？
- 列に並んで待つときはいつでも，立っていることや呼吸をしていることへ気づきを向ける時間に使いましょう。足が床に触れているのを感じ，どのように身体が感じるかを感じましょう。腹部のふくらみやへこみに注意を向けましょう。イライラしていないでしょうか？
- 1 日を通して，身体のこわばっている箇所に気づきを向けましょう。そこに息を吸い込めるかどうか観てみましょう。そして，息を吐き出すときは余分な緊張を捨てましょう。自分の身体のどんなところに緊張がたまっていますか？　例えば，首，肩，胃，あご，背中の下の部分ですか？　できれば 1 日に一度は，ストレッチかヨガを行ってください。
- 日々の活動，例えば，歯を磨いたり，皿を洗ったり，髪をといたり，靴を履いたり，仕事をしたりといったことに注意を向けましょう。それぞれの活動にマインドフルでいましょう。
- 夜，眠る前に，数分の時間をとって，自分の呼吸に注意を向けましょう。マインドフルな呼吸を 5 回観察しましょう。

マデリーン・クレイン

3. 3分間呼吸空間法（対処用）

呼吸空間法は，すべてのMBCTプログラムの中で，最も重要な実践です。呼吸空間法は，「あること」モードが必要なときにスイッチを入れる方法です。

不快なフィーリングに巻き込まれたり，混乱したり，不安定になったり，あるいは何かで頭がいっぱいになったりしていることに気づいたときはいつでも，呼吸空間法をあなたの最初の対応にしましょう。

このとても重要な実践を生き生きと有効なものとして十分に保つために，**毎日少なくとも1回は，対処用の呼吸空間法をすること**をお勧めします——日常生活には実践の機会が山ほどあります！

以下は，鍵となるステップのリマインダーです。（このステップ0は，姿勢をつくることの重要性を示しています。）

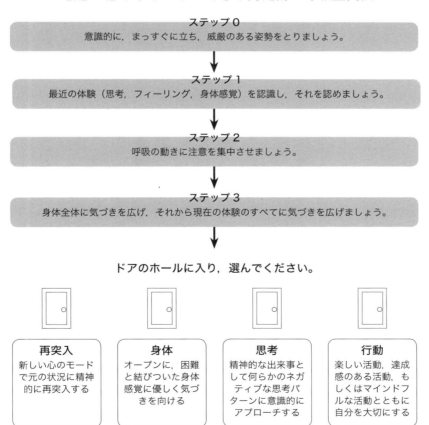

第12章　第8週：これからどうする？　215

終わりに

　この旅も終わりを迎えようとしています。

　マインドフルネス実践を続けることを選ぶなら，進み続けていくべき道を提示します。それはまったく新しい在り方，私たちの多くが，今までほとんど探究も体験もしてこないままであった在り方を明らかにすることができるような発見の道です。

　不思議に思うかもしれませんが，他の誰かになろうとしたり，他の場所を目指したりする努力をしなくても，今すぐにあるがままの自分と友人になれることを発見するかもしれません。

　ひとたび内なる厳しい批評家を認めてしまえば，そこに存在する声は，その批評家の執拗な声だけではないということがわかるかもしれません。つまり，最も困難な状況においてでさえ，なすべきことをより明確に，より優しく観ることができる，より静かで賢くて，明敏な声もまた，そこには存在します。

　瞑想は，自分自身を人生や感情から引き離すようなものではありません。

　瞑想は，私たちがあるがままに生きること，深く感じること，思いやりの気持ちを持って行動することができるように，真に分かち合うというようなものです。

　私たちは皆，いとも簡単に自分自身について迷子になるのです。

　マインドフルネスはその帰り道を教えてくれます。

　あなたにも，1日1日，瞬間瞬間ごとの比類なき発見の旅が続くよう，我々は祈っています。

愛のあとの愛

その時はやってくるだろう
高ぶる気持ちとともに
あなたの鏡の中で
ドアに辿り着く自分自身に挨拶するでしょう
そして，互いに歓迎し合い，微笑むことでしょう

そして言います
ここに座りなさい
食べなさい
あなたは再び，
あなた自身である「その見知らぬ人」を愛するでしょう
ワインを与えなさい
パンを与えなさい
あなたの心を返しなさい
あなたを愛してきた「その見知らぬ人」に

これまでずっと
あなたを無視してきたもう一人の自分
あなたを諳(そら)んじているもう一人の自分
本棚からラブレターを取り出しなさい

数々の写真や絶望的なメモ
鏡からあなたのイメージを剥ぎ取りなさい
座りなさい
あなたの人生に饗宴を

デレック・ウォルコット

リソース

🍃 MBCT グループを見つける

MBCT グループにまだ参加していないが，加入可能な MBCT グループを探したいなら，インターネットで探すのが最も簡単な方法です。

グーグルや他の検索エンジンで，例えば，［マインドフルネス認知療法 ＋ "あなたの所在地"（mindfulness-based cognitive therapy ＋ "your location"）］，［マインドフルネスストレス低減法 ＋ "あなたの所在地"（mindfulness-based stress reduction ＋ "your location"）］，［マインドフルネスセラピー ＋ "あなたの所在地"（mindfulness therapy ＋ "your location"）］といった検索文字列を使って探すことができます。

あなたが住む地域にある，地元のマインドフルネスリソースに関するリードが見つかるでしょう。MBCT グループについてもっと明確に聞くことができます。

また世界のあちこちの特定都市の MBCT インストラクター提供団体を表記しているたくさんのウェブサイトもあります。そのいくつかは www.mbct.com の "Resources" タブの下で見つかります。イギリスの場合，www.bemindful.co.uk の "Find a Course near You" で閲覧できます[訳注]。

また，もし知りたければ，www.bemindfulonline.com でオンラインの MBCT コースを取得することができます。

🍃 参考文献

マインドフルネスに基づくプログラムの詳細

▶ Full Catastrophe Living: Using the Wisdom of Your Body and Mind to Face Stress, Pain, and Illness, Second Edition.

▶▶▶ Kabat-Zinn, J.　New York: Bantam Books Trade Paperbacks, 2013.

本書はマインドフルネスストレス低減法（MBSR）プログラムについて最初に記載したオリジナルな古典的テキストの改訂新版で，マインドフルネス認知療法はそのプログラムを基盤としています。

【邦訳①】『マインドフルネスストレス低減法』　Ｊ．カバットジン（著）　春木　豊（訳）
2007 年　北大路書房

▶ The Mindful Way through Depression: Freeing Yourself from Chronic Unhappiness.

▶▶▶ Williams, J. M. G., Segal, Z. V., Teasdale, J. D., & Kabat-Zinn, J.
New York: Guilford Press, 2007.

本書はうつのプログラムにおける MBCT の背景，理念，実践，効果が詳細に物語形式で呈

＊訳注：現在（2018 年 6 月），本サイトに当該ページは存在しない。参考までに，Find a teach をクリックすると，Find a teacher near you のページが閲覧可能である。

示されています。ジョン・カバットジンのナレーションによる瞑想ガイドが含まれています。

【邦訳②】『うつのためのマインドフルネス実践：慢性的な不幸感からの解放』　マーク・ウィリアムズ，ジョン・ティーズデール，ジンデル・シーガル，ジョン・カバットジン（著），越川房子，黒澤麻美（訳）　2012 年　星和書店

▶ The Mindful Way through Anxiety.

▶▶▶ Orsillo, S., Roemer, L. New York: Guilford Press, 2011.

本書は『うつのためのマインドフルネス実践』と類似のフォーマットを使っていて，特に激しい恐怖と不安で苦しんでいる人々のために書かれたものです。彼らは，伝統的なエクスポージャー法とマインドフルネストレーニングの統合が，どのように自分たちがより十分に生きることを助けてくれるのかを学びたいと思っているのです。

【邦訳③】『マインドフルネスで不安と向き合う』　スーザン・M・オルシロ，リザベス・ローマー（著）　仲田昭弘（訳）　2017 年　星和書店

▶ The Mindful Path to Self-Compassion.

▶▶▶ Germer, C. New York: Guilford Press, 2011.

本書は困難なことに対するマインドフルネスや慈悲的な反応の涵養を通して，自責や判断，完全主義に対する役に立つ指針を提供しています。

▶ Mindfulness: A Practical Guide to Finding Peace in a Frantic World.

▶▶▶ Williams, M., & Penman, D. London: Piatkus, 2011.

この一般向けの本は，『うつのためのマインドフルネス実践』に基づいたものですが，心配や不幸感といった，より軽度で一般的な精神状態を扱えるように，マインドフルネス実践をどのように拡張できるのかについて記述しています。通常の生活の忙しさの真っ只中において，平穏と健康の感覚を涵養することに焦点が当てられています。この本にはマーク・ウィリアムズのナレーション付きの短い瞑想のダウンロードが含まれています（参照：www.franticworld.com）。

【邦訳④】『自分でできるマインドフルネス：安らぎへと導かれる 8 週間のプログラム』　マーク・ウィリアムズ，ダニー・ペンマン（著）　佐渡充洋，大野　裕（監訳）　2016 年　創元社

MBCT マニュアル

▶ Mindfulness-Based Cognitive Therapy for Depression, Second Edition.

▶▶▶ Segal, Z. V. ,Williams, J. M. G., & Teasdale, J. D. New York: Guilford Press, 2013.

本書は健康専門家が MBCT の教育の基盤として使用する完全マニュアルで，MBCT の歴史，理念，実践，研究，プログラムの教育をさらに深く学びたい場合の書籍です。

【邦訳⑤】『マインドフルネス認知療法　第二版』　Z. V. シーガル，J. M. G. ウィリアムズ，J. D. ティーズデール（著）　越川房子（監訳）　2019 年発刊予定　北大路書房

マインドフルネスの詳細

▶ Wherever You Go, There You Are: Mindfulness Meditation in Everyday Life.

▶▶▶ Kabat-Zinn, J. New York: Hyperion Press, 1994.

【邦訳⑥】『マインドフルネスを始めたいあなたへ：毎日の生活でできる瞑想』　ジョン・カバットジン（著），田中麻里（監訳），松丸さとみ（訳）　2012 年　星和書店

▶ Coming to Our Senses: Healing Ourselves and the World Through Mindfulness.

▶▶▶ Kabat-Zinn, J.　New York: Hyperion Press, 2005.

▶ The Miracle of Mindfulness.

▶▶▶ Hanh, T. N.　Boston: Beacon Press, 1976.

▶ Mindfulness in Plain English.

▶▶▶ Henepola, G.　Somerville, MA: Wisdom Publications, 1992.

（参照：www.oxfordmindfulness.org, www.mbct.com, www.bemindful.co.uk）

アクセプタンスと思いやり

▶ Radical Acceptance.

▶▶▶ Brach, T.　New York: Bantam Books, 2004.

▶ Lovingkindness: The Revolutionary Art of Happiness.

▶▶▶ Salzberg, S.　Boston: Shambhala Publications, 1995.

洞察瞑想の実践

　マインドフルネスの応用（例えば，MBSR と MBCT）は西洋の洞察瞑想学派と密接に関連しています。この瞑想へのアプローチは特定の感情障害に焦点を当てるのではなく，より一般的に，苦悩を減らすことや心と精神の自由を高めることを目的としています。

　ジョセフ・ゴールドスタインとジャック・コーンフィールドによる『Seeking the Heart of Wisdom』（Boston: Shambhala Publications, 2001）という本はすばらしい入門書です。

　もし一人でこのアプローチを実践してみたいなら，以下の本を推奨します。

▶ Insight Meditation Kit: A Step by Step Course on How to Meditate.

▶▶▶ Goldstein, J., & Salzberg, S.　Louisville, CO: Sounds True Audio, 2002.

　もしこのアプローチをもっと深く探究したいなら，この学派の経験のある瞑想の先生から直接，教えを得ることが最善です。多くのセンターがその機会を提供しています。さらに詳しくは，以下を参照のこと。

北アメリカ：

Insight Meditation Society in Barre, Massachusetts

▶▶▶ www.dharma.org

Spirit Rock in Woodacre, California

▶▶▶ www.spiritrock.org

ヨーロッパ：

Gaia House in Devon, England

▶▶▶ www.gaiahouse.co.uk

オーストラリア：

Australian Insight Meditation Network

▶▶▶ www.dharma.org.au

🍃 マインドフルネスに関するリソースを提供しているウェブサイト（追加）

▶ www.oxfordmindfulness.org

　オックスフォード大学マインドフルネスセンターのウェブサイトで，マインドフルネスを教えている英国の他大学（例えば，バンゴール大学，エクセター大学）や，あなたの役に立つ他の多くのリソース（ガイド付き瞑想やポッドキャストのような）とリンクしています。

▶ www.stressreductiontapes.com

　ジョン・カバットジンが録音した瞑想実践のテープ /CD 用

▶ www.mindfulnessdc.org/bell/index.html

　日中を通じてマインドフルネスであるためのリマインダーとしてベルを鳴らすことができるウェブサイト

▶ www.umassmed.edu/cfm

　マサチューセッツ大学医学部のマインドフルネスセンターのウェブサイト

▶ www.mentalhealth.org.com

　メンタルヘルス財団：MBCT レポート；"Be Mindful" および "Wellbeing podcasts." の下にあるマインドフルに関する資料にアクセス

注

第1章　ようこそ

3ページ

「MBCTはうつだけでなく，不安や他の様々な問題にも効果があることが実証されてきました。」

▶ピエット（Piet, J.）とホガード（Hougaard, E.）が実施した，593名の患者に対する6つの無作為試験からの引用（The effect of mindfulness-based cognitive therapy for prevention of relapse in recurrent major depression: A systematic review and meta-analysis. *Clinical Psychology Review*, 2011, 31, 1032-1040)。ピエット（Piet, J.）とホガード（Hougaard, E.）は，MBCTは通常の治療（care）と比較して，過去に3回以上のうつエピソードがある参加者の再発リスクを43％減少させたと報告した。彼らはまた，MBCTと抗うつ薬は同程度，再発リスクを減少させたと報告した。

ホフマン（Hofman, S. G.）と共同研究者（The effect of mindfulness-based therapy on anxiety and depression: A meta-analytic review. *Journal of Consulting and Clinical Psychology*, 2010, 78, 169-183)は，もう1つのメタ分析において，様々なメンタルヘルス症状に対するマインドフルネスに基づく介入を受けた1140名の患者を精査し，1人の人が再発したかどうかではなく，不安症状やうつ症状の減少について確認した。マインドフルネス・トレーニングによって特徴づけられる治療は，MBCTがその顕著な例であるが，不安症状やうつ症状の両方に対して，大きな，かつ類似した効果量を示した。これらの恩恵は患者が治療を終了してからも維持された。

MBCTへの最も魅力的な支持はおそらく，イギリスの国立医療技術評価機構（NICE）が元になっている。その機構は，国民保健サービス（NHS）を使う患者に対してエビデンス・ベイスド・ケアの臨床ガイドラインを提供している独立国立法人である。ガイドラインは，ある特定の医学的もしくは精神科的問題に対する実証的かつ臨床的な研究の厳格なレヴューを通じて定式化されており，勧告は最も支持された治療を反映している。単極性うつに対するNICEのガイドラインは，2004年以来，一貫して，再燃と再発予防の最も効果的な手段としてMBCTを支持してきている。

5ページ

「MBCTの効果」

▶第1章の3ページのリード文を参照。

「うつ病や他の多くの感情的な問題の根底には，下記の重要な2つのプロセスが存在しますが，このトレーニングによって，その束縛から自由になれるのです。

①ある物事について，過剰に考えすぎたり，反すうしたり，過剰に心配する傾向

②他の物事を避けたり，考えないようにしたり，追い払おうとする傾向」

▶この2つのプロセスは表裏一体です。過剰に考えすぎたり，反すうしたりする傾向等については，Nolen-Hoeksema, S., *Over thinking: Women Who Think Too Much*. New York: Holt, 2002. 避けたりする傾向等については，Hayes, S. C., and colleagues, Experiential avoidance and behavioural disorders: A functional dimensional approach to diagnosis and treatment. *Journal of Consulting and Clinical Psychology*, 1996, 64, 1152-1168. を参照。

223

6 ページ

「継続的な調査によって，MBCT が広範囲の感情的問題に対して役立つことがわかってきています。」

▶ Segal, Z. V., Williams, J. M. G., and Teasdale, J. D., *Mindfulness-Based Cognitive Therapy for Depression: A New Approach to Preventing Relapse, Second Edition*. New York: Guilford Press, 2013. 407 ページを参照。▶▶▶リソースの【邦訳⑤】

7 ページ

「MBCT はうつの真っ只中にある人の助けになるというエビデンスもまた増えています。」

▶たとえば, J. R. van Aalderen and colleagues, The efficacy of mindfulness-based cognitive therapy in recurrent depressed patients with and without a current depressive episode: A randomized controlled trial. *Psychological Medicine*, 2012, 42, 989-1001. を参照。

「心のパターン」

▶ Teasdale, J. D., and Chaskalson, M., How does mindfulness transform suffering? I: The nature and origins of dukkha. *Contemporary Buddhism: An Interdisciplinary Journal*, 2011, 12(1), 89-102. Copyright 2011 by Taylor and Francis.

「うつのためのマインドフルネス実践（*The Mindful Way through Depression*）」

▶ Mark Williams, John Teasdale, Zindel Segal, and Jon Kabat-Zinn, 2007 by The Guilford Press, New York. ▶▶▶リソースの【邦訳②】

第 2 章　うつ，不幸感，感情的苦痛　なぜ私たちは巻き込まれるのでしょうか？

13 ページ

「このリストの言葉を用いた研究で，とても重要なことが明らかになりました。」

▶ Teasdale, J. D., and Cox, S. G., Dysphoria: Self-devaluative and affective components in recovered depressed patients and never depressed controls. *Psychological Medicine*, 2001, 31, 1311-1316.

14 ページ

「気分とフィーリングが，"それに合った" 思考パターン，記憶，注意を引き起こす。」

▶たとえば, Fox, E., *Emotion Science: Neuroscientific and Cognitive Approaches to Understanding Human Emotions*. Basingstoke, U. K.: Palgrave Macmillan, 2008. を参照。

16 ページ

「反すうすることは，気分をさらに悪くするだけである。」

▶ Nolen-Hoeksema, S., *Overthinking: Women Who Think Too Much*. New York: Holt, 2002.を参照。

第3章 すること，あること，そしてマインドフルネス

22 ページ

「"あること"と"すること"」

▶「すること」と「あること」は，ジョン・カバットジンが 1990 年に著した『マインドフルネスストレス低減法（*Full Catastrophe Living: Using the Wisdom of Your Body and Mind to Face Stress, Pain and Illness*）』(New York: Dell) の中で，マインドフルネスの適用に関連して最初に論じられた。その後，ジンデル・シーガル，マーク・ウィリアムズ，ジョン・ティーズデールが 2002 年に著した『マインドフルネス認知療法―うつを予防する新しいアプローチ（*Mindulness-Based Cognitive Therapy for Depression: A New Approach to Preventing Relapse*）』(New York: Guilford Press) や，マーク・ウィリアムズ，ジョン・ティーズデール，ジンデル・シーガル，ジョン・カバットジンの 2007 年の著作『うつのためのマインドフルネス実践―慢性的な不幸感からの解放（*The Mindful Way through Depression*）』(New York: Guilford Press) の中で，MBCT との関連で心のモードとしてさらに洗練された。▶▶▶リソースの【邦訳①】，【邦訳⑤】，【邦訳②】

27 ページ

「マインドフルネスとは，特定の方法で注意を向けることによって現れる気づきのことです。それは意図的に現在の瞬間に注意を向け，判断せずにあるがままを受容することです。」

▶これは，ジョン・カバットジンの『*Wherever You Go, There You Are: Mindfulness Meditation in Everyday Life.*』 New York: Hyperion Press,1994. の 4 ページの記述に基づいている。
▶▶▶リソースの【邦訳⑥】

「"マインドフルネスの本質は，どっちつかずのぼんやりとしたものではありません。真のマインドフルネスには温かさや慈悲，関心などが伴うのです。"」

▶ Feldman, C., *The Buddhist Path to Simplicity*, p.173. London: Thorsons, 2001.

30 ページ

「MBCT は，よりマインドフルに，より優しく，より思いやりが持てるようになる方法を教えてくれます。」

▶ Kuyken, W., and colleagues, How does mindfulness-based cognitive therapy work? *Behaviour Research and Therapy*, 2010, 48, 1105-1112. を参照。

31 ページ

「MBCT：小史」

▶注の第 1 章（3 ページ）を参照。

第5章 第1週：自動操縦を超えて

42 ページ

「もしもう一度人生を生き直せるなら」

▶ナディア・ステアが書いたとされるこの一文の出処は明らかではない。

44 ページ

「食べる瞑想」

▶ Kabat-Zinn, J., *Full Catastrophe Living*, pages 27-28. New York: Dell, 1990. に基づく。
▶▶▶リソースの【邦訳①】

49 ページ

「ボディスキャン瞑想」

▶ Williams, J. M. G., Teasdale, J. D., Segal, Z. V., and Kabat-Zinn, J., *The Mindful Way through Depression*. New York: Guilford Press, 2017. Copyright 2007 by The Guilford Press. より。
▶▶▶リソースの【邦訳②】

57 ページ

「振り返り」

▶ Segal, Z. V., Williams, J. M. G., and Teasdale, J. D., *Mindfulness-Based Cognitive Therapy for Depression, Second Edition*. New York: Guilford Press, 2013. Copyright 2013 by The Guilford Press. より。▶▶▶リソースの【邦訳⑤】

61 ページ

「これを読んで，準備を整えてください」

▶ Stafford, W. E., *The Way It Is: New and Selected Poems*. Minneapolis: Graywolf Press, 1998. Copyright 1998 by the Estate of William Stafford. www. graywolfpress.org. より。

第6章　第2週：別の知る方法

69 ページ

「気分というものは，その気分が維持するような方法で出来事の解釈の仕方に影響を与えます。」

▶たとえば，Fox, E., *Emotion Science: Neuroscientific and Cognitive Approaches to Understanding Human Emotions*. Basingstoke, U. K.: Palgrave Macmillan, 2008. を参照。

76 ページ

「10 分間静座瞑想：呼吸のマインドフルネス」

▶ Segal, Z. V., Williams, J. M. G., and Teasdale, J. D., *Mindfulness-Based Cognitive Therapy for Depression, Second Edition*. New York: Guilford Press, 2013. Copyright 2013 by The Guilford Press. より。▶▶▶リソースの【邦訳⑤】

85 ページ

「真実を夢見ること」

▶ France, L., Dreaming the Real In Abhinando Bhikkhu (Ed.), *Tomorrow's Moon Harnham, Northumberland*. UK: Aruna Publications, 2005. Copyright 2005 by Linda France. より。

第7章　第3週：現在に戻る　散らばった心をまとめる

89 ページ

「ストレッチと呼吸瞑想：マインドフル・ストレッチ」

▶ Segal, Z. V., Williams, J. M. G., and Teasdale, J. D., *Mindfulness-Based Cognitive Therapy for Depression, Second Edition*. New York: Guilford Press, 2013. Copyright 2013 by The Guilford Press. より。▶▶▶リソースの【邦訳⑤】

102 ページ

「3分間呼吸空間法－標準版」

▶ Williams, J. M. G., Teasdale, J. D., Segal, Z. V., and Kabat-Zinn, J., *The Mindful Way through Depression*. New York: Guilford Press, 2017. Copyright 2007 by The Guilford Press. より。
▶▶▶リソースの【邦訳②】

110 ページ

「野生という安寧」

▶ Berry, W., *New Collected Poems*. Berkeley, CA: Counterpoint, 2012. Copyright 2012 by Wendell Berry. より。

第8章　第4週：嫌悪を認めること

115 ページ

「ネガティブ思考のチェックリスト」

▶ここで使用した質問紙は，自動思考質問紙（Hollon, S. D., and Kendall, P., Cognitive self-statements in depression: Development of an Automatic Thoughts Questionnaire. *Cognitive Therapy and Research,* 1980, 4, 383-395. Copyright 1980 by Philip C. Kendall and Steven D. Hollon.）の適合版である。

119 ページ

「静座瞑想：呼吸，身体，音，思考のマインドフルネスと無選択な気づき」

▶ Segal, Z. V., Williams, J. M. G., and Teasdale, J. D., *Mindfulness-Based Cognitive Therapy for Depression, Second Edition*. New York: Guilford Press, 2013. Copyright 2013 by The Guilford Press. より。▶▶▶リソースの【邦訳⑤】

130 ページ

「マインドフル・ウォーキング」

▶ Segal, Z. V., Williams, J. M. G., and Teasdale, J. D., *Mindfulness-Based Cognitive Therapy for Depression, Second Edition*. New York: Guilford Press, 2013. Copyright 2013 by The Guilford Press. より。▶▶▶リソースの【邦訳⑤】

133 ページ

「野生のガンの群れ」

▶ Oliver, M., *Dream Work*. Copyright 1986 by Mary Oliver. より。

第9章　第5週：物事をあるがままに受け入れること

137 ページ

「ゲストハウス」

▶ Barks, C., and Moyne, J., *The Essential Rumi*. New York: Harper Collins, 1995. Copyright 1995 by Coleman Barks and John Moyne. Originally published by Threshold Books. より。

142 ページ

「困難を迎え入れ，身体を通して困難に働きかける」

▶ Segal, Z. V., Williams, J. M. G., and Teasdale, J. D., *Mindfulness-Based Cognitive Therapy for Depression, Second Edition*. New York: Guilford Press, 2013. Copyright 2013 by The Guilford Press. より。▶▶▶リソースの【邦訳⑤】

148 ページ

「マリア」

▶ Segal, Z. V., Williams, J. M. G., and Teasdale, J. D., *Mindfulness-Based Cognitive Therapy for Depression, Second Edition*, pages 283-285. New York: Guilford Press, 2013. Copyright 2013 by The Guilford Press. より。▶▶▶リソースの【邦訳⑤】

150 ページ

「3分間呼吸空間法－拡張版」

▶ Segal, Z. V., Williams, J. M. G., and Teasdale, J. D., *Mindfulness-Based Cognitive Therapy for Depression, Second Edition*. New York: Guilford Press, 2013. Copyright 2013 by The Guilford Press. より。▶▶▶リソースの【邦訳⑤】

153 ページ

「プレリュード」

▶ Dreamer, O. M., *The Dance*. New York: HarperCollins, 2001. Copyright 2001 by Oriah Mountain Dreamer. より。

第10章　第6週：思考を思考として観る

156 ページ

「オフィスで」

▶このエクササイズはイザベル・ハーグリーヴスが考案したものから許諾を得て（私信，1995）採用している。

161 ページ

「連想の列車」

▶ Goldstein, J., *Insight Meditation: The Practice of Freedom*, pages 59-60. Boston: Shambhala, 1994. Copyright 1994 by Joseph Goldstein. www.shambhala.com. より。

167 ページ

「招かれざる思考，例えば……に，私たちが知らず知らずのうちにどれほどのパワーを与えているのかを観てみると驚きます。」

▶ Goldstein, J., *Insight Meditation: The Practice of Freedom*, page 60. Boston: Shambhala, 1994. Copyright 1994 by Joseph Goldstein. www.shambhala.com. より。

176 ページ

「思考から離れること」

▶ Kabat-Zinn, J., *Full Catastrophe Living*. New York: Dell, 1990. Copyright 1990 by Jon Kabat-Zinn. より。▶▶▶リソースの【邦訳①】

第11章　第7週：活動の中の思いやり

179 ページ

「活動をうまく利用できれば，それ自体うつに対する効果的な治療になりうることが，研究によって明らかになっています。」

▶たとえば，Dobson, K. S., and colleagues, Randomized trial of behavioral activation, cognitive therapy, and antidepressant medication in the prevention of relapse and recurrence in major depression. *Journal of Consulting and Clinical Psychology*, 2008, 76, 468-477. を参照。

185 ページ

「ジャッキー」

▶ Segal, Z. V., Williams, J. M. G., and Teasdale, J. D., *Mindfulness-Based Cognitive Therapy for Depression, Second Edition*. New York: Guilford Press, 2013. Copyright 2013 by The Guilford Press. より。▶▶▶リソースの【邦訳⑤】

190 ページ

「呼吸空間法：マインドフルな行動のドア」

▶ Segal, Z. V., Williams, J. M. G., and Teasdale, J. D., *Mindfulness-Based Cognitive Therapy for Depression, Second Edition*. New York: Guilford Press, 2013. Copyright 2013 by The Guilford Press. より。▶▶▶リソースの【邦訳⑤】

192 ページ

「現在に留まる」

▶ Goldstein, J., *Insight Meditation; The Practice of Freedom*. Boston: Shambhala, 1994. Copyright 1994 by Joseph Goldstein. Shambhala Publications, Inc., Boston. www.shambhala.com. より。

202 ページ

「ある夏の日」

▶ Oliver, M., *House of Light*. Boston: Beacon Press, 1990. Copyright 1990 by Mary Oliver.

第12章　第8週：これからどうする？

212 ページ

「他の参加者が見つけたフォーマルなマインドフルネス実践を毎日続けるための役立つヒント」

　▶我らが同僚，Becca Crane, Marie Johansson, Sarah Silverton, Christina Surawy, and Thorsten Barnhofer たちが，参加者としての経験をシェアしてくれたことに感謝する。

213 ページ

「瞑想の先生であるラリー・ローゼンバーグは，1日中マインドフルネスを実践するためのリマインダーを5つ提唱しています。」

　▶ Rosenberg, L., *Breath by Breath: The Liberating Practice of Insight Meditation,* pages 168-170. Boston: Shambhala, 1998. より。

　　▶▶▶【邦訳】『呼吸による癒やし：実践ヴィパッサナー瞑想』　ラリー・ローゼンバーグ（著），井上ウィマラ（訳）　2001 年　春秋社

214 ページ

「毎日のマインドフルネスのためのいくつかのヒント」

　▶ Madeline Klyne, Executive Director, Cambridge Insight Meditation Center. Copyright by Madeline Klyne. による未発行の研究より。

217 ページ

「愛のあとの愛」

　▶ Walcott, D., *Collected Poems, 1948-1984.* New York: Farrar, Straus and Giroux, 1986. Copyright 1986 by Derek Walcott. より。

索　引

●人名索引

ジョセフ・ゴールドスタイン（Goldstein, Joseph.）　161, 212

ジョン・カバットジン（Kabat-Zinn, Jon.）　7, 31, 176

NICE　31

スーザン・ナーレンホークセマ（Nolen-Hoeksema, S.）　16

ラリー・ローゼンバーグ（Rosenberg, Larry.）　213

ルーミー（RUMI）　138

ジンデル・シーガル（Segal, Zindel.）　31, 39

ジョン・ティーズデール（Teasdale, John.）　31, 39

マーク・ウィリアムズ（Williams, Mark.）　31, 39

●あ

愛のあとの愛（デレック・ウォルコット）　217

アクション・プラン　196, 199, 200

温かさ　27

あること　30

「あること」と「すること」　22

「あること」モード　22, 28

ある夏の日（メアリー・オリバー）　202

いくつかの実践的な事例として　37

痛み　129

意図　79

意図的　22, 101

意図的に　140

意味づけ　156

いやな出来事日誌　105

イライラ　15, 17, 53

受け取った一通のEメールから　40

うつ　3

　―― の再発予防　31

　―― の症状　117

　―― 病　4, 7

うれしい体験　80

うれしい出来事日誌　80

エクササイズ

　―― 小石　208

　―― "通りを歩く"エクササイズ　66

　―― レーズンエクササイズ　44

MBCTの仲間　34, 39

音のマインドフルネス　119

オフィスで　156

思いやり　27, 72, 139, 147, 151, 165, 183

●か

回避　136

悲しみ　12, 17

身体の痛み　125

「駆り立てられ－すること」　20

「駆り立てられ－すること」モード　20

感覚　72

　―― 身体的に心地悪い　124

　―― に抵抗　136

感情的苦痛　27, 69, 145

感情的な反応　68

感情"パッケージ"　163

寛容　104, 137

記憶　14

気づき　5

　―― を広げる　103

　意識的な ――　22

　日常活動に ――　57, 69, 79

　マインドフルな ――　29

　無選択な ――　119, 122

気分　13, 69, 158

気分と思考　15

苦痛　124

グループMBCT　39

ゲストハウス（ルーミー）　137

嫌　悪　24, 106, 112, 114, 117, 121, 123, 128, 135, 146, 147, 183

嫌悪の兆候　121, 126

　―― への上手な対応　126

限界に働きかける　100

現在に留まる（ジョセフ・ゴールドスタイン）　192

現在の瞬間　23, 28

抗うつ薬　5, 31
構造化　8
行動のドア　191
行動を起こすこと　195
呼吸空間法　101-103, 117, 127-129, 150, 168,
　　　169, 192-194, 200, 215（→対処用の呼吸
　　　空間法も参照）
呼吸のマインドフルネス　76
心地悪さ　54
心のギア　30
　── をシフト　21
これを読んで, 準備を整えてください（ウィリ
　　　アム・スタッフォード）　61
コントロール　5
コントロール感　201
困難　7
困難に働きかける　141

●さ
避ける　74
『the Mindful Way through Depression』　7
時間を確保すること　35
思考　102, 159, 160, 163, 169, 183, 186, 206,
　　　215
　── 事実ではありません　68, 158
　── 嫌悪を伴う　117
　── から*離れること*（ジョン・カバットジン）
　　　176
　── と気分　69
　── とフィーリング　66
　── マインドフルネスな思考　119, 120
　── のドア　195
　── パターン　12, 24, 69, 158
　── -フィーリングのしがらみループ　159
　── をコントロール　93
自己批判　24
姿勢　95
実践　8
実践の意図　88, 95
失敗　13, 75
自動操縦　22, 44
自動的反応　29
慈悲　27, 31, 139
自分を責める　74
自分を大切にする　38
受容　26, 137, 143
順番待ち　135
知るための2つの方法　64

知る方法　63, 65, 66
真実を夢見ること（リンダ・フランス）　85
身体　54, 72, 89, 192
　── 感覚　50
　── 的苦痛　94
　── 的な痛み　129
　── 的（／の）不快感　56, 94
心配　14, 67
ストレッチと呼吸瞑想　89
「すること」モード　17, 18
「すること」モードで考えること　63
静座瞑想グループ　212
精神的な出来事　25, 102, 162, 169, 206
絶望的　13, 158
セルフコンパッション　31
セルフヘルプ　3, 6
選択　22, 28
早期警告サイン　171
早期警告システム　170, 172
喪失　13
そのままでいること　137, 140, 148

●た
体験を探求すること　122
対処用の呼吸空間法　127, 149-151, 168, 182,
　　　190, 215
食べる　44
注意　123
　焦点化した ──　123
　広がりのある ──　123
　── シフトの仕方　48
　── の維持の仕方　48
　── の向け方　48
　── を再調律　83
　── を乗っ取ること　48
　── を広げる　150
　── を向け直す　150
中核的　18
聴覚　119
直接的に感知　23, 38
直接的に知ること　70
抵抗　103, 112, 147
抵抗感　106
deplenting　178
ドア　169, 190, 215
洞察　8
洞察の源泉　8
"通りを歩く"エクササイズ　66

●な

nourishing　178
2本の矢　129
忍従　137
ネガティブな思考　13
ネガティブに考えること　178

●は

パッケージ　160
反すう　16, 20, 112
判断することなく　28
反応　12, 24, 101, 105, 106, 113
反応することから対応することへ　28
引き金　172
日々の生活　57
ヒント　36, 212, 214
不安　14
不快なフィーリング　29, 82, 101, 106, 112,
　　127, 135, 140, 144, 145
不幸感　12, 16
フラストレーション　14, 15, 53, 136
振り返り　8
振り返りの機会　8
Pleasure　179
プレリュード（オライア・マウンテン・ドリー
　　マー）　153
プログラムマップ（8週間のマインドフルネス
　　認知療法プログラム）　37
扁桃体　31
ボディスキャン　48, 70
ぼんやりとした塊から離れる（de-blob）　81

●ま

毎日のインフォーマルなマインドフルネス　211
マインドフル　44

―――・ウォーキング　129
―――に食べる　60
―――・ムーヴメント　95
マインドフルネス(の)実践　28-29, 186, 33, 183
マインドフルネスストレス低減法（MBSR）　31
マインドフルネス・ストレッチ　89
マインドフルネス認知療法
　　―――　クラス　33
　　―――　グループ　33
　　―――　効果　3, 5
　　―――　小史　31
マインドフルネスベル　213, 214
マインドワンダリング（心がさまようこと）　95
Mastery　179
まとめる　102
認める　24
瞑想　28, 35, 216
もしもう一度人生を生き直せるなら（ナディー
　　ヌ・ステア）　42
モチベーション　182

●や

野生という安寧（ウェンデル・ベリー）　110
野生のガンの群れ（メアリー・オリバー）　133
友人や家族　34, 196
ヨガ　209, 214
より広いニーズを感受　25

●ら

リラクセーション　52, 53
レーズンエクササイズ　44
レジリエンス　31
連想の列車（ジョセフ・ゴールドスタイン）
　　161

監訳者あとがき

　本書は，マンドフルネス認知療法（Mindfulness Based Cognitive Therapy：以下 MBCT）の創始者であるジョン・ティーズデール，マーク・ウィリアムズ，ジンデル・シーガルたちの共著書『*The Mindful Way Workbook An 8-Week Program to Free Yourself from Depression and Emotional Distress*』の全訳である。原著は 2014 年に Guilford から出版されているが，2013 年に出版された『*Mindfulness-based Cognitive Therapy for Depression, Second edition.*』（2019 年に北大路書房より翻訳出版予定）のワークブック版として位置づけられている。この 2 冊は，MBCT 訓練コースの STEP1（基本的／基礎的訓練）において，MBCT の背景や理論，構造を理解するための基本テキストとして推奨されている書籍でもある（2017 年 8 月 19 日〜 21 日の期間，早稲田大学で開催された "MBCT 3Days Workshop（module1）" における配布資料より）。

　マインドフルネス，特に MBCT の文脈において非常に重要な意味合いを持つ原著の翻訳である本書の特徴や発刊の意図については，もう一人の監訳者である小山秀之氏が「序文」で述べているので，まずはそちらをお読みいただくとして，私のこの「あとがき」では主に翻訳に至った経緯や翻訳作業のプロセスについて記すことにしたい。

　本書の翻訳は，すでに一定の期間，マインドフルネスに関心を持って研鑽や実践を積み重ねていた私ども監訳者二人と仏教瞑想に関心を持って実践していた中西隆雄氏（七山病院，臨床心理士）と共に，2012 年に立ち上げたプライベートなマインドフルネス勉強会（主催：関西マインドフルネスアプローチ研究会）の活動に端を発している（参加メンバーは主にマインドフルネスに関心を持つ大学院生および保健医療・教育・福祉等の対人援助職に従事する専門家）。それは 2013 年の 9 月頃，私どものほんの小さなローカルな活動を，小山氏のフェイスブックを通して知ってくださった北大路書房編集者の若森乾也氏から，「研究会のコア・メンバーの方に翻訳をお願いしたい」との大変光栄なお誘いをいただいたのである。若森氏は，"MBCT が一過性の流行を越えて臨床場面に定着し，さらなる発展を遂げていくためには，その優れた実践者の育成が肝要" との熱いお考えを持っておられ，おそらくその思いを私どもの活動の趣旨に重ねてくださったのだろうと思う。お誘いをいただいたときは，正直に言って，MBCT の専門家でもない私どもがその重要な書籍の翻訳という大変責任の重い役割をお引き受けしてよいのだろうかと躊躇や懸念の気持ちを強く抱いた。しかし，本書の翻訳に関与することで MBCT の本質についての理解を深め，かつ実践のための大切なスタンスやスキルを身につけることができるとしたら，当勉強会に熱意を持って参加してくださっているメンバーにとっても非常にありがたいお話しであると思うに至り，自らの非力を顧みず監訳をお引き受けすることにした次第である。実際，翻訳協力者には当勉強会において，自身が担当した章の内容を発表していただき，参加者

と一緒に訳語や訳文について検討したり，エクササイズの練習をしたりしながら，MBCTの概念的かつ体験的理解を深めていくことができたのである。

　このようなプロセスを経て本書全体の訳が分担訳者からほぼ出揃った段階で，私どもの監訳作業に入ることになった。監訳作業では，まず監訳者二人がそれぞれ各章の一文一文を原著と照らし合わせながら監訳を行い，次に二人の時間が合うときにそれぞれが検討したものを持ち寄り，ディスカッションを重ねながら一文一文の訳を確定していった。このようなある意味とても効率の悪い方式をとったため，監訳作業だけで実に3年に近い長い歳月が流れた。しかし，そのような時間と忍耐を要する取り組みを行ったおかげで，監訳者二人のMBCTへの理解はより深まったと感じている。

　ところでMBCTに関する重要な専門書や啓発本のいくつかは，我が国のマインドフルネスを牽引している専門家の先生方の手によってすでに翻訳出版されている。それは，例えば，『マインドフルネス認知療法—うつを予防する新しいアプローチ（監訳：越川房子，北大路書房）』『30のキーポイントで学ぶマインドフルネス認知療法—理論と実践（監修：大野裕，訳：家接哲次，創元社）』『うつのためのマインドフルネス実践—慢性的な不幸感からの解放（訳：越川房子・黒澤麻美，星和書店）』『自分でできるマインドフルネス—安らぎへと導かれる8週間のプログラム（監訳：佐渡充洋・大野裕，創元社）』などである。

　今回の私どもの監訳作業では，マインドフルネスやMBCTの専門用語および独特のフレーズについては，できるかぎり上記の訳書とその原著を参照しながら，ほぼ定着していると思われる訳語を採用することにした。このようにして出来上がった監訳初校原稿を，私どもの原稿チェックと並行して，本書のマインドフルネス・エクササイズのスクリプトの訳およびその監訳・監修を担当した若井貴史氏が目を通して，誤訳部分の修正や誤字脱字を含めた日本語のチェックを行った。そのような二重，三重のチェックにより，少しでもより正確で読みやすい翻訳になるように努めてきたつもりである。それから，本書に添付されているCDのナレーションは，第5章の翻訳を担当した関根友実氏にお願いした。関根氏には，当勉強会において何度もエクササイズのナレーションを実演していただき，参加メンバーからのフィードバックをふまえながら，よりよいナレーションに仕上げていただいた。本書の翻訳にご協力いただいた方々すべてに感謝申し上げると共に，特にご尽力を賜った若井氏と関根氏のお二人にはこの場を借りて厚くお礼を申し上げたいと思う。

　それから私事で恐縮だが，仏教理論に基づくマインドフルネスの教えをいただいたNPO法人人間性探究研究所理事長の北山喜与先生に深く感謝申し上げたい。また，現在の私に，マインドフルネスの臨床実践の場と機会を提供してくださっている花谷心療内科クリニック院長の花谷隆志先生にも深く感謝する次第である。最後に，この重要文献であるMBCTワークブックの翻訳という貴重な機会を与えてくださり，マインドフルな優しさと思いやりを持って，忍耐強く私どもの翻訳作業を見守ってくださった編集者の若森乾也氏には，心より感謝の言葉を申し上げると共に，本書が多く

の人々の目に留まり，マインドフルな心の涵養に役立つことを心よりお祈りして，あとがきの言葉としたいと思う。

2018 年 2 月
監訳者の一人として
前田泰宏

著者たちについて

ジョン・ティーズデール（ John Teasdale, PhD ）

ケンブリッジの英国医学研究カウンシルの認知・脳科学ユニットで特別科学者職にあった。彼は認知療法アカデミーの設立フェローであり，英国アカデミーおよび医科学アカデミーのフェローである。彼はまた，アメリカ心理学会の部門12（臨床心理学協会）から"卓越した科学者賞"を授与されている。退官後，彼は国際的に洞察瞑想を教えている。

マーク・ウィリアムズ（ Mark Williams, PhD ）

オックスフォード大学の臨床心理学の教授で，ウエルカム財団の研究フェローである。彼はまたオックスフォード大学の精神科にあるオックスフォードマインドフルネスセンターの所長である。彼は認知療法アカデミーの設立フェローであり，医科学アカデミー，英国アカデミー，心理科学学会のフェローである。

ジンデル・シーガル（ Zindel Segal, PhD ）

トロント大学スカボロの気分障害の著名な心理学教授で，嗜癖とメンタルヘルスのためのセンター（the Centre for Addiction and Mental Helth）でキャンベル家族研究所の上級サイエンティストである。彼は認知療法アカデミーの設立フェローであり，精神医学とメンタルヘルスにおけるマインドフルネスに基づく臨床ケアの妥当性を主張している。

訳者一覧

▶第1章・第6章
　栗原　愛（くりはら あい）
　　所属：医療法人社団 藤田小児科内科医院
　　資格：臨床心理士，公認心理師，認定行動療法
　　　　　士

▶第2章
　近藤真前（こんどう まさき）
　　所属：名古屋市立大学大学院医学研究科 精神・
　　　　　認知・行動医学分野（助教）
　　資格：精神科医

▶第3章
　加藤　敬（かとう たかし）
　　所属：こども心身医療研究所（副所長）
　　資格：臨床心理士

▶第4章
　巣黒慎太郎（すぐろ しんたろう）
　　所属：一般財団法人 住友病院 臨床心理科（臨
　　　　　床心理士），神戸女子大学（准教授），大
　　　　　阪大学（非常勤講師）
　　資格：臨床心理士

▶第5章
　関根友実（せきね ともみ）
　　所属：おおさかメンタルヘルスケア研究所（理
　　　　　事），大阪芸術大学芸術学部放送学科（教
　　　　　授）
　　資格：臨床心理士，産業カウンセラー

▶第7章
　佐藤理子（さとう まさこ）
　　所属：医療法人 三家クリニック（臨床心理士），
　　　　　京都グリーフケア協会（講師）
　　資格：臨床心理士，公認心理師，精神保健福祉
　　　　　士

▶第8章
　松岡貴子（まつおか たかこ）
　　所属：特定非営利法人 朔日の会 児童発達支援
　　　　　事業所 マムぐりお（心理士），国立病院
　　　　　機構 宇多野病院 小児神経科（心理療法
　　　　　士）
　　資格：臨床心理士

▶第9章
　繁澤冬子（しげざわ ふゆこ）
　　所属：京都市児童相談所（児童心理司）
　　資格：臨床心理士

▶第10章
　山路美波（やまじ みなみ）
　　所属：一般社団法人ソーシャルケアセンター
　　　　　（心理士），児童発達支援・放課後等デイ
　　　　　サービス「あうる / いろは学育室」（児
　　　　　童指導員）
　　資格：臨床心理士，キャリアコンサルタント

▶第11章
　垂門伸幸（たれかど のぶゆき）
　　所属：京都産業大学教学センター（特定専門員）
　　資格：臨床心理士

▶第12章
　十河美朱（とかわ みか）
　　所属：和歌山県子ども・女性・障害者相談セン
　　　　　ター（児童心理司）
　　資格：臨床心理士

▶スクリプト訳者
　福井義一（ふくい よしかず）
　　所属：甲南大学文学部人間科学科（教授），Ego
　　　　　State Therapy Japan（代表）
　　資格：臨床心理士，EMDR Institute トレーナー

　中川裕美（なかがわ ひろみ）
　　所属：神戸学院大学心理学部（准教授）
　　資格：臨床心理士，公認心理師，産業カウンセ
　　　　　ラー

　若井貴史（わかい たかふみ）
　　所属：哲学心理研究所（所長），関西福祉科学
　　　　　大学 EAP 研究所（客員研究員），一般社
　　　　　団法人 CBT を学ぶ会（理事），一般社団
　　　　　法人 CBT 研究所（理事），大阪経済大学・
　　　　　大阪国際大学・龍谷大学（非常勤講師）
　　　　　他
　　資格：臨床心理士，公認心理師

監訳者紹介

小山 秀之（こやま ひでゆき）

1971 年	和歌山県に生まれる
2008 年	龍谷大学大学院文学研究科教育学専攻臨床心理学領域修了
資 格	臨床心理士，社会福祉士
現 在	特定非営利活動法人 Peer 心理教育サポートネットワーク（理事長），横浜市立大学（客員准教授），内閣府こども家庭庁「こども・若者支援体制整備及び機能向上事業」（アドバイザー），関西電力株式会社和歌山支社（メンタルヘルスアドバイザー）

【著書・論文】

自己注目状態にある青年期抑うつ者の情報処理について　龍谷大学教育学会紀要第 7 号　2008 年

大学生男女の体型認知と否定的感情および食行動異常との関係−テキストマイニングにおけるアプローチ　総合福祉科学学会　2014 年

不登校経験がある発達障害を抱えた児童への福祉心理学的支援−居場所と放課後等デイサービスの併用によるひきこもり予防−　奈良大学紀要第 46 号　2018 年　他

前田 泰宏（まえだ やすひろ）

1953 年	岡山県に生まれる
1979 年	関西学院大学大学院文学研究科心理学専攻博士課程前期課程修了
資 格	臨床心理士，公認心理師
現 在	奈良大学（名誉教授）

【著書・論文】

心理療法・その基礎なるもの−混迷から抜け出すための有効要因（分担訳）　金剛出版　2000 年

これからの心理臨床−基礎心理学と統合・折衷的心理療法のコラボレーション（共編著）　ナカニシヤ出版　2007 年

うつを克服する 10 のステップ−うつ病の認知行動療法−セラピスト・マニュアル，同クライエント・マニュアル（共監訳）　金剛出版　2010 年

トラウマ解消のクイック・ステップ−新しい 4 つのアプローチ（監訳）　金剛出版　2013 年

統合・折衷的心理療法の実践−見立て・治療関係・介入と技法（共編著）　金剛出版　2014 年

現代社会と応用心理学 4：クローズアップ　メンタルヘルス・安全（分担執筆）　福村出版　2015 年　他

• •

スクリプト監訳者・CD ナレーター紹介

若井 貴史（わかい たかふみ）

1977 年	滋賀県に生まれる
2010 年	鳴門教育大学大学院学校教育研究科人間教育専攻臨床心理士養成コース修了
資 格	臨床心理士，公認心理師
現 在	哲学心理研究所（所長），関西福祉科学大学 EAP 研究所（客員研究員），一般社団法人 CBT を学ぶ会（理事），一般社団法人 CBT 研究所（理事），大阪経済大学・大阪国際大学・龍谷大学（非常勤講師）　他

【著書・論文】

深掘り！　関係行政論　産業・労働分野（分担執筆）　北大路書房　2023 年

公認心理師ハンドブック　心理支援編（分担執筆）　北大路書房　2024 年

企業内における認知行動療法の活用　産業ストレス研究第 32 巻第 2 号　2025 年　他

関根 友実（せきね ともみ）

1972 年	兵庫県に生まれる
2000 年	朝日放送アナウンサー退職，2002 年よりフリーアナウンサーに
2012 年	大阪樟蔭女子大学大学院人間科学研究科（臨床心理学専攻）修了
資 格	臨床心理士，産業カウンセラー
現 在	おおさかメンタルヘルスケア研究所（理事），大阪芸術大学芸術学部放送学科（教授）

【著書・論文】

アレルギー・マーチと向き合って　朝日新聞出版　2009 年

精神科医の仕事，カウンセラーの仕事（共著）　平凡社　2016 年

マインドフルネス認知療法ワークブック
―うつと感情的苦痛から自由になる8週間プログラム―

2018 年 9 月 20 日	初版第 1 刷発行
2025 年 6 月 20 日	初版第 3 刷発行

定価はカバーに
表示してあります。

著　　　者	ジョン・ティーズデール
	マーク・ウィリアムズ
	ジンデル・シーガル
監 訳 者	小　山　秀　之
	前　田　泰　宏
スクリプト監訳者	若　井　貴　史
CDナレーター	関　根　友　実
発 行 所	（株）北 大 路 書 房

〒 603-8303
京都市北区紫野十二坊町 12-8
電 話 （075）431-0361 （代）
FAX （075）431-9393
振替 01050-4-2083

©2018

印刷・製本／創栄図書印刷(株)
録音／(株)シードアシスト　松嶋毅之
装　幀／野田和浩

検印省略　落丁・乱丁本はお取り替えいたします
ISBN978-4-7628-3035-8　Printed in Japan

・ JCOPY 〈㈳出版者著作権管理機構 委託出版物〉
本書の無断複写は著作権法上での例外を除き禁じられています。
複写される場合は，そのつど事前に，㈳出版者著作権管理機構
（電話 03-5244-5088，FAX 03-5244-5089，e-mail: info@jcopy.or.jp）
の許諾を得てください。

● 北大路書房の関連図書 ●

マインドフルネス認知療法
うつを予防する新しいアプローチ

ジンデル・シーガル，マーク・ウィリアムズ，
ジョン・ティーズデール 著
越川房子 監訳

A5判・328頁・本体3200円＋税
ISBN978-4-7628-2574-3

マインドフルネスの中核は，仏教での瞑想実践の態度にある。これまでの認知行動療法は宗教とは無縁の「科学としての心理療法」をアピールしてきたが，なぜ宗教と近い領域にあるマインドフルネスに注目するのか，その効果機序の理論的説明，実際の臨床場面での具体的指導，その効果がどのように実証されているのか，を紹介。

マインドフルネスストレス低減法

ジョン・カバットジン 著
春木 豊 訳

四六判・408頁・本体2200円＋税
ISBN978-4-7628-2584-2

心理療法の第3の波，マインドフルネス認知療法の源泉となるカバットジンの名手引書の復刊。呼吸への注意，正座瞑想，ボディースキャン，ヨーガ，歩行瞑想を体系的に組み合わせ，"禅思想"に通じた体験を得るためのエクササイズを一般人にわかりやすく紹介。著者の大学メディカルセンターで4000症例をもとに科学的に一般化。